学芸文庫

憲法で読むアメリカ史(全)

阿川尚之

筑摩書房

目次

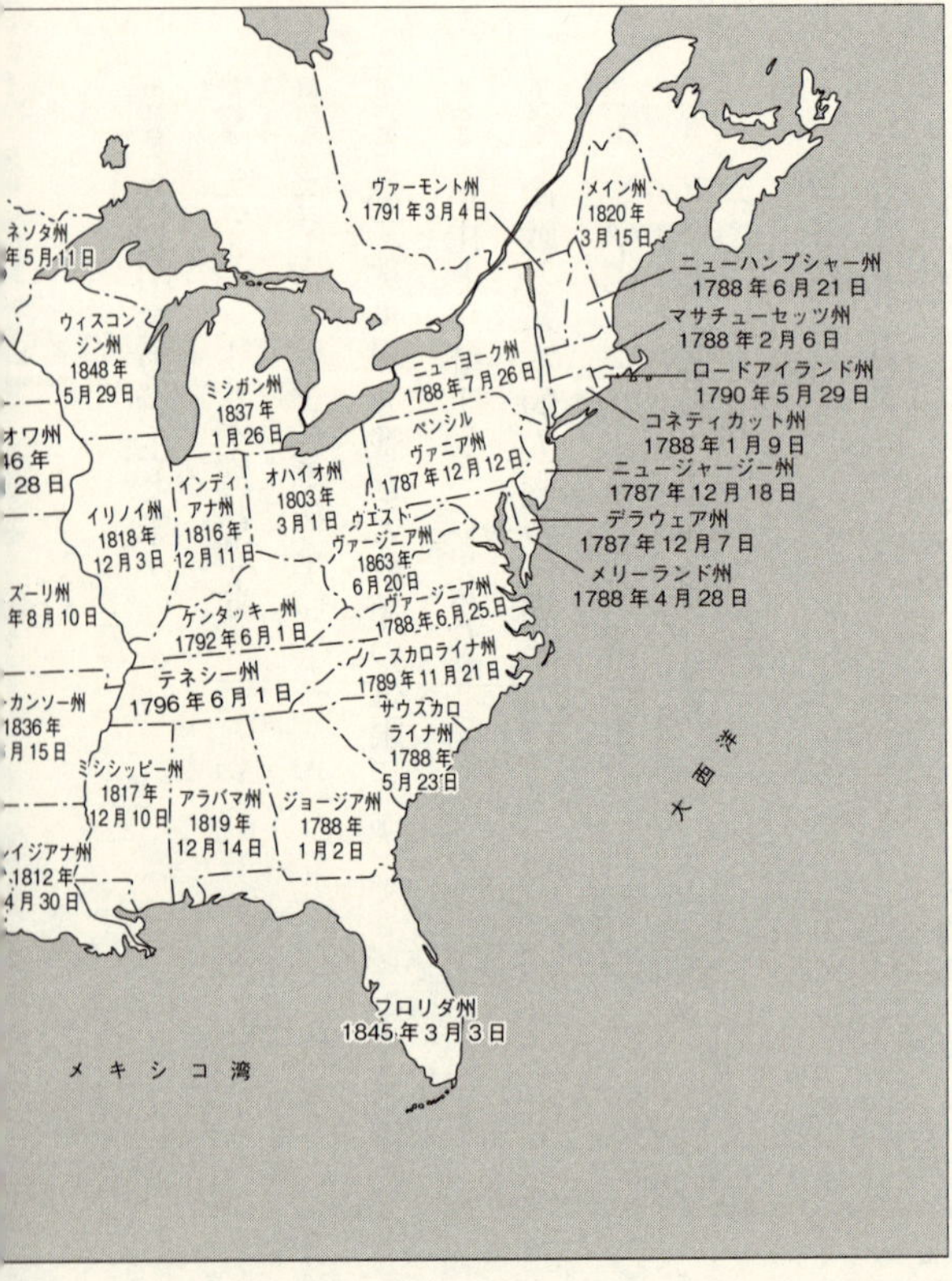

ヴァーモント州
1791年3月4日
メイン州
1820年
3月15日
ネソタ州
年5月11日
ニューハンプシャー州
1788年6月21日
マサチューセッツ州
1788年2月6日
ウィスコンシン州
1848年
5月29日
ニューヨーク州
1788年7月26日
ロードアイランド州
1790年5月29日
ミシガン州
1837年
1月26日
ペンシルヴァニア州
1787年12月12日
コネティカット州
1788年1月9日
オワ州
46年
28日
オハイオ州
1803年
3月1日
ニュージャージー州
1787年12月18日
インディアナ州
1816年
12月11日
イリノイ州
1818年
12月3日
ウエストヴァージニア州
1863年
6月20日
デラウェア州
1787年12月7日
メリーランド州
1788年4月28日
ズーリ州
年8月10日
ケンタッキー州
1792年6月1日
ヴァージニア州
1788年6月25日
ノースカロライナ州
1789年11月21日
テネシー州
1796年6月1日
カンソー州
1836年
月15日
サウスカロライナ州
1788年
5月23日
ミシシッピー州
1817年
12月10日
アラバマ州
1819年
12月14日
ジョージア州
1788年
1月2日
イジアナ州
1812年
4月30日
フロリダ州
1845年3月3日
大西洋
メキシコ湾

アメリカ合衆国各州の誕生年月日

憲法で読むアメリカ史（全）

まえがき

アメリカ合衆国憲法は一七八七年にフィラデルフィアで起草され、翌八八年六月に批准が完了して発効した。ニューヨークで第一回議会が開かれ初代大統領が就任したのは、翌年の一七八九年である。こうして名実ともに、アメリカ合衆国が誕生した。

それから今日まで二世紀と二十数年が経過した。その間アメリカ合衆国はめざましい変化を遂げる。フィラデルフィアの憲法制定会議当時合衆国を形成する一三州の人口がわずか約四〇〇万だったのが、今日五〇州の総人口は約三億二〇〇〇万を数える。建国時の一三州が北米大陸の東海岸で寄り添うように固まっていたのに対し、今日の合衆国は、東は大西洋から西は太平洋まで、そしてさらにプエルトリコからアラスカ、ハワイにまで及ぶ大きな国土を形成している。

建国当時の合衆国はのどかな農業国で、まだ鉄道も蒸気船もない、ヨーロッパから見れば遠い辺境の小国だった。今日の合衆国は航空路と州際ハイウェー、通信ネットワークを広い国土に網の目のように張り巡らし、強大な産業と軍を有し、政治・経済・文化の各分野で他国に圧倒的な影響を及ぼす、世界一の強国である。

二〇〇年間でこれほどの変化があったにもかかわらず、アメリカ合衆国は建国以来ずっとひとつの憲法で国の仕組みを律してきた。現代の国政選挙でも、一七八九年の最初の選挙とほぼ変わらぬ仕組みで大統領と上下両院の連邦議会議員を選ぶ。もちろんその間、合計二七回憲法修正がなされた。たとえば連邦上院議員は最初各州議会が選出したのが、修正第一七条制定以後、下院議員と同様各州市民が直接投票によって選ぶようになった。いくつかの重要な修正によって、合衆国憲法の内容は大きく変化している。しかしそれにもかかわらず、建国時と同じ憲法を国の最高法規として掲げてきたこの国のかたちは、大筋において変わっていない。

このことは、たとえば共和制だけを数えても最初の革命以来五回そのかたちを変えたフランスなどのヨーロッパ諸国と、対照的だ。歴史が短いと言われるアメリカ合衆国は、実は共和政体がもっとも長く継続し発展してきた国なのである。

このような事情により、合衆国の歴史は建国時から現代まで、その憲法と切り離しては考えられない。アメリカ合衆国史上重要な事件は、ことごとくと言ってよいほど憲法の解釈と結びついていた。建国当初の連邦と州の権限争い。奴隷制度の国政における位置づけ。連邦のあり方と南北戦争の勃発。戦後の南部再建と解放奴隷の地位。産業革命における資本家と労働者・農民との対立。二度の世界大戦と大統領の強大な戦争権限の行使。大恐慌に端を発したニューディールと連邦規制権限の拡大。冷戦と言論の自由。人種差別の撤廃と黒人の地位向上。その他各時代の重要な政治問題は、ほとんど例外なく憲法問題でもあった。

本書ではこうした性格を有する合衆国の歴史を、憲法を通じて綴ってみたい。とりわけ大きな節目ごとに憲法の解釈を行ない、国政の方向づけに重要な役割を果たした合衆国最高裁判所を中心に、アメリカの歴史をひとつの物語として描きたい。複雑な憲法理論はさておいても、最高裁が事件ごとに残してきた判例そのものが、アメリカ史の貴重な記録となり記憶されているからである。

第1章　アメリカ合衆国憲法の誕生

新しい国

アメリカ合衆国はいつ誕生したのか。この問いに対する答えは、単純でない。アメリカ国民が正式な誕生日として祝うのは、七月四日の独立記念日である。ニューヨーク、ワシントンをはじめ、全米各地で毎年盛大に花火が打ち上げられる。一七七六年のこの日フィラデルフィアで、トマス・ジェファソンが起草した独立宣言に、団結した一三植民地（州）――英語では the Thirteen United States of America――の代表が署名し、独立をめざす共通の意思を確認した。前年ボストン郊外で始まった英国に対する独立戦争の帰趨《きすう》は明らかでなかったが、植民地は英国の圧制に抵抗し独立する権利を有すると、宣言したのである。

福澤諭吉は、「人は生まれながらに平等である」という独立宣言の有名なことばを、『西洋事情』のなかで次のように訳している。

「天の人を生ずるは億兆皆同一轍《どういってつ》にて、之に附与するに動かす可《べ》からざるの通義を以《もっ》てす。即《すなわ》ち其《その》通義とは、人の自ら生命を保し自由を求め幸福を祈るの類《たぐい》にて、他より之を如何《いかん》ともす可《べか》らざるものなり」

一九七六年には、建国二〇〇年を記念する催しが各地で盛大に行なわれた。ニューヨークには世界中から帆船が集まって観艦式が挙行され、日本からも運輸省（当時）の練習船日本丸が参加した。

しかしアメリカ合衆国は、パリ条約調印の年、一七八三年に誕生したとも考えられる。植民地が独立を宣言しても英国はこれを認めず、武力による叛乱《はんらん》の鎮圧を引き続きめざした。合衆国の代表としてパリに派遣されたベンジャミン・フランクリンによる外交努力の結果、イギリスの宿敵フランスとの条約締結に成功。同国は実質的にアメリカを国家として承認し、同盟国として援助の手を差し伸べたものの、苦しい戦いが続く。独立宣言から五年後の一七八一年、ヨークタウンの戦いで英軍がアメリカ軍に大敗を喫して初めて、英国は鎮圧を事実上あきらめる。二年後に調印されたパリ条約によって、英国はアメリカを主権国家として承認し、これによってこの国の独立が確定した。

もっとも、今あるかたちでアメリカ合衆国が誕生したのは、憲法にもとづいて連邦政府が発足した一七八九年である。英国からの独立はアメリカ合衆国誕生にとって必要条件ではあったが、十分条件ではない。国家としての体裁が整っていなかったからである。ユナ

独立宣言への署名（John Trumbull 画）

イテッド・ステーツと名乗りはしたものの、独立宣言とパリ条約によって誕生したのは一つの国家ではなく、実際には一三の独立主権国家だった。したがって日本の研究者はこの時代のステートを通常、州ではなく邦と訳す（ただし便宜上、この本では州に統一する）。

もちろん統一政府を樹立しようという動きは、早くからあった。独立宣言の発出とともに、連合規約（Articles of Confederation）の起草が始まり、一七八一年に全州がこれを批准して効力を発する。けれども連合規約のもとで誕生したのは主権と独立を維持する各州のあいだで結成される友好的連合であり、それ以上のものではない。連合規約のもとで大陸会議を引き継いだ連合議会が設けられたが、その権限は限られていた。また連合には、議会と別個の行政機関がなかった。

そこで一七八七年の夏、各州の代表がフィラデルフィアに集まり四ヶ月かけて起草したのが、アメリカ合衆国憲法である。同憲法は翌年九州の批准を受けて発効する。そして一七八九年三月四日連邦政府が正式に発足。各州で選ばれた連邦議会の議員が暫定的な首都ニューヨークに集まり、議事を開始した。四月三〇日には新憲法の規定にしたがい各州の選挙人によって全員一致で選ばれたジョージ・ワシントンが、同市のフェデラルホールで初代大統領に就任した。さらに翌年二月、合衆国最高裁判所がこの街で正式に開廷する。こうして合衆国の三権が出そろった。

日本史の年表で見ると、独立宣言の発布は安永五年、上田秋成が「雨月物語」を著した年。パリ条約が調印されたのは天明三年、浅間山が噴火して大飢饉《ききん》が起きた年。憲法が発効して連邦政府が誕生したのは寛政元年、松平定信の改革の真っ最中である。こうして見ると、新しいと思われているアメリカ合衆国が、存外に古い。

そもそもイギリス人がヴァージニアのジェームズタウンに最初の植民地を築いたのは、独立宣言よりさらにほぼ一七〇年前の一六〇七年、まだ徳川家康が存命であった慶長一二年であるから、アメリカの歴史そのものもそれほど新しいわけではない。

フィラデルフィアへの道

さて、もしフィラデルフィアで憲法が起草されず各州がそれを批准しなければ、現在の姿でのアメリカ合衆国は誕生しなかった。アメリカは独立したいくつかの州のゆるやかな連合にとどまり、日本は各州に大使館を置いて個別に外交関係を結んでいたかもしれない。そう考えれば超大国アメリカの誕生を可能としたのは、一七八七年の夏フィラデルフィアに集まったアメリカ各州の代表であったということになる。

なぜ彼らはフィラデルフィアに集まって憲法を起草したのか。それは英国からの独立を達成したにもかかわらず、連合規約のもとでの体制維持にさまざまな問題が生じたからである。

第一に、連合規約のもとで議会には独自の徴税権がなく、各州からの資金提供に財源を求めるほかなかった。しかし強制はできない。実際各州は独立戦争の戦費負担を約束したものの、戦争が終わるとなかなか払おうとしなかった。一七八一年に、連合議会は八〇〇万ドルの拠出を求めるが、集まったのは五〇万ドルに過ぎない。その結果独立戦争を戦った兵士たちに給料を払うことができず、一七八三年には軍が叛乱を起こしそうになった。

第二に、連合議会には通商規制権がなかった。独立以前には宗主国イギリスの庇護のもと、一三植民地間で自由に通商ができた。ところが、独立後それぞれ主権国家となった各州が独自の通商政策を取るようになり、さまざまな摩擦が生じる。たとえばニューヨークは自州の港での交易を優遇するため、ニュージャージーやコネティカットの港で荷揚げされニューヨークへ持ちこまれる物品に対して高い関税を課した。これに対し、ニュージャージーとコネティカットが報復のため同じことをするという具合である。そのうえ、英国が西インド諸島の港から米国船を締め出し、本国の港でも米国船を差別する政策を取ったのに対し、連合議会は英国船を米国の港から排除するなどの対抗策が取れない。ジョン・アダムズが英国との通商関係を改善するために公使としてロンドンへ派遣されると、英国の外務大臣チャールズ・ジェームズ・フォックスが、「連合議会には何も権限がないのだから、（独立国家である）一三州から一人ずつ大使を連れてきたらどうですか」といやみを言ったと伝えられる。独立を達成したことによって、かえって通商問題が発生し、アメリカ全体としての通商活動が阻害されることになった。

第三に、イギリス本国が任命した知事や行政官を追い出した各州の議会が、徳政令を発布して借金を帳消しにしたり、通貨を濫発したり、あるいは裁判所の判決を無効にしたりと、民主主義の行きすぎが見られ、衆愚政治に陥る傾向が出た。マサチューセッツでは借金の棒引きを求めて、農民一揆さえ起こる。連合議会は強制力のある命令を州に対し発する権限がないので、こうした動きを正すことができない。

一七八三年のパリ条約でアメリカは英国に、独立革命以前に存在した負債の返済と、差し押さえられていた王党派所有の土地返還を約束した。しかし州は条約の規定を遵守しようとせず、連合議会は遵守を強制できなかった。州の裁判所も協力しようとしない。怒った英国は、アメリカの開拓者が入植を希望する北西部の砦《とりで》から兵を引くという約束を反古《ほご》

憲法制定後のアメリカ合衆国
カナダ
イギリスも
領土権主張
メイン領土
（マサチューセッツ州所属）
ヴァーモント州
（1791）
ニューハンプシャー州
マサチューセッツ州
ニューヨーク州
コネティカット州
ロードアイランド州
ペンシルヴァニア州
ニュージャージー州
北西領土
インディアナ領土
メリーランド州
デラウェア州
ヴァージニア州
ケンタッキー州（1792）
フランス領
ルイジアナ
ノースカロライナ州
テネシー州（1796）
サウス
カロライナ州
ジョージア州から
合衆国への割譲地
（1802）
ジョージア州
ミシシッピー領土
スペイン領フロリダ

にした。

こうした状況を改善するために、連合規約の改正が何度も試みられるが、ことごとく失敗する。その最大の原因は、連合議会では各州がそれぞれ一票を有し、しかも連合規約の改正は全会一致でなければならないという規定の存在である。いずれか一州が反対票を投じれば、改正はできない。全会一致規定自体、全会一致の賛成がない限り変更できなかった。各州はその大小にかかわらず、それぞれ主権を有し対等である。特にロードアイランドなど小さな州は、この原則にしがみつき、実質上の拒否権を譲ろうとしなかった。小さくても各主権国家が一票を行使するのは、現在の国連総会のあり方に近い。

このようにして生じたもろもろの不都合は、アメリカ独立革命成功のつけであるとさえ言えよう。各州が完全な独立を達成し、主権国家として何者にも左右されない民主的な共和政体を樹立したために、かえってお互いに身動きが取れなくなった。国王を取り除いた人々は、国王に代わる何らかの統合の仕組みが必要なことに、遅ればせながら気づく。

連合規約のもとでは事態の改善が望めないと考えた一部の人々は、ついにまったく別個の新しい国家体制構築を考えはじめる。最初の試みは控えめなものであった。一七八五年、ヴァージニアとメリーランドのあいだで、両者の境を流れるポトマック川の水運に関する合意が成立する。この成功に味をしめた両州は、より一般的な州間の通商問題に関する会議を、他の州をも招いて開催することにした。八六年九月メリーランド州アナポリスで、五州の代表が集まる。そしてこの会議で、ニューヨークの代表アレクサンダー・ハミルトンとヴァージニアの代表ジェームズ・マディソンが音頭を取り、八七年の五月にフィラデルフィアで各州の代表が、「共通政府のかたちを、連合の緊急課題に対処しうる内容とする」ために集まることが決まった。アナポリスはその後米国海軍兵学校が置かれる、チェサピーク湾に面した美しい海辺の町である。メリーランドの州都であるこの古い町で、合衆国憲法制定への重大な一歩が踏み出された。

憲法は違法?

憲法制定会議は一七八七年五月二五日、独立宣言が調印されたのと同じフィラデルフィアのペンシルヴァニア州議会議事堂で開幕した。本来は一四日に始まるはずだったのが、この日になってようやく定足数を満たす七つの州の代表がそろったのである。彼らはまず議長に独立戦争の英雄ワシントン将軍を選出した。その後七月までに、北はニューハンプシャーから南はジョージアまで、ロードアイランドを除く一二州の代表が集合して討議に参加する。当時のアメリカにはまだ鉄道がなく、満足な道路さえない。悪路を馬にまたがり、あるいは馬車に乗って代表はやってくる。なかには自分の州から二週間かけて到着した人もいた。現在日本政府の代表がニューヨークで国連総会へ出席するよりも、ずっと大変な仕事である。

代表五五人の大部分は各州で指導的な立場にある、富裕なエリートであった。約半数が大学を卒業している。ロイヤーも半数以上いた。複雑な憲法起草の作業が成功した一つの理由は、法律の素養をもった人が出席者に多かったせいかもしれない。アメリカはその建国の過程からして、ロイヤーの国であった。

参加者は、まず討議の非公開を決定する。外部の影響を受けず各自自由に意見が言えるようにしたのである。次に代表たちは連合規約にとらわれず、まったく新しい連邦政府樹立を討議することに合意する。実は連合議会は、フィラデルフィア会議の議題を連合規約の改正のみに限るよう命令していた。また代表の多くは出身州の議会から、それ以外の議題を討議するなとの指示を受けていた。

ところが会議が始まってすぐに、参加者はこれらの命令を無視した。そもそも連合規約には、憲法制定会議開催についての規定がない。しかも憲法草案が完成した際には、連合規約が定める連合議会での全州一致の投票による改正手続も、各州議会での承認手続も、一切とられなかった。そのかわりに制定会議での決議にもとづき各州で批准会議が召集され、州民代表の討議と投票によって批准がなされる。また草案の規定にしたがい、全州一致ではなく九つの州による批准によって、新憲法は発効する。

興味深いのは、もしそうであれば、憲法制定手続が当時有効であった連合規約に照らして違法であったという事実である。実際、憲法草案を受け取った連合議会は、与えられた権限を逸脱して草案を採択した憲法制定会議出席者の問責を一時検討している。いや違法ではない、単に連合規約という各州間の条約が破棄され、アメリカ国民が正当な手続にしたがって新しい憲法の枠組みを作っただけだという議論もある。学問的にはおもしろい問題であるらしい。なにやら日本国憲法の制定をめぐる有名な八月革命説を思わせる。ポツダム宣言の受諾によって明治憲法は効力を失い、まったく新しい憲法秩序が誕生した。したがって形式的には日本国憲法は明治憲法の改正によって誕生したが、両者のあいだに連続性はないという説である。

しかしそもそも歴史が大きく動くときには、法律や憲法は無視されるものなのかもしれない。これ以後もアメリカ史の転換点で、憲法が無視あるいは軽視されたことが何回かある。にもかかわらず、アメリカの憲法史は大きな流れとして続いている。憲法の連続と断絶は、米国憲法の歴史にとって一つのテーマである。

この国のかたち

話をもとに戻すと、憲法制定会議は五月二五日に始まり、九月一七日まで続いた。参加者の出入りがあったし、毎日会議があったわけではないにせよ、暑い夏を通じておよそ四ヶ月のあいだ、将来の国のかたちをめぐって真剣な討議がされた。国民の代表がこれほど長いあいだ一つの場所で缶詰になって憲法について考えたというのは、歴史上あまり例がない。一つには独立戦争が終わったあと、アメリカには当面の敵がなく平和であったからだろう。フランス革命やロシア革命のときのように、外敵の侵入におびえながら新しい政体を急いで確立する必要はなかった。国際情勢の展開をにらみながら、一九四六年の二月から三月にかけて、大急ぎで起草された日本国憲法起草の過程とも対照的である。そしてフィラデルフィアでの会議に参加した人たちは、自分たちの仕事の歴史的な意義を大いに意識していた。

さて、憲法の最終草案がまとまるまでの議事の過程は、マディソンらが記録をつけていたので、おおよそ跡をたどることができる。ただし、議論の流れはなかなか複雑だ。新しい中央政府を創設し、明確な権限を与えねばならないという点ではおおむね意見が一致していたものの、細部についてはさまざまな考え方があった。憲法制定会議の議論を通じて利害の対立が明らかになり、意見の統一が図られ、さまざまな案が生まれては消え、何回も草案が書きなおされた。

まず中央政府に独自の徴税権と通商規制権を与えることには、異論がなかった。こうした権限がないために起こった諸問題を解決するのが、緊急の課題であったからである。その結果、憲法第一条八節には連邦議会が有する明示の権限として、課税を行なう権限ならびに「外国との通商、州間の通商(「州際通商」とも呼ばれる)、およびインディアン諸部族との通商」を規制する権限が規定された。

独立の行政府を設けることにも、異論がなかった。連合規約のもとでは独立した行政機関がなく、連合議会の議長は一年ごとに交代をし、行政の権限を持たなかった。連合議会の休会中はその委員会が共同で連合全体のことがらに対処したが、あまりうまく機能しなかった。憲法第二条が規定する独立した行政府、すなわち大統領の職は、こうした欠陥を踏まえて誕生したものである。

ちなみに三権分立の思想にもとづき独立の司法府を設けることにも、特に異論はなかった。ただし、連邦司法がどのような役割を果たすかについては深く検討された形跡がない。

さらに、各州の議会による行きすぎた民主主義を抑える条項を設けることにも、異論がなかった。憲法第一条一〇節が規定する州に対する一連の行為の禁止、たとえば通貨鋳造、契約無効、徳政令発布、遡及効を有する法律の制定、関税賦課などを禁止する規定を見れば、当時各州の議会が採用し問題となった施策が何であったかがよくわかる。また憲法第六条には、連邦憲法と連邦法そして条約は国の最高法規であって、州憲法ならびに州法に優越し、州裁判所の判事を拘束するという規定が設けられた。これは連合規約のもとで、州の行為を抑える法的権限が中央になかったことを踏まえたものである。

こうした大きな枠組みについては合意があったが、具体的な点については意見が割れた。意見の対立にはおよそ三つの軸がある。一つは強い中央政府をめざす人々と、州の主権を重んじる人々の対立。もう一つは大きな州と小さな州の対立。そして最後に北部と南部の対立である。

まず新しく創設する中央政府の性質について、思想上の対立があった。連合規約のもとで連合議会があまりにも無力であったために、ハミルトンやマディソンなど新しい憲法の制定をもくろんだ人々は、最初相当強力な中央政府の樹立をめざした。たとえば憲法制定会議が始まってすぐに提出されたマディソンらが中心になって起草したヴァージニア草案は、新憲法のもとで創設される議会の立法権限が、「州が当事者能力をもたない、あるいは個々の州による立法権の行使が合衆国の調和を乱す、すべての場合」に及ぶとしていた。さらに連邦議会は、州議会が制定した法律を無効にする権限を有すとされた。もしこれらの条項が採択されていれば、アメリカは日本やヨーロッパ諸国と同じように、単一政府を擁する中央集権国家になっていただろう。しかしこうした中央政府への思い切った権力集中に対しては、州の主権維持をめざすいわゆる州権論者から強い反対が起きる。その結果、憲法には州法を無効にする権限は書きこまれず、後にその役割を連邦最高裁判所がになうことになる。

また連邦議会に広範な一般的権限は与えられず、憲法第一条八節に列挙された権限のみを行使できることとなった。それ以外の権限は各州と人民が保持するという考え方が、後に修正第一〇条へ盛りこまれる。連邦政府と州政府がそれぞれ有する権限の範囲と両者間の関係については、憲法制定後も長く議論が続く。アメリカ合衆国という連邦国家の基本的性格は何か。これは今に至るまで、憲法上のもっとも大きな争点である。

一方ヴァージニアやマサチューセッツなど人口の多い大きな州と、デラウェアなど人口の少ない小さな州の間の対立は、たとえば議員の選出をめぐって表れた。連邦議会に上下両院を設けることについては両者間に合意があったが、各院の議員定数をどう決めるかでもめる。大きな州の代表は両院とも人口比で議員数を配分すべきだと主張したが、これに小さな州が猛然と反発する。連合規約のもとでは各州が連合議会で一票ずつ投票権を行使できたが、小さな州はこの権利を手放したくなかった。もし議員数を人口比で配分すれば、大きな州が小さな州を迫害するだろう。彼らはそう主張した。デラウェアの代表は、議員定数の平等な配分が実現しなければ憲法制定会議を離脱するようにとの指示を、自州の議会から受けていた。七月にはこの問題で、審議が完全に膠着状態となる。

しかし小さな州も、この問題で憲法制定を不可能にするつもりはなかった。彼らとて、新しい中央政府の必要性は認識していたのである。結局妥協が成立して、下院は人口比で議員数を配分し、上院は州の大きさにかかわらず、各州に二名の議員をあてることとなる。上下両院の議員定数は、現在に至るまでこの方式にしたがって割りふられている。

議員定数配分の議論には、もう一つ地域的対立ももちこまれた。たとえば商業や工業の発展をめざす北部諸州は、高関税を基調とする保護的な通商政策を求め、ヨーロッパへ農産物を輸出し安いヨーロッパ製品を輸入したい南部は、低関税による自由貿易を支持した。

関税率は議会が法律によって定めるものであるから、両者とも議員数が相手の地域に多く配分されるのは、不利な通商政策の採用につながるので困る。ヴァージニア出身のマディソンが上下両院とも人口比での配分を主張したのは、州の数では八対五で南部のほうが少なかったからである。それに気候が温暖で豊かな南部は、今はそれほど人口が多くなくても、将来増えるだろうという計算があった。実際にはその後大量に移民が流入した北部の人口が急速に増加し、南部は下院での優勢をえられないで終わる。連邦議会における北部と南部の力のバランスは、アメリカの政治上憲法上の一大争点となって、南北戦争に至る。

ちなみに、南部は奴隷の数も下院議員の定数配分にあたって加えるべきだと主張した。これに対して北部は、奴隷を人間として扱っていないのに何事だ、それならわれわれはラバの数も加えると反論する。結局奴隷総人口の五分の三を、自由人の数に加えることで妥協が成立した。南部は人口の少なさを奴隷の数で、ある程度補ったのである。

そのほか、上院議員と大統領の選出方法についても、激しい議論が戦わされた。前者に関し、マディソンは下院による選出を主張する。連邦議会への州の関与をなるべく減らし、権力の基盤を国民の意思におくことによって、連邦政府の州からの独立性を高めようとしたのである。しかしこの案は州権論者の猛反対を受け、結局上院議員は各州の議会が選出することとなる。この結果、一九一三年、修正第一七条によって国民が直接投票によって選ぶ方式に替わるまで、上院議員の選出には州の意向が強く反映される。

大統領の選出についても、連邦議会があたるという意見と、国民が選挙で選ぶという意見とが分かれた。そして議会が選出すると大統領の独立性が失われるという懸念、国民による直接選挙は衆愚政治に陥るので避けたいという願望、州の意見を反映させるべきだという意向などが勘案された結果、最終的にそれぞれの州が独自の方法で選出する選挙人の投票によって大統領を選ぶという方法が採用される。選挙人の数は、各州選出の下院議員数と上院議員数を足したものと定め、これもまた大きな州と小さな州のバランスを考慮したものである。なお一九世紀の初めになると、ほとんどの州が州民の投票による選挙人選出制度を採用したため、実質的には間接選挙となった。

よりよき連邦をつくるため

一時は意見の対立が激しくて成立が危ぶまれたものの、九月に入ると憲法草案は次第にその輪郭を明らかにしはじめた。細部については依然として意見の対立があったが、なんとかまとまりそうになったのは、本当に最後の数日間である。

憲法制定会議最後の日となった九月一七日、すでに八〇の坂を越えていた独立革命期の指導者の一人、ベンジャミン・フランクリンが立ち上がって発言を求めた。

「議長閣下。この憲法草案には、私が承服できない条項がいくつかあります。しかし将来も絶対承服できないかどうか、それはわかりません。これだけ長生きしますと、最初は自

アメリカ合衆国憲法への署名（Howard Chandler Christy 画）

分が絶対正しいと思ったのに、追加情報を得て、あるいはよく考え直した結果、重要なことがらについて後になって意見を変えたことが、何度もあります。歳を取れば取るほど自分の判断が絶対だとは考えず、他の人の判断を尊重するようになりました。（中略）

ですから、私はこの憲法草案に賛成します。なぜならこれより完璧な草案は望めないと思うからであり、またこの草案が最良でないと言い切る自信がないからです。（中略）われわれ自身のために、そして子孫のために、この憲法草案を全員一致で、それぞれの州に推薦しようではありませんか。そしてわれらの将来の思考と努力を、この憲法をうまく機能させることに向けようではありませんか。憲法制定会議出席者の皆さん、まだ反対意見を持っていても自分が絶対正しいと思う気持ちをこの際ほんの少し抑えて、草案に私と一緒に署名してくださいませんか」

フランクリンの呼びかけを聞いたあと、多数決による採決がなされた。そして数人が反対票を投じ署名を拒否したものの、大方の賛同を得て憲法草案は採択される。すべての手続が終わったあと、出席者は近くの酒場に繰り出して祝杯を上げたと、議事を記録した文書には記されている。

こうして、よりよき連邦をつくるためのアメリカ合衆国憲法草案が完成した。しかしまだ、九つの州の批准を得てこの憲法草案に効力を与え、合衆国政府を発足させる仕事が残っていたのである。

第2章　憲法批准と『ザ・フェデラリスト』

憲法草案への反対

一七八七年九月一七日、四ヶ月にわたりフィラデルフィアで開かれた憲法制定会議での合衆国憲法起草作業がようやく完了し、各州代表多数の賛成を得て正式草案として認められた。しかしながら、憲法の誕生がこれで確実になったわけではない。

草案第七条は、一三州のうち九州の批准を得て、この憲法が発効すると規定していた。連合規約改正に全州の賛成を必要としたのに比べれば緩やかな要件であるとはいえ、この時点では九つの州の批准を得られるかどうか、予断を許さない。ただし同条は批准の方法について定めておらず、憲法制定会議であらかじめ採択された決議にもとづき、連合議会が各州の議会へ批准のために特別の会議を召集するよう指示する。この会議へ出席する代表は州民によって選ばれた。そこで憲法制定会議出席者は、それぞれ馬にまたがって自分の州へ戻り、批准へ向けての運動を開始する。彼らのあいだに、あるべき憲法の姿についてさまざまな意見があったのは事実だが、いったん草案が完成した以上早期の批准をめざすことで、大多数の意思は一致している。しかしいくつかの州には、批准に反対する根強い勢力が存在した。

反対の理由はさまざまである。まず改革によって自己の既得権が失われることを恐れる人々がいる。彼らは州議会で築いた自分たちの権益が、強力な連邦政府樹立によって損なわれることを心配した。あるいは連邦全体を通じて通商が活発になることによって、他州からの競争が激化するのを嫌った。

また新憲法は金持ちを優遇するものだという批判があった。既述のとおり、各州の議会は借金の返済に苦しむ人々を救済するためにさまざまな法律を通した。新憲法を採択しようと画策しているのは、そうした政策を嫌う債権者が中心である。豊かな地主や商人、金融業者などが、自分たちの経済的利益のみを考えて憲法を成立させようとしている。負債をかかえる小規模な農民など、貧しい者のことを少しも考えていないという主張である。

さらに、憲法草案には国民の自由を保障する権利章典がないことを問題にする者も多かった。信教の自由や言論の自由といった人々の基本的権利が十分に保護されていない。実は憲法制定会議終了まぎわに、一部の代表が権利に関する章典を草案に盛りこむべきだとの提案を行なっていた。しかし起草者らは、そもそも新憲法のもとで連邦政府には限られた権限しか授与されないのだから、国民の権利を侵害しうるはずがないと主張して、これに抵抗する。いずれにしても、四ヶ月にわたる憲法制定会議での討論に、出席者一同すっかり疲れきっていたために、権利章典については十分な討議をしないまま終わった。反対派はこの点をついた。結局新憲法発効後の一七九一年に、権利章典は最初の修正一〇ヶ条として憲法に書き加えられる。

その他にも、憲法制定会議の開催が連合規約違反であることを問題にする人、連邦政府の徴税権が過大であると主張する人、連邦政府の維持する常備軍が国民の弾圧に使われるのではないかと恐れる人、連邦政府が州民兵の召集権を有するのは州の権利を侵害するものだと憂慮する人、連邦議会が「必要かつ適切」な法律を制定することができるという草案第一条八節一八項の規定は連邦議会に無制限な権限を与えることにならないかと心配する人、強力な大統領の制度を設けることが君主制につながるのではと恐れる人、上院議員と大統領の任期が長すぎると主張する人など、反対の理由は限りなくあり、また複雑にからまりあっていた。

しかしもっとも根本的な反対理由は、独立革命によって各植民地の人々がようやく獲得した民主的な共和政体が、連邦政府の樹立によって失われるのではないかという恐れである。イギリスとの独立戦争を勝ちぬいて、国王や貴族の圧制から自由になった。その結果、自分たちで政治を行ない自らの運命を決定できるようになった。もはや海の向こうロンドンに居住する一握りの人々の意思にしたがう必要はない。これこそが革命によって誕生した共和政体の意義である。それなのになぜ再び連邦政府を創設して、遠くにいる顔も知らない少数の人々に自分たちの運命をゆだねるのか。連邦政府はやがて肥大し、人々の自由を圧迫するであろう。各州の独立は失われるであろう。そのような危険を冒してまで、どうして中央政府を樹立せねばならないのか。

フェデラリストの反撃

各州で展開された憲法草案批准の是否をめぐるキャンペーンは、その後アメリカ合衆国で見られたあらゆる政治運動のさきがけをなすものであった。まず各州の人々は批准会議へ出席する代表を選出し、そのうえで代表を通じて議論を戦わす。町の広場で、集会で、通りで、都市で、田舎で、人々は意見を述べあい、果てしない議論を続けた。理論的な論争があっただけではない。各種の利益団体が活発に運動を展開する。賄賂が飛びかったとのうわささえ一部であった。当然宣伝合戦も盛んとなる。当時広く読まれるようになっていた新聞を通じて、賛成派反対派双方がその主張を述べた。自分たちの立場を人々にどうわかりやすく説明するかは、批准賛成派にとっても反対派にとっても、最重要の課題となったのである。

州の独立を維持しようとする反対派は、自分たちこそ共和政治の守護者であると自負した。そして憲法の批准に反対する勢力をリパブリカン（共和派）、批准に賛成する勢力をアンチ・リパブリカン（反共和派）と呼んで運動を展開する。リパブリックということばは、ラテン語のレス・プブリカから派生したものである。もともとの「公のことがら」という意味が、転じて「公の政府」、すなわち統治者ではなく共同体のための政府、人々のための政府という意味になった。イギリスから独立を勝ちとって誕生した州政府は共同体のもの、みんなのものだが、憲法のもとで樹立される中央政府は民衆のものではない。共和派、反共和派という呼称には、そういう意味が込められていた。

実態を見れば、批准賛成派は中央集権による統一政府樹立をめざしたのであるからナショナリスト（集権派）、批准反対派はこれまでどおりの州権の維持をめざしたのであるからステート・ライティスト（州権派）と呼ぶほうが、より適切である。しかし賛成派は中央集権をあまり強くいうと、反発を受けて批准がうまくいかないことを恐れた。そこで彼らは自分たちのことをフェデラリスト（連邦派）、反対派のことをアンチ・フェデラリスト（反連邦派）と呼んで、反発をやわらげようとする。連合規約のもとで存在した、よりゆるやかな連合の維持を望む点で、むしろ反対派の主張のほうが連邦派と呼ぶにふさわしい。にもかかわらず、賛成派は自ら連邦派を名乗ることによって、強すぎる中央集権政府を恐れる人々の気持ちに配慮し、戦いを有利に進めたのである。

ところで憲法批准に反対する勢力は、特にニューヨークで強力であった。そもそも憲法制定会議に参加した同州代表のうち、最終草案に署名したのはハミルトンだけで、残り二人の代表は途中で帰ってしまった。反対派は批准反対を論じる論文を、一七八七年一〇月にニューヨークの新聞紙上で発表する。書いたのは憲法制定会議から退席した二人のうちの一人であるロバート・イェーツと推測された。ローマ時代の政治論争をまねて、論文にはブルータスと署名がされていた。ブルータスは共和制の擁護者である。この論文は憲法が発効すると強力な中央統一政府が出現し、ニューヨーク州の権利はことごとく失われるであろうと警告した。ブルータス署名の論文はこのあと翌年四月までに全部で一六篇が発表され、批准反対の理論的根拠を提供する。

この事態に危機感を抱いたのは、ハミルトンである。ニューヨークは当時も今と同じように、一三州の通商の中心地であった。もしニューヨークが批准をしなければ、新憲法のもとで誕生する合衆国の将来は危うい。そこでハミルトンは自ら筆を執り、ブルータスに反論を試みることにした。最初は自分一人で書こうと考えたようだが、先輩のロイヤー、ジョン・ジェイと、憲法案起草の苦労をこれまでともにし、連合議会が開かれていたニューヨークにヴァージニア州代表の一人として滞在中だったマディソンにも執筆を依頼する。三人は手分けして全部で八五篇の論文を、翌年の五月まで毎週新聞に発表しつづけた。ジェイが五篇を担当したのを除けば、すべてハミルトンとマディソンの手になるものである。彼らはブルータスに対抗して、プブリウスという名前で論文に署名をした。ローマ時代、王を追放して共和制をうちたてた、政治家ヴァレリウスの別名である。

ジョン・ジェイ
（Gilbert Charles Stuart 画）

こうして生まれたのが、今日でもアメリカだけでなく世界の政治思想の古典として名高い『ザ・フェデラリスト』である。三人の筆者は実務家であり政治家であって、学者ではない。しかし憲法草案の批准を実現するために、全力をつくして筆を執り、新憲法の内容を擁護した。

『ザ・フェデラリスト』の筆者たち

『ザ・フェデラリスト』を著した三人は、いずれも個性豊かな人物である。しかし年齢や性格は大きく異なっていた。

ジョン・ジェイは三人のうちでもっとも年長である。ニューヨークの富裕な商人の家に生まれ、キングズ・カレッジ（現在のコロンビア大学）で学び、当時ニューヨークで法律事務所を経営していた。外交官としても名声が高く、独立戦争中はスペインで公使をつとめ、パリ会議ではベンジャミン・フランクリン、ジョン・アダムズとともに、イギリスとの講和条約締結に尽力する。

一七八九年に連邦政府が発足すると、初代大統領のジョージ・ワシントンはジェイを合衆国最高裁判所首席判事に任命した。しかしイギリスとの関係が緊張したので、ワシントンはジェイ判事をロンドンに特使として派遣し、交渉に当たらせた。このとき締結されたのがジェイ条約である。ジェイは帰国後ニューヨークの知事選に立候補するため、一七九五年最高裁から退いた。判事としては目立った業績を残さなかったが、今でも合衆国最高裁の会議室には、赤い法衣を羽織った初代首席判事ジェイの大きな肖像画がかかげられている。

アレクサンダー・ハミルトン
（John Trumbull 画）

アレクサンダー・ハミルトンは一七五五年に西インド諸島の一つネヴィス島で、貴族出身のスコットランド人商人の庶子として生まれた。父親は一種の流れ者であったようで、やがて母子を置いて失踪してしまう。その母親も彼が一三歳のときに死に、孤児となる。こうした苦労を重ねたからであろう、かえって燃えるような野心を抱くようになった。明晰な頭脳をもちながら、同時に向こう見ずで情熱家で短気で、発言にとげがある。富と権力にあこがれ凡庸な一般大衆を軽蔑しながら、黒人に対し偏見を抱かないなど進歩的な面も持ち合わせていた。同時代の人物のなかで、ハミルトンほど華麗で才能にあふれたものはいなかった。

ハミルトンは友人や親戚の助けを借りて一七七三年にニューヨークへわたり、キングズ・カレッジへ進学する。革命戦争が始まると革命軍に身を投じ、二二歳でワシントン将軍の副官となった。ヨークタウンの戦いでは、身の危険を顧みず英雄的な活躍を示す。戦争後ニューヨークの良家の娘を妻に迎え、ロイヤーとして成功した。憲法制定会議の開催をマディソンとともに計画・実行し、ニューヨークの代表としてただ一人憲法草案に署名する。特定州の出身でなく革命軍と一緒に各地を転戦したためだろう、他の誰にもまして合衆国全体の利益を考え、新しい憲法のもとで強力な中央統一政府を樹立することの必要性を確信していた。『ザ・フェデラリスト』を執筆したときには、三二歳である。

新しい連邦政府が誕生すると、ハミルトンは初代の財務長官として合衆国の財政建て直しに辣腕《らつわん》を振るう。中央政府のもとで内陸の開発を実行し、アメリカを世界一の強国にすることを夢見ていたハミルトンは、一八〇四年、アーロン・バーといういたって評判の悪い政治家に決闘をいどまれ、その弾にあたって死ぬ。まだ四九歳の若さであった。

三人目の執筆者ジェームズ・マディソンは、ハミルトンとまことに対照的な人物である。一七五一年にヴァージニア州オレンジ郡の裕福な荘園主の息子として生まれる。黒人奴隷を使ってタバコの栽培をする、典型的な南部の農場である。数々の公職を歴任したあとマディソンはこの荘園に戻り、一八三六年に八五歳で亡くなった。ワシントンから南西へ二時間ほど走った農村地帯の真ん中にある彼の屋敷は、死後人手に渡り、現在は史跡として一般に公開されている。

建国の父と呼ばれる人々のなかで最後まで生き残り長寿をまっとうしたマディソンは、実は生来身体が弱く、大学へ行くまで家で家庭教師について勉強した。カレッジ・オブ・ニュージャージー（現在のプリンストン大学）へ進学したものの、勉強しすぎてついに身体をこわし、独立戦争には従軍していない。自分の命が長くないとずっと信じこんでおり、まさかこんなに長生きするとは思っていなかったらしい。背が低く、若いときから髪がうすくて、男前とはとても言いがたかった。ジェファソンの故郷であるヴァージニア州シャーロッツヴィルの裁判所には、彼の肖像画とならんでマディソンの肖像画がかけてあるが、背が高くハンサムなジェファソンと比べると、マディソンはずいぶん見劣りする。

ジェームズ・マディソン
(John Vanderlyn 画)

健康に不安があり見栄えのしない容姿

であったためか、マディソンは若いときから内向的で口下手で、その分無類の勉強好き、本好きであった。性格は穏やか。常に人の意見を聞き、中庸を保とうとする。ものごとを深く考える。こうした能力と性格をもったマディソンは、最初ヴァージニア州議会の議員として州憲法ならびにジェファソンが起草したヴァージニア信教自由法の制定に力があった。そして引き続き連合議会のヴァージニア代表に選ばれ、連邦憲法の制定にあたって中心的役割を果たす。憲法制定後にその最初の修正条項となった権利章典を起草したのも、彼である。しかしハミルトンとは対照的に、大向こうをうならせるような演説をするなど、強いリーダーシップを発揮するのは苦手であった。のちに第四代大統領に就任したものの、目立った業績はあげていない。マディソンはあくまで思索の人であった。

大きな共和国の思想

『ザ・フェデラリスト』は前記の三人が別々に書いた論文を集めたものであるため、必ずしも一貫した内容とはなっていないし、重複する個所も多い。ただし憲法の批准が不可欠であるという、その論旨は一貫している。第一篇に記されたハミルトンのことばを借りれば、「(アメリカ人の)政治的繁栄にとって連邦が有効であること。この連邦を維持してゆくためには、現在の諸邦連合では不十分であること。この目的を達成するためには(中略)強力な政府が必要であること。(中略)憲法案が共和政治の真の原理に適合していること」などを明らかにしようとしたのである。

この目的を達成するため、八五篇の論文はさまざまな議論を展開するのだが、その思想の中核をなすのはマディソンの手になる数篇であると思われる。これらの論文のなかでマディソンは、連邦政府樹立が決してアメリカ独立革命がめざした共和政体の否定にはつながらず、むしろそれを強める結果となることを明らかにした。

アンチ・フェデラリストが展開する批准反対論の一つに、一三州が集まって構成する国家は、民主的な政治を実現するには大きすぎるという主張があった。ギリシャ・ローマの時代以来、民主的な政治は同質で小さな共和国でなければできない。人々が互いによく知り合っているからこそ市民としての自覚が生まれ、公の責任を分担しあえる。大きな国では中央の政府は構成員のことを知らず、その利益に反する政治を行なうから、結局圧制につながる。反対派はこう考えた。

マディソンはこの考え方に第一〇篇で反論した。小さな共和国には派閥(英語ではfaction)の弊害が生まれやすいという欠点がある。派閥とは何か。それは「全体中の多数であれ少数であれ、一定数の市民が、他の市民の権利に反する、あるいは共同社会の永続的・全般的利益に反するような感情または利益といった、ある共通の動機により結合し行動する場合、その市民たちをさすもの」と理解できるだろう。独立後一部の州では、この弊害が顕著に出た。

そもそも派閥の弊害は、直接民主制のもとで顕著である。すなわち「少数の市民から構成されており、その全市民がみずから集会し、みずから統治する社会」では、派閥のもたらす弊害を匡正《きょうせい》することが特に難しい。なぜなら「共通の感情あるいは利益が、ほとんどあらゆる場合に全員の過半数のものの共鳴するところとな」る傾向があり、「弱小の党派や気に入らない個人は、これを切り捨ててしまうという誘惑を抑えるようなものは何もない」からである。

一部の州で現出した行きすぎた民主主義の状況は、これに近い。であれば、自分たちが選んだ代表を通じて間接的に政治を行なう共和政体（代表民主制）のほうが望ましいのだが、これとて万全ではない。「派閥的な気分の強い人びと、地方的偏見をもつ人びと、悪意ある企みをもつ人びと」が人民の投票を得て代表になったとたんに、その利益を裏切るかもしれない。したがって真の課題は、共和政体においてさえ存在するこのような危険に、どう対処するかである。

派閥の弊害を是正するには、その原因を取り除けばいい。もっとも単純な方法は派閥を構成する自由を奪ってしまうことだが、それは病弊そのものよりもっと悪い。「動物の生活にとって不可欠な空気を、それが火に破壊的な力を付与するからといって一掃してしまう」のが愚かであるのと同様、市民から自由を奪ったら共和政治そのものが成り立たない。

もう一つの方法は、すべての市民に同一の見解、同一の感情、同一の利害を与えることだが、それも不可能である。人間に才能の差がある以上、利害関係は同一たりえない。人々の財産が多様であり不平等に配分されているかぎり、持つものと持たないもののあいだに異なった意見が生まれる。だからそれを一つに統一することなどできない。

派閥の発生が不可避であり、その原因を除去するのが難しいのであれば、残る手段は派閥の効果を抑制するしかない。もし施政者が賢明であれば、諸利益をある程度調整し、公共の善に貢献せしめることも可能であろう。しかし賢明な施政者がつねに決定の座にあるとは限らない。またある派閥が全成員の過半数に達しない場合には、「多数のものが通常の多数決で派閥の邪悪な見解を敗北させることができる」。しかし問題はむしろ「人民による政治の下で多数者が一つの派閥を構成するとき」である。その場合、「派閥が、公共の善と他の市民の権利のいずれをも、自己の支配的な感情や利益の犠牲とすることが可能になる」。したがっておそろしいのはむしろ多数の横暴である。「人民による政治の精神と形体とを保持しつつ、このような派閥の危険性から公共の善と私的な権利との安全をはかる」には、どうしたらいいのだろうか。

方策は二つあるように思われると、マディソンは続ける。まず「同一の感情あるいは利益が、多数派のうちに同一時に存在することを防がなければならない」。第二に、「多数派がかかる同一の感情あるいは利益をすでにもっている場合には、彼らが（中略）圧制の陰謀を一致して実行することができないようにしなければならない」。この点で、大きな共和国のほうが、小さい共和国よりも有利である。第一に代表者の質が高まる。なぜなら大きな共和国のほうが、公共の善を重んじる傾向の強い、優れた代表者を選べるからである。代表にふさわしい人格をそなえた人の一定人口あたりの割合が大きな共和国でも小さい共和国でも同じならば、候補者の絶対数が多い共和国のほうが選択の余地が大きい。しかも代表一人を選出する選挙民の数が多いから、下らない候補者が悪質な手段に訴えて選出されるなどということは、より困難になる。

第二に、大きな共和国ではより多数の市民とより広大な領域をその範囲内に含みうるから、党派的結合の危険性を少なくできる。社会が小さくなればなるほど、そこに含まれる党派や利益の数は少なくなる。そして多数派が同一党派として形成されやすくなる。しかし「領域を拡大し、党派や利益群をさらに多様化させれば、全体中の多数者が、他の市民の権利を侵害しようとする共通の動機をもつ可能性を少なくすることになろう」。仮にそのような共通の動機が存在するとしても、それを共有する人々すべてが団結して行動するのは難しい。したがって大きな共和国のほうが小さな共和国よりも、多数の横暴を防ぎやすい。この点こそ、広大な領域をもち人口の多い連邦が、狭い領域と少ない人口しかない州に対してもつ優位性に他ならない。新憲法のもとで成立する連邦政府は、州政府単独でよりも人々の権利をよく守る。マディソンはこう述べた。行きすぎた民主主義に健全な懐疑を抱き、現実的な対応を探るこの人の考え方がよく表れている。

憲法の発効と連邦政府の発足

もちろん国が大きいだけでは、共和政体は守れない。党派や利害が多様である大きな共和国でも、政府がその権力を濫用しないという保証はない。「そもそも政府とはいったい何なのであろうか」と、マディソンは第五一篇で自らに問う。「人間が天使ででもあるというならば、政府などもとより必要としないであろう。またもし、天使が人間を統治するというならば、政府に対する外部からのものであれ、内部からのものであれ、抑制など必要とはしないであろう」。しかし人間が人間のうえに立って統治を行なう以上、権力濫用の危険はなくならず、抑制せねばならない。もちろん「(政府が)人民に依存しているということが、政府に対する第一の制御になっていることは疑いをいれない。しかし、経験が人類に教えるところに従えば、やはりこれ以外に補助的な、警戒的な措置が必要なのである」。

では、政府に対するもっとも有効な抑制の方法はなんであろうか。権力の集中を「防ぐ最大の保証は、各部門を運営する者に、他部門よりの侵害に対して抵抗するのに必要な憲法上の手段と、個人的な動機を与えること」にあると、マディソンは説く。「野望には、野望をもって対抗させなければならない。人間の利害心を、その人の役職にともなう憲法上の権利と結合させなければならない」。ここから権力を分散させ、互いに抑制、均衡させる思想が生まれる。具体的には国民の主権を分割して連邦政府と州政府とに委ね、さらにそれぞれの政府機能を立法、行政、司法の三権に分立させる。特に「アメリカのように複合的な共和国にあっては、人民によって委譲された権力は、まず二つの異なった政府(中央政府と地方政府)に分割される。そのうえで、各政府に分割された権力が、さらに明確に区別された政府各部門に分割される。したがって、人民の権利に対しては、二重の保障が設けられているわけである」。

権力の分割、抑制、そして均衡の理論にも、マディソンの天才と独創が見られる。大きな共和国の議論と同様そこに見られるのは、多元的な価値の競争のなかから活力を生み出し、人々の自由をそこなうことなく抑制と均衡を通じて調和をもたらそうとする、ダイナミックな考え方である。憲法制定に際して表明された二〇〇年以上前のこの思想は、現在でもアメリカという国家の基本理念として生きつづけている。

賛成派の運動がようやく効を奏して、各州の批准会議は次々に批准を完了していった。まず一七八七年一二月から翌年の一月にかけて、デラウェア、ペンシルヴァニア、ニュージャージー、ジョージア、コネティカットの五州が、それぞれの批准会議において全員一致もしくはかなりの大差で批准を行なう。二月には、マサチューセッツが権利章典採択を条件として批准した。四月にはメリーランド、五月にサウスカロライナ、六月にニューハンプシャーが続き、九つの州が批准を完了して憲法は発効する。さらに同月末ヴァージニア、七月にはニューヨークが僅差で批准を実現し、二つの大きな州の加盟が確実になった。ノースカロライナは連邦政府発足後の八九年一一月、憲法制定会議に唯一参加しなかったロードアイランドも九〇年の五月にようやく批准を完了して、一三州全部が合衆国に加わる。いろいろ反対はあったものの、最後には合衆国への加盟が全州の利益に合致したのである。

こうして新憲法のもと、現在あるかたちでのアメリカ合衆国が誕生した。

憲法を解釈するのはだれか

合衆国最高裁判所の誕生

一七八八年半ばに合衆国憲法が発効すると、連合議会はまず大統領選出の手続を開始する。翌一七八九年一月最初の水曜日を選挙人選出日に、また二月最初の水曜日を選挙人による投票日に、さらに三月最初の水曜日すなわち三月四日を連邦政府発足の日に指定した。

この日程にしたがって各州は、それぞれ独自の方法で選挙人を選び、そうして選ばれた選挙人が投票を行なう。その結果、選挙人全員の支持を得て初代大統領に選出されたのは、独立戦争の英雄ジョージ・ワシントン将軍である。四月三〇日、連邦の暫定首都に定められたニューヨークで就任式が執り行なわれた。憲法の規定にしたがって、連邦行政府がこうして誕生する。

同じ頃、各州で連邦下院議員の選挙が行なわれ、また各州の議会では連邦上院議員が二名ずつ選出された。上下両院の議員は一七八九年三月ニューヨークで初めて本会議を開催

ワシントン初代大統領の就任式（Ramon de Elorriaga 画）

し、連邦法の制定作業を開始する。連邦立法府もまた、憲法の規定に則って誕生した。

連邦議会が初めて制定した法律のなかには、九月に成立した一七八九年裁判所法があった。司法権について定めた憲法第三条の規定にしたがい、同法は合衆国最高裁判所と三つの連邦巡回裁判所、そして各州に一つずつ連邦地区裁判所を設ける。最高裁の判事は総計六人と定められ、初代の首席判事には『ザ・フェデラリスト』を著した三人のうちの一人、ジョン・ジェイが就任した。また各連邦地区裁判所に一人ずつ判事が任命されたが、連邦巡回裁判所の判事は、それぞれ最高裁判事二人と地裁判事一人が兼任するものと定められた。

合衆国最高裁判所がニューヨークのロイヤル・エクスチェンジ・ビルで初めて開廷したのは、翌一七九〇年の二月二日である。任命された判事六人のうち二人の到着が遅れたため、四人の判事だけで開廷が宣言された。まだ扱うべき事件がなかったので、この日は開廷式だけで終わる。アメリカのロースクールや法律事務所に必ず置いてある合衆国最高裁判所判例集第一巻を開くと、最初のページにこの日の式次第が記録されている。連邦三権のうち最後に残った司法府が、こうして誕生した。

開廷はしたものの、この時期最高裁はほとんど何も仕事がない。それはこの裁判所が原則として上告審であって、取り上げるべき事件がなかったからである。地区裁判所の判決が巡回裁判所に控訴され、さらに上告がなされるまでは何もできない。また当時大多数の訴訟事件は州裁判所で審理された。一七八九年裁判所法によって一定の具体的な管轄権が与えられたものの、人々がどの程度連邦裁判所に事件をもちこむか、予測がつかない。

結局開廷から三年間、最高裁判所が正式に法廷で取り上げた事件はほとんどなかった。その後もしばらくは事件の数が少ない。一八〇一年までに、判決は五五回しか下されていない。連邦司法府が三権の一つとしてどんな役割を果たすのか、各州の裁判所とどのように役割分担をするのか、合衆国が誕生して最初の一〇年間は、よくわからなかった。

ただし最高裁判事は、上告があるのをただ待っていたわけではない。一年のうち九ヶ月間は巡回裁判所の判事として受け持ちの巡回区を回って歩き、審理を行なわねばならない。まだ鉄道がなく道路も整備されていない時代、馬にまたがって、あるいは馬車で地方へでかけ、裁判を行なうのは重労働であった。

このような状況下で最高裁判所の威信は高くなりようがない。『ザ・フェデラリスト』の第七八篇で、ハミルトンは連邦政府の圧制を恐れる人々に向かって、三権のうち司法府が「もっとも危険の少ない（つまり権力の濫用の恐れがない）政府部門」だと述べたけれど、発足後の最高裁判所は恐れるに足りないのみでなく、もしかすると一番役に立たない政府機関であった。威信もない、事件もない、それでいて巡回裁判所判事として国中を歩かねばならない。そうした最高裁判事の役割に幻滅感が広がり、なかなか人材が集まらないという問題が発生する。

初代の首席判事ジョン・ジェイは、在任中ワシントン大統領の要請を受け、大西洋をわたり英国政府と交渉して米英関係安定のための条約締結に奔走した。判事としてよりも外交官としての仕事に精を出したようである。帰国後いったん最高裁へ戻ったものの、一七九五年首席判事の職を辞して、ニューヨーク州知事選挙に出馬した。

次の首席判事に指名されたジョン・ラトリッジに対しては、上院が承認を拒否し、しばらく空席となる。ようやく就任した第三代の首席判事オリバー・エルズワースも、在任中病気がちでなかなか法廷に出てこなかったし、元気なときはフランスで外交の仕事に専念し、一八〇〇年に辞任してしまう。第二代のジョン・アダムズ大統領は再びジェイに首席判事就任を求めたが、ジェイは「最高裁の機構は欠点だらけで連邦政府を支えていくだけの力と威厳がなく、最終裁判所として当然受けるべき国民の信頼と尊敬も得られない」と捨て台詞をはいて断ってしまった。発足から約一〇年で、連邦司法は一つの危機を迎える。

一八〇〇年の革命

悪いことは重なるもので、連邦党（フェデラリスト）が、一八〇〇年の大統領選挙と議会選挙で敗北を喫し、これまで野党の立場にあった共和党（リパブリカン）が新たに政権を担当することになった。共和党新政権は、連邦党出身者で固められた最高裁判所を筆頭とする連邦司法府を敵視する。その背景には、連邦政府誕生以来の両者間の確執があった。

そもそも憲法起草者は、政治に党派を持ちこまないという明確な意図をもっていた。『ザ・フェデラリスト』でマディソンが強調したように、独立後州レベルで発生した目に余る党派間の争いが、連邦政府樹立の理由の一つであったからである。初代のワシントン大統領が全国民的支持を集めたこともあり、アダムズ、ハミルトン、ジェファソンといった連邦の性格について意見を異にする人々は、当初、対立を乗り越え、それぞれ閣僚として一丸となって政権を支えた。

しかし選挙人の票をもっとも多く得たアダムズが第二代大統領に、次点のジェファソンが副大統領に選出されると、両者間の政策の差が次第に表面化しはじめる。アダムズ、ハミルトンを中心とする一派（連邦党）がより強力な中央政府実現をめざしたのに対し、ジェファソンを中心とする一派（共和党）は州の主権維持を主張し、強すぎる連邦政府の実現を恐れた。前者は商工業の発展をめざす北東部エリート資本家層を支持基盤とし、後者は農業こそがアメリカ経済の基盤と考える南部自作農や一般民衆の支持を受けた。またフランス革命の激化にともない英仏間で戦争が勃発するや、前者が海洋をコントロールする英国との協調によって大西洋貿易の継続をめざしたのに対し、後者はジェファソンの個人的な好みもあり、独立革命の際恩義を受けたフランスを支持した。

両者の対立は、一七九八年、外国人・煽動取締法というはなはだ評判の悪い一連の法律の成立で、頂点に達する。この法律はフランス革命の影響が合衆国に及ぶのを恐れたアダムズ政権と連邦党支配下の議会が、外国人不穏分子の統制と親フランス的な言論を抑えるのを目的として制定したものである。なかでも合衆国政府あるいは合衆国国民の名誉を侵害する意図をもって、虚偽、中傷、悪辣なる煽動的言論活動を行なった者を罰するとした言論統制にかかわる煽動法は、言論の自由を保障した修正第一条との関連で憲法上の論争をまき起こす。連邦党は、イギリス判例法の基準にしたがえば事前検閲は許されないものの、政府を標的とした煽動的言論を取り締まるのは憲法もこれを禁止しないと主張した。

これに対してジェファソンとマディソンは、この法律は政府に反対する共和党の言論を弾圧するものだと、強く反対する。連邦政府を連邦党が押さえているため、二人は匿名で決議文を起草し、一七九八年一一月にケンタッキー州議会、一二月にヴァージニア州議会で議決させて、他の州にも反対を呼びかけた。

ところでジェファソンとマディソンは決議を通じて、言論弾圧そのものを批判したわけではない。二人は、言論規制を州政府ではなく連邦政府が行なう、そのことが何よりも憲法に反するという主張に力点を置いた。連邦政府は、主権を有する州が互いに憲法という契約（コンパクト）を結んで結成した連合体である。連邦政府がもしこの契約に反するのであれば、州は契約を遵守する義務がない。すなわち連邦政府が憲法で与えられた権限を越えて法律を制定するのであれば、そのような法律を無視できる。したがって外国人・煽動取締法は無効である。さらに、特定の連邦法が憲法に違反しているかどうかを判断するのは、連邦政府ではなく主権を有する州の役目であり義務である。二つの決議はこう宣言した。

ジェファソンもマディソンも、それぞれ大統領に就任すると、これほど強い州権主義の主張をしなくなる。憲法起草の際、連邦政府の正統性の基盤が一部直接国民に置かれていると主張したマディソンは、自分はケンタッキー決議とヴァージニア決議を通じて極端な州権主義を主張した覚えはないと、晩年言い訳をした。しかしその後、南部の州権派が州権を擁護するための基本的なイデオロギーとして、この二つの決議を用いるようになる。憲法は契約であり、契約に違反する連邦法を州が無視しうるのなら、究極的には契約破棄(nullification)、すなわち連邦からの離脱さえも可能だと主張する。そして南部諸州がこの理論にもとづいて実際に離脱を宣言した結果、ついには南北戦争が起こって国が分裂するのである。
しかしそれは、もう少しあとの話である。とりあえず問題とされたのは、外国人・煽動取締法の有効性であった。連邦司法は、この評判の悪い法律の施行に力を貸した。煽動取締法のもとで約一五人が起訴され、一〇人が有罪となる。しかも同法が違憲だという共和党の主張に、連邦司法はまったく耳を貸さなかった。それどころか連邦裁判所の裁判官の多くは判事としての中立的立場をかなぐり捨て、あからさまに連邦党を支持した。自ら政治運動に参加するものさえいた。

こうした強権的な連邦党の政治が国民に疎《うと》まれ、一八〇〇年の大統領選挙では、議会での投票にまで持ちこんで決着をつけるという大接戦の末にジェファソンがアダムズを破って当選する。同時に行なわれた議会選挙でも連邦党は多数を失い、共和党が第一党となった。一夜にして連邦党は野に下り、共和党が権力を握る。連邦司法は、ただでさえその存立基盤が危ういのに加えて、新しい政権からは反対党の牙城としてにらまれることとなる。連邦司法は大きな危機に直面した。

マーベリー対マディソン事件

このような背景のもとで提起されたのが、マーベリー対マディソン事件の訴訟である。アメリカのロースクールで学生が必ず読まされる判例がいくつかあるが、この事件の判決は、憲法の講義でまっさきに取り上げられることで知られている。私も憲法の授業で最初に読まされ、何が何だかさっぱりわからなかった。今から二〇〇年も前に下された合衆国最高裁の判決文を、英語を母国語とせずアメリカの歴史をほとんど知らない外国人がいきなり読んでわかるはずがない。しかし同じころ書かれた日本語の文章よりは、ずっと現代の言葉に近い。そして「読書百遍意自ずから通ず」とか。何度も繰り返し読んでいるうちに、わかるようになる。

ことの発端は一八〇〇年の選挙である。大統領選挙に敗れ、議会選挙でも共和党に多数を握られたアダムズ大統領は、連邦党の勢力を政権交代後も何とか残そうと考えた。そこで思いついたのが、連邦党員を連邦裁判所の判事に多数任命する方法である。連邦裁の判事は憲法第三条一節の規定にしたがい、いったん任命されると大統領も議会も首にできない。弾劾の制度があるが、よほどのことがなければ使われない。連邦司法府だけでも連邦党の支配下に置けば、共和党政権が誕生しても判決を通じて影響力を行使できよう。こう考えた。

アダムズはそこで、まだ連邦党の支配下にある任期切れ直前の議会に、連邦裁判所判事の定員を増やす法律を通過させた。巡回裁判所専任判事の職を新たに一六設け、連邦政府の直轄地であるコロンビア特別区にも治安判事のポストを四二用意した。治安判事というのは司法官と行政官を兼ねるような、下級の役職である。そのうえで新判事に連邦党の支持者を指名し、上院の承認を求める。承認が得られると、アダムズ大統領が任命状に署名、ジョン・マーシャル国務長官が任命状を封筒に入れて封印し、せっせと送付しはじめた。この作業は一八〇一年三月三日、新大統領就任の前夜まで続く。

ちなみにこれほどあからさまではないものの、現在でも大統領は任期中に少しでも自分の思想に近い判事を連邦裁判所、特に合衆国最高裁判所の判事に任命しようとつとめる。自らの任期は四年しかないが、いったん任命した判事はもしかすると二〇年でも三〇年でもその地位にとどまるからである。

この間マーシャル国務長官は、ジェイが二度目の最高裁首席判事就任を断ったあと、アダムズ大統領から代わりに引き受けてほしいと要請された。彼はこれを受け、一八〇一年二月四日、国務長官兼任のまま首席判事に就任する。したがって任命状の送達作業を行なったときには、すでに司法府の長でもあったのである。今では考えられないことだが、当時は特に問題とならなかったらしい。鷹揚《おうよう》であったのか、いいかげんであったのか、事情はよくわからない。ともかくも真夜中の判事任命作業をアダムズ大統領と一緒に終えたマーシャル国務長官は、翌三月四日、最高裁首席判事として大統領就任式にのぞみ、ジェファソン新大統領の宣誓を憲法の文言にしたがって執り行なった。当事者たちがどんな思いでこの就任式に臨んだのか、興味がわく。

ところで、あまりに急いで任命状送達作業を行なったために、アダムズ大統領とマーシャル国務長官には一つ手抜かりがあった。せっかく署名をして封印した任命状を数通、ホワイトハウスに置き忘れたのである。翌日就任式が終わってホワイトハウスに入ったジェファソン新大統領とマディソン新国務長官は、机のうえに任命状を発見する。驚いたであろう。そしてともかくも、これを無視することに決めた。

困ったのは、連邦裁判所の判事に任命されたはずなのに、いつまで経っても任命状が届かない数人の判事候補である。その一人コロンビア特別区治安判事への就任が決まっていたウィリアム・マーベリーは、任命状をなぜ送達しないのか、理由を明らかにするよう最高裁を通じてマディソン国務長官に求めるが、返答がない。そこで次に、最高裁判所から国務長官に対し、職務執行命令（ラテン語で「リット・オブ・マンデーマス（writ of mandamus）」と呼ばれる）を出して任命状を届けさせてほしいと要請した。こうして正式に合衆国最高裁が、マーベリー対マディソン事件を取り上げる。

マーシャル首席判事の判決

さて事件の審理を行なう最高裁判所の首席判事は、マーシャルである。大統領が署名した任命状を封印したにもかかわらず、送達しそこなった張本人に他ならない。現代ならばこのような事件の審理に、当事者が判事として当たるなどということは絶対ありえないが、これまた当時は特に問題とならなかったようである。

ただ、マーシャル判事の立場はいかにも微妙であった。相手は昨日まで政敵であった共和党政権である。新政権はただでさえ、連邦党の支配下にある最高裁判所を敵視している。もしマディソン新国務長官に任命状を送達するよう命じたら、相手はただちにその命令を無視するであろう。無視されれば最高裁には命令を強制する力がない。それどころか、行政府と立法府は最高裁をつぶしにかかるかもしれない。しかし逆に任命状の送達を命じなかったら、マーベリーの任命に深く関わったマーシャル判事個人の面目がつぶれる。それだけではない。連邦司法府が行政府の圧力に屈したものと、受けとめられるだろう。結局どちらの道を選んでも、司法の完敗になるのだろうか。マーシャル判事は懸命に頭をひねった。

共和党が多数を占めた議会が法律を改正して、最高裁の開廷期を二年に一回としたため、本事件の判決は二年後の一八〇三年に下される。自らが筆を執った判決文で、マーシャル首席判事はこの事件には三つの争点があると述べた。

第一は原告マーベリーがコロンビア特別区治安判事に就任する権利を有するかどうか。第二にもし就任する権利があれば、任命状の送達がなされなかったことで権利の侵害を受けた原告は何らかの法的救済を受けることができるか。そして第三にもし救済を受ける権利があるとすれば、その救済のために当裁判所は職務執行命令を発行できるのか。

第一の争点について、マーシャル判事はイエスと答えた。大統領が任命状に署名した段階で、任命は有効となった。したがってマーベリー氏は治安判事の職に就任する権利がある。任命状が送付されたかどうかは、任命の有効性には関係がない。

第二の争点についても、イエスである。治安判事の職に就任する権利がある以上、任命が実行されないのはマーベリー氏の権利が侵害されたことを意味する。「アメリカ合衆国は法をもって統治される国家であり、人の恣意で動く国では決してないとされてきた。権利の侵害に対して法的救済がなされないのであれば、アメリカは法治国家という名に値しない」。マーシャル判事はこう宣言した。

そして第三の争点に移る。マーベリー氏が法的救済を受けるべきだとすれば、その救済手段である職務執行命令を当裁判所が発行して、マディソン国務長官に任命状を届けるように命令できるのか。たしかに一七八九年裁判所法第一三条のもとで、合衆国政府の役職にある人間に対し職務執行命令を出す権限を、最高裁は与えられている。マーベリー氏はこの法律にもとづいて、その発出を求めた。ところが合衆国憲法は職務執行命令を発出する権限を、最高裁が直接取り上げることのできる管轄権の一部として挙げていない。最高裁判所の管轄権という同じことがらについて、憲法と制定法が矛盾する規定を有する。最高裁はいったいどちらの規定にしたがうべきか。そもそも最高裁はそうした判断をなしうるのか。

マーシャル判事は言う。合衆国国民の制定した憲法が統治の根本的な原則を定めたものであるのに対し、制定法は三権の一部である議会が定めたものである。したがって憲法のほうが基本法として優先する。もし同等であれば、議会は何でも好きなことができるから、憲法を別に定めた意味がない。であれば、憲法に矛盾する制定法は法としての効力を持たない。

ところで「何が法であるかを判断するのは、ひとえに司法府の義務であり領分である」。もし憲法と制定法がある事件について共に適用可能であれば、司法は両者が矛盾を生じているかどうか判断せねばならない。そして矛盾していると解釈するならば、基本法である憲法にしたがって制定法を無効にする。これこそが司法の義務である。よって当法廷は一七八九年裁判所法第一三条が憲法に矛盾すると判断し、同条を無効と宣言する。マディソン国務長官に対し職務執行命令を出すことはできない。

マーシャル判事はこうしてマーベリーの訴えを退けた。

マーベリー対マディソン事件判決の意味

考えてみればマーベリーの訴えを退けるために、こんな回りくどい論理を展開する必要はない。最高裁には管轄権がないので提訴を受理しないとさえ言えば、事件は解決した。しかしマーシャル判事は、この事件を通じジェファソン政権に対し明確なメッセージを送りたかったので、わざわざ判決文を書いたのである。そのメッセージとは何か。

事件の結果だけ見れば、マーベリーの訴えが認められなかったわけだから、ジェファソン政権は文句の言いようがない。連邦党政権が無理やり判事に任命しようとした人が、結局その地位に就任できなかった。この点については明らかに共和党政権が勝利を収めた。

しかしこの勝利は、司法が行政の圧力に屈して得られたものではない。むしろ憲法に反する法律は無効にするという強力な司法の権限行使によって、実現したのである。将来立法府や行政府が憲法に反する法律を制定し、あるいは命令を発出するときには、裁判所は今回と同じようにそれを無効にできる。憲法の解釈を通じて、司法は立法府や行政府の政策実行を差し止める場合がある。マーシャルはやんわりとこう警告した。

こうして合衆国最高裁判所は、憲法に違反する法律を無効にする、いわゆる司法審査、別名違憲立法審査の制度を確立した。憲法には規定されていない権限を、最高裁は自らの判決を通じ慣習として獲得したのである。単に連邦法の解釈だけを行なうのが連邦司法の役割であれば、最高裁は今日有している大きな権限と影響力をもちえなかった。最高裁が法律の合憲性を審査したのは、必ずしもこの事件が初めてではない。またハミルトンは『ザ・フェデラリスト』第七八篇の中で、司法審査について語っている。それでもなお、マーシャル判事がこの事件を通じて明確な司法審査の権限を打ち立てたために、連邦司法の力は後年強大なものとなる。

ちなみに司法に与えられたこの強い権限は、戦後アメリカ占領軍によって日本国憲法のなかにも導入された。憲法第八一条の法令審査権の規定がそれである。日本の司法を強くして民主化の一翼を担わせようというのがGHQの目論見だったが、その後日本の最高裁は長いあいだ違憲判決を下すのに消極的でありつづけた。その理由は複雑であるが、ある制度を条文のうえで単に移入しただけでは、なかなかうまく機能しないようである。

もっともこの事件を契機として、最高裁の権限が急に強くなったわけではない。そもそもマーベリー事件の判決でマーシャル判事が示したのは、司法の管轄権にかかわる問題について憲法と法律のあいだに矛盾がある場合、裁判所は憲法を優先して法律を無効にするという、限定的なものである。憲法解釈のすべてを司法が行なうといった、広範な権限を主張したのではなかった。

またこの事件が解決されても、行政府と立法府を抑えた共和党の連邦司法に対する敵意は消えなかった。それどころか議会は、アダムズ大統領の再選をめざす選挙運動に加わり、外国人・煽動取締法の施行などに際してきわめて党派的な動きを見せた連邦党所属のサミュエル・チェース最高裁判事を、弾劾裁判に処する。最高裁判所の判事が弾劾裁判にかけられたのは、後にも先にもこのとき一回だけである。幸い共和党内部が一つにまとまらなかったために必要な票数が得られず、チェース判事はかろうじて解任をまぬがれる。しかしマーシャル判事は連邦司法の将来について、一時かなり悲観的な見方をしていたようである。場合によっては最高裁の判決を見なおす権限を連邦議会に与えることによって、連邦司法が生き残る道を考えていたといわれる。この時期、連邦司法府の独立性はまだまだ脆弱であった。

しかしあからさまな司法に対する敵意はその後次第に沈静化し、最高裁はこのあと自らが確立した司法審査権を慎重に行使することによって、その影響力を強めていく。そしてマーシャル判事の絶妙なバランス感覚によって少しずつ、しかしときには大胆に、連邦政府の役割につき、また連邦と州の関係について、重要な判決を出しつづける。マーベリー対マディソン事件の判決は、最高裁が合衆国の歴史において重要な役割を果たす、その第一歩であった。

今でもロースクールの学生がこの判決を読まされるのは、以上のような事情による。そしてなぜ憲法に違反する法律は無効であるのか、なぜその判断を連邦司法が行なうのか、司法審査はどのような条件のもとで行なわれるべきかなどという問題を、ロースクールの教授たちは今日に至るまで議論しつづけている。

第4章　マーシャル判事と連邦の優越

ジョン・マーシャルの経歴

一八〇一年、合衆国最高裁の首席判事に就任したジョン・マーシャルは、一八三五年に亡くなるまで実に三四年間その地位にあり、最高裁の歴史に輝かしい足跡を残した。司法審査権を確立したマーベリー対マディソン事件の判決は、その一つに過ぎない。

マーシャルはヴァージニア州のフォーキア郡で一七五五年に生まれた。就任式で自ら宣誓を執り行なったジェファソン第三代大統領とは、親戚の関係にある。親戚とはいえ、マーベリー事件でしてやられ何かというと自分の政権にたてつく反対党のマーシャルを、ジェファソンは終生嫌った。「あの男はまだ元気なのか」というのがジェファソンの口癖であったという。

二十代前半には、独立戦争の前線で部隊を指揮して戦う。革命軍の冬の野営地（そのころ冬は戦争をせず、一ヶ所に兵を集めて越冬をした）であるヴァレー・フォージでワシントン将軍に仕え、熱心な連邦主義者となる。ワシントンのもとで独立戦争を戦ったハミルトンやマーシャルは、イギリスと対決した経験からであろう、中央政府樹立の必要性を他の人より強く感じていた。マーシャルはその生涯を通じて、アメリカ合衆国に対する強い忠誠心を抱きつづける。独立後にはヴァージニア州議会の議員となり、同州で弁護士としても活躍した。一七九七年にフランスへ使節団の一員として派遣されたあと、ヴァージニア州選出の連邦議会下院議員、アダムズ政権の国務長官をつとめる。最高裁首席判事になったのは、そのあとである。

合衆国最高裁判所の歴史上もっとも有名な判事として記憶されているにもかかわらず、就任前のマーシャルは法律家として名を知られた存在ではなかった。そもそも若いとき、大した教育を受けていない。ある牧師から一年間教えを受け、もう一年住みこみの家庭教師から教わっただけである。あとはあまり教育のなかった父親の監督のもとで、一人で勉強した。マーシャルの故郷フォーキア郡は、のちの首都ワシントンの南西、ヴァージニアでもかなり内陸に入ったところにある。昔も今もまわりは農村地帯であって、当時は近くに通うべき学校もなかったはずだ。ただ同じようにヴァージニアで農場主の息子として育ったジェファソンやマディソンが、やがて大学に進学しギリシャやローマの豊かな教養を身につけたのと比べると、マーシャルはそれほど勉強が好きな青年ではなかったようである。

一般教養だけでなく、法律の勉強もごくわずかしかしていない。まだ軍隊にいた一七七九年から八〇年にかけての冬、休暇をもらってヴァージニア州ウィリアム・アンド・メアリー大学で三ヶ月弱、法律の科目を履修する。この大学はアメリカでハーヴァードの次に古い、ジェファソンも学んだ由緒ある学校である。イギリス名誉革命のあと夫妻で共同統治者となった王と女王の名前をつけて一六九三年に誕生した。一九〇六年以来州立大学になっており、植民地時代の州都ウィリアムズバーグがそのまま保存された歴史的町並みのとなりに、美しいキャンパスが広がる。キャンパスの扇の要にあたる場所に建つのが、ロンドンのセント・ポール寺院を設計したクリストファー・レンの手になるという建物で、学生はこのレン・ビルディングの門をくぐって入学し、また卒業する。

ジョン・マーシャル（Henry Inman 画）

現在とそれほど違わない佇《たたず》まいを見せていたであろうこの大学で、マーシャルはあまり身を入れて法律を勉強しなかった。当時知り合ったばかりの将来の妻に、うつつを抜かしていたのである。今も残る彼のノートには、講義の内容とともに彼女のことがしきりに書いてあるという。

そんな彼が後年判事として、論理的でまことに力強い判決文を書くようになる。昔から文章が書けるかどうかはおおむね才能で決まり、受けた教育の量ではないということだろうか。ただしマーシャルの判決文には引用が少なく、自分の考えを直截にぐいぐいと披瀝するのが特徴である。知識をひけらかす傾向のあった同時代のジェファソンや、のちに最高裁の同僚としてマーシャルを支える法律の生き字引のようなジョセフ・ストーリー判事の文章とは、ちょっと違う。

マーシャルはロイヤーになってからも、あまり勤勉でなかった。裁判の準備のために自分で調査をするのは嫌いで、同僚の話を聴いてそれをまとめるのがうまかった。あまり長い時間働かず、暇があると町へ出て人と話し、食事をし、クラブでクォイツという輪投げのようなゲームをして遊ぶのが好きだった。最高裁判事になってからも年に多くて二〇週しか働かず、七月から一〇月いっぱいはフォーキア郡の自分の地所でワシントン将軍の伝記を書いたりして過ごす。現在と違って電話がないテレビがない、電子メールもない。よほどゆっくりできただろう。うらやましい。

このようにゆったりした性格のマーシャル判事は、だれからも好かれたらしい。決して人に不愉快な思いをさせることがなかったと、同時代の人々は記録している。いつも穏やかで、怒ったりどなったりしない。どちらかといえば気取った格好をする人が多かった当時のアメリカで、背の高いマーシャルは髪がぼさぼさ、長靴は泥だらけ、服装に気を使わない。街角で見知らぬ人に気軽に声をかけ、薪を売ったり運んだり、力仕事を引き受ける。偉そうな素振りは見せず、笑われても平気な顔をしている。自分も楽しそうによく笑った。民主主義の守護神のようなジェファソンがぜいたくな趣味をもち、こった料理を好んで作らせワインにもうるさかったのに、一般に資本家や債権者の側に立ったと言われる連邦党の代表のようなマーシャルがこのように気取らない性格であったのは、おもしろい。そういえば今でもケネディやクリントンのように民主党の大統領や政治家のほうが派手好きで、アイゼンハワーやブッシュのような共和党の人物のほうが地味であるという、同じような傾向が見られるかもしれない。

多少怠け者ではあっても、判事としてのマーシャルは論理明快、自信満々、強力なリーダーシップを発揮して最高裁を引っ張った。首席判事になったマーシャルが最初に取り組んだのは、判決文の発表方法の変更である。マーシャル就任以前は英国司法の伝統にならい、それぞれの判事が自分の意見を順番に述べ、それがそのまま判決文として発表された。裁判所が全体としてどのような判断をしたか、どちらの当事者が勝ったのか、わかりにくい。マーシャルはこの習慣を廃し、意見を一本化することを始めた。しかもなるべく全員一致の意見を彼自身が書いて、最高裁の結束を示そうと心がけた。マーシャルが首席判事をつとめた三四年間のあいだに、最高裁は一二一五回判決を下し一〇〇六回判決文を発表したが、そのうち五一九回はマーシャルが自ら法廷意見を著したのである。重要な判決は、その多くがマーシャル判事の手になるものだと言ってよい。

合衆国銀行の設立とその合憲性

マーベリー対マディソン事件の判決を下し、違憲立法審査権を確立しても、最高裁の地位がただちに安定したわけではない。既述のとおり、マーシャル時代の初期には共和党(のちの民主党)支配下の議会が、連邦党をあからさまに支持したサミュエル・チェース判事の弾劾裁判を行ない、最高裁の弱体化をはかった。マーシャルは本気で、最高裁が取りつぶされてしまうのではないかと心配したらしい。

しかしいったん司法の危機を乗り越えると、この首席判事は活発に判決を下しはじめる。新しい中央政府の単なる骨組みにすぎなかった憲法に判決を通じて血と肉を与え、連邦政府と連邦司法府の権威を高め、アメリカの統一をより強固なものにしようとつとめた。一八〇一年から二四年間続いた共和党の天下でも、ジェファソン、マディソン、ジェームズ・モンローと大統領が変わるにつれて、その政策は連邦党の従来の主張に近づき、連邦政府の役割が強化される。一八一二年に米英戦争が起きたのも、一つの原因である。この傾向はモンロー大統領のあとに就任したジョン・アダムズの長男、ジョン・クインシー・アダムズ大統領の政権にも引き継がれた。

司法に対する敵意が緩和したこの時代の雰囲気をうまく察知して、マーシャルは後世に残る歴史的な判決を次々に下す。まず一八〇〇年の大統領選挙で最後までジェファソンと争い、ハミルトンと決闘を行なって命を奪い、ついには合衆国西部で叛乱をたくらんだ嫌疑を受け逮捕されたアメリカ史きっての悪役、アーロン・バーの裁判がある。マーシャルは一八〇七年、連邦巡回裁判所判事の資格でこの訴訟を担当する。そして、憲法の反逆罪に関する規定を厳格に解釈したうえで陪審の評決を求め、陪審はバーを無罪とした。ジェファソン大統領は反逆罪でバーを有罪にしようとしたのだが、その圧力に屈しなかった。また州議会の制定した法律を連邦憲法に照らして無効とした一八一〇年のフレッチャー対ペック事件など一連の判決を通じて、マーシャルは州法や州裁判所の判決に対する連邦憲法と連邦司法府の優越を確認した。

さらに州と州のあいだの通商、すなわち州際通商を規制する連邦政府の権限に初めて明確な解釈を与えた、一八二四年のギボンズ対オグデン事件判決も忘れることができない。この判決については、のちに憲法と経済政策の関係を論ずる章であらためて取り上げたい。

こうした数多くの判決のなかで、どれか一つだけ取り上げるとすれば、やはり一八一九年のマカラック対メリーランド事件判決であろうか。合衆国銀行の合憲性をめぐるこの有名な事件には、連邦制度、そして連邦憲法の解釈についてのマーシャル判事の考え方が、はっきりと示されている。

話は再び建国の時期にさかのぼる。合衆国憲法が批准され連邦政府が誕生する前の一七八一年、連合議会は北アメリカ銀行を設立した。連合規約には連合議会が銀行を設立しうるとの規定がどこにもなく、ヴァージニアの代表マディソンは当初この動きに反対する。しかし独立戦争の戦費を調達するためにはどうしても銀行が必要であり、マディソンも結局設立を阻止しようとしなかった。

一七八七年にフィラデルフィアで開かれた憲法制定会議では、連邦政府が必要とする会社設立の権限を連邦議会に与えることをマディソン自らが提案したが、通らなかった。国立銀行設立の提案も検討されたものの、州の反対を引き起こし憲法の批准そのものを危うくするのを恐れて議題に乗せなかった。この結果、憲法には銀行設立の権限が明示されないまま終わる。

それにもかかわらず、憲法批准後初めて開かれた連邦議会において、一七九〇年一二月、財務長官のハミルトンが半官半民の合衆国銀行設立法案を提出した。上院は全会一致でこの提案を可決、憲法上議会には銀行設立権限がないとマディソンが反対した下院も、三九対二〇で可決する。同法への署名を求められたワシントン大統領は、各閣僚に署名をすべきかどうか意見を求めた。司法長官のエドムンド・ランドルフと国務長官のジェファソンが反対意見を、財務長官のハミルトンが賛成意見をそれぞれ書面で提出し、ワシントンは結局法律に署名をして、一七九一年二月合衆国銀行設立法が発効する。こうして合衆国銀行が発足し、税金徴収支援、公的融資実行、政府資金調達などの業務を開始した。

合衆国銀行に対しては設立後も反対が強かった。強い連邦政府に反対するジェファソンの一党だけでなく、民間企業や銀行からも民業を圧迫するとして抵抗が続く。したがって一八一一年に二〇年の免許が切れたとき、議会は一票の差で免許の更新を否決してしまう。しかし翌年米英戦争が起こり、州免許にもとづき設立された民間銀行を通しての戦費調達を強いられた連邦政府は、これら銀行の資金調達と運用の能力に限界があるため負債を支払うのに多大な不便を感じるようになった。そこでほとんど反対のないまま、新たな合衆国銀行設立法案が一八一五年に議会を通過し、翌一八一六年マディソン大統領の署名を得て第二合衆国銀行が発足する。今回も株式の八〇パーセントは民間の投資家が所有し、二五人の取締役のうち二〇人が株主によって選任された。銀行は連邦政府の資金をすべて預かるとともに銀行券を発行し、政府はこれを自らの負債支払手段として用いた。

第二合衆国銀行に対しても反対は多かった。その投機的な資金運用や不明朗な営業実績に批判が集まる。いくつかの州は合衆国銀行の営業を禁止し、あるいは多額の税を課して、営業を妨害する挙に出た。そのうち、メリーランド州議会は一八一八年、州内で州免許を受けずに活動する銀行（つまり合衆国銀行）に、年間一万五〇〇〇ドルの税を課すという法律を制定する。合衆国銀行ボルティモア支店の出納長ジェームズ・マカラックが、この税の支払いを拒否したため、州は州裁判所で同人を訴え、支払いを命ずる判決を引き出す。

マカラックはこれを不服として連邦最高裁に上告した。

最高裁では当代一流のロイヤーが、銀行・メリーランド州双方の代理人として陳述を行なう。口頭弁論が終わってからわずか三日後の一八一九年三月六日、マーシャル判事は全員一致の判決を読み上げた。

マカラック対メリーランド事件判決の内容

マーシャル判事はまず、本件が連邦と州の権限にかかわる憲法問題をはらむ重大な事件であると宣言する。この問題は慎重かつ平和裏に解決せねばならないが、それができるのは連邦最高裁判所だけである。最高裁は憲法を解釈する重要な義務を託されているのであるからと、まずマーベリー事件判決で自ら確立した司法審査権を有する連邦最高裁の特別な役割を、抜け目なく再確認した。

さて、この事件の争点は、メリーランド州が州内にある合衆国銀行の支店に課税できるかどうかである。しかしその争点を検討するまえに、そもそも連邦議会には合衆国銀行を設立する権限があるのかどうかを審理せねばならない。もし憲法上議会にその権限がないのであれば、合衆国銀行の存在そのものが否定され、課税権限の問題を取り扱う必要はなくなる。

ところでメリーランド州の代理人は、そもそも憲法は主権を有する独立した州が集まって制定したものであり、したがって連邦政府の権限はすべて州に由来し、州の権限に従属するのだと主張する。だから州が委譲していない権限を、連邦政府が行使して合衆国銀行を設立するのは違憲だという論理である。

マーシャルはこの説が間違っていると述べる。確かにフィラデルフィアの憲法制定会議は、各州の州議会によって選ばれた人たちが開催した。しかしそこで完成した憲法草案は、各州で人民が選出した代表から構成されるそれぞれの批准会議に提示され、その場で批准されて初めて憲法としての効力を発揮したのである。したがって連邦政府の権限はすべて人民から直接与えられたものであって、州によって与えられたものではない。各州は憲法会議の召集を行なってこの過程に力を貸したけれども、憲法を受け入れるかどうかは人民が決めたのであって、その決定は最終である。州が左右しえたものではない。連邦政府は一にも二にも「人民の政府であり、人民によって権限を与えられた政府であり、人民のために権限を直接行使する政府」なのである。

これから約四〇年後、アブラハム・リンカーン大統領が南北戦争のさなか激戦が戦われたゲティスバーグで、「人民の人民による人民のための政府」と宣言したその内容は、すでにマーシャルによって本判決で述べられていた。しかもゲティスバーグ演説の趣旨は、単に連邦政府が民主的な政府であることを述べたのではない。州によって左右されない、つまり南部諸州の離脱と叛乱によって崩壊してしまうような性格のものではない、単一の連邦政府であることを強調したのが、この判決を読むとよくわかる。

メリーランド州は、憲法に明示の権限がない以上、連邦議会による合衆国銀行の設立は違憲であり無効だと主張した。確かに連邦政府の権限は、憲法に列挙されたものに限られている。しかし、とマーシャルは反論した。列挙された権限の行使に関しては、連邦政府の力は絶対である。そして連合規約と対照的に、憲法には付随的ないしは黙示的な権限を禁止する条項はない。それどころか具体的な権限を列挙した条項の最後に、「以上の権限を執行するのに必要かつ適切な法律」を制定する権限が記載されている（第一条八節一八項）。

この「必要かつ適切」ということばは、憲法の他の条項で使われている「絶対に必要」という狭い意味ではなく、「便利で、役に立ち、他のために重要」といった意味をもつ。ある目的のために必要な手段を講じる際は、通常目的の実現に資すると思われるあらゆる手段のなかから一つを選んで用いるのであって、どれか単一の手段を用いねばならないということではない。

そもそも連邦政府は列挙された権限の行使において絶対の力をもつのであるから、どんな手段を用いてもいいはずである。手段が選べなければ、目的は実現できない。憲法は連邦政府に、税金を徴収し、資金を調達し、通商を規制し、宣戦を布告し、戦争を行なう権限を、明示的に与えている。こうした権限を実行するには、十分な手段を講ずる権限が必要である。そうした手段の一つとして、合衆国銀行の設立と運営がある。それは憲法が定めた明示の権限執行という目的のための有効な手段の一つであって、「必要かつ適切」な法律にもとづくものであるから、合憲である。憲法はこの「必要かつ適切」条項によって、さまざまな手段のなかから選択できる仕組みをつくった。なぜなら「憲法は将来長きにわたって効力を有するように制定されており、したがって人間社会のさまざまな危機に対応できるように意図されている」からである。

マーシャル判事はワシントン大統領に提出した合衆国銀行設立をうながすハミルトンの意見書を引いて、合衆国銀行の合憲性についての議論をこうしめくくる。

「もし目的が正当であり、その目的が憲法の規定する範囲内に収まるのであるならば、適切で、かつ目的実現のため明らかに都合がよく、禁じられておらず、憲法の文言と精神に合致する手段は、すべて合憲である」

こうしてマーシャルは合衆国銀行設立を合憲と判断し、そのうえでさらにメリーランド州が合衆国銀行の支店に課税をするのは違憲だとした。確かに州は独自の課税権を有している。そしてそれは、連邦政府の課税権が連邦全体の人民の同意にもとづいているのと同様、州の人民の同意にもとづくものである。したがって同意を得ていない他州の人民に課税することはできない。ここでメリーランド州による合衆国銀行に対する課税は、同州の人民だけではなく合衆国の人民全体によって樹立された連邦政府の機関に対する課税である。これは合衆国の人民全体を代表する連邦議会が憲法のもとで制定した法律の執行を、ごく一部の人民を代表するだけの州が妨害し遅延させ左右するものであって、許されない。このことは列挙された権限の行使にあたって連邦政府の力が絶対であると、憲法が定めていることの当然の帰結でもある。したがって合衆国銀行への課税を定めた州法は違憲である。マーシャル判事はこう論じた。

マカラック対メリーランド事件判決の意義

実は合衆国銀行が合憲であること自体には、この判決が出る前からすでにそれほど強い異論がなかった。当初設立に反対したジェファソンもマディソンも、第二合衆国銀行の設立には同意していた。にもかかわらずマーシャル判決が当時大きな議論を呼んだのは、合憲の結論を導くにあたって連邦政府の権限をきわめて広く解釈したからである。連邦政府がその正統性を州ではなく直接人民においているという議論に対しては、南部の州権論者が新聞紙上で反論を試み、マーシャルもそれに応戦する。どちらも匿名で論争を行なったのは、『ザ・フェデラリスト』のときと同じである。

アメリカ合衆国は人民全体からその正統性を得ているのか、それとも州から得ているのかという論争は、その後も続き、マーシャルの晩年にはさらに激しくなった。南部諸州は後者の立場に固執して、やがて連邦離脱を考えはじめる。マーシャルは連邦の将来をかなり悲観的に考えながら、この世を去ったという。マカラック事件の判決は、連邦を何としてでも分裂させまいとする、この判事の気迫に満ちている。

この判決のもうひとつの意義は、連邦政府がより自由に権限を行使できるようにマーシャルが行なった、柔軟な憲法解釈にある。実は憲法を柔軟に解釈して連邦政府の広範な権限行使を可能にしようとする戦略は、その後の最高裁判事によってすぐには踏襲されなかった。またそうした憲法解釈はもっぱら司法の仕事だとするマーシャルの思想も、定着しなかった。第二合衆国銀行の免許が切れて免許更新のための法案が一八三二年に議会を通過したときには、北部のエリートに不信をいだき、銀行は金持ちと外国人を利するだけと考えるアンドリュー・ジャクソン大統領が、署名を拒否する。議会あてのメッセージのなかで、大統領は憲法の解釈は司法府だけが行なうものではなく、立法府も行政府も行なえると主張した。さらにマカラック事件の判決は合衆国銀行を合憲としたけれど、新たな銀行が必要かどうかを判断する役目は自分のものだと述べて、免許を更新しない決定を正当化した。このあと、二〇世紀に至るまで、合衆国は中央銀行をもたない。

最高裁自身も一九世紀を通じて、憲法の文言にしたがって連邦政府の権限をおおむね限定的に解釈しつづけた。司法が連邦政府の権限を本当に広く解釈しはじめるのは、大恐慌の際に制定されたニューディール関連立法を、一九三七年になってようやく最高裁が合憲と判断してからである。このとき注目されたのが、マカラック事件のマーシャルの判決であった。

憲法は「人間社会のさまざまな危機に対応できるように意図されている」という本判決のことばは、連邦政府に強大な権限を付与するニューディール立法を推進し、その合憲判決を勝ちとろうと努力を重ねるローズヴェルト政権のロイヤーにとっては、福音とさえ響いたであろう。そして議会による立法の目的を正当とみなし、その目的と手段の関係が合理的であると認められれば合憲とするという、マーシャルが示したゆるやかな憲法審査の基準は、一九三七年以降、経済立法の合憲性を判断する基準として定着する。

このようにマーシャル判事の憲法思想は、はるかに時代の先を行っていた。逆に言えば彼の思想は一〇〇年以上早すぎた。必ずしも同時代人には受け入れられなかったものの、ハミルトンと同じようにアメリカという共和国の将来をこわいほど正確に予見していたとも言えるだろう。マーシャルはやはり偉い。

第5章　チェロキー族事件と涙の道　一

変わりゆくアメリカ

合衆国最高裁判所のジョン・マーシャル首席判事は、憲法解釈を通じて連邦制度の基礎を固め、司法権の威信を高めた功労者として歴史に名を残した。司法審査制度を確立したマーベリー対マディソン事件、連邦政府の広範な権限を主張したマカラック対メリーランド事件、連邦政府のみが州際通商を規制する権限をもつことを打ち出したギボンズ対オグデン事件、州は私人の契約内容を変更してはならないという憲法の原則を学校や会社の（州による）設立許可をも契約とみなして拡大適用したダートマス・カレッジ対ウッドワード事件の判決などで、マーシャル判事は画期的な判断を示しつづける。合衆国の誕生後しばらくの間ほとんど見向きもされなかった最高裁が、この判事のもと憲法問題についてしばしば最終的な解釈を行なう重要な機関へと成長したのである。

けれども、マーシャル判事の三四年にわたる任期が最後に近づくと、最高裁の地位は再び不安定なものとなる。これにはいくつか理由があった。一つは奴隷制度や関税問題などをめぐって、南北間の対立がますます深刻になったことである。対立は独立当初からあり、憲法制定会議でも代表間の調整にてこずった。南北間では気候や土壌が異なり、植民の経緯、人口動態も異なることから、人々の気質や価値観、産業構造に相違が生じた。それでも生まれたばかりの合衆国を育てようとする意思が共有され、個の利益より全体の福祉を優先させる気風があり、またイギリスやフランスの脅威に対抗するため国が一つにまとまる必要があった。そのために、南北間の対立はそれほど表面化しなかった。

もう一つは世代の交代である。民主主義を信奉するといっても、建国当時の指導者はほとんどが富裕な商人や農場主あるいはロイヤーなど、エリートで占められていた。特にワシントン、ジェファソン、マディソンなどヴァージニアの代表は、一種の貴族といってよいような大農場の経営者で、一般民衆とはかけ離れた存在である。ところが一九世紀に入ると状況が変わる。合衆国の領土が西へ向かって広がり、新しい州が誕生し、人々が移り住んだ。運河や道路が建設され、経済発展が一段と進んだ。だれにでも成功のチャンスがあった。新しく開けた土地ではヴァージニアやボストンのように家柄がものをいう余地はなく、実力だけが人を判断する基準となる。多くの州で成年男子すべてに選挙権が与えられる。都市に住む一般市民や開拓農民が、政治への影響力をもつ。一八三一年にアメリカを訪れたフランスの貴族アレクシス・ドゥ・トクヴィルに、「アメリカでは色々珍しいことがらを観察したが、人々のあいだの平等ほど私を驚かせたことはない」と述べさせたのは、こうした新しいアメリカの姿である。

そして勃興する平民階級に押され一八二八年、テネシー州出身のアンドリュー・ジャクソンが大統領に選ばれる。辺境の開拓農民として青年期をすごし、立ち居振舞いがいかにも粗野なこの政治家を、ジェファソンやアダムズなど建国世代の指導者は嫌った。しかし米英戦争で軍人として手柄をあげ、辺境でインディアンと戦った英雄を、一般民衆は熱烈に支持した。いわゆる「ジャクソニアン・デモクラシー」の開幕である。

南北間の対立が深まり新しい政治勢力が出現するなかで、マーシャル首席判事が率いる最高裁は連邦政府の優越を強調する判決を、それほど簡単には下せなくなった。南部の諸州はますます強く州の権利を主張したし、これまでと違って大統領自身が強い中央政府を嫌い、州権を支持する立場を取った。このような政治状況のなかで連邦を一つにまとめていくのはだれにとっても難しく、何ら実力行使の手段をもたない最高裁にとっては特に難しかった。マーシャルというすぐれた首席判事を戴いていても、気がついてみれば最高裁はきわめて無力な存在だったのである。

最高裁の力不足が劇的に示されるのが、チェロキー族の土地をめぐる一連の訴訟である。チェロキー族は銃を取るかわりに裁判所で戦うことによって、自分たちの土地を白人の侵食から守ろうとした。そして合衆国最高裁判所まで進んで勝利を収めたにもかかわらず、彼らの権利は完全に無視され、故郷を追われる。それはチェロキー族自身の悲劇であるとともに、迫りつつある国家分裂を防ぎ連邦を一つにまとめつづける力が最高裁にはないことを、暗示する事件でもあった。

土地はだれのもの

クリストファー・コロンブスがアメリカを「発見」して以来、米大陸にわたったヨーロッパ人は、この地にもともと住む人々とひんぱんに接触するようになる。コロンブスがインドに到着したと勘違いしたため、一般に、また憲法や法律の条文上もインディアンと呼ばれるようになった人々は、ときには白人の入植者に援助の手を差し伸べ、交易をし、土地を売った。ときには武器を取って戦った。西洋列強間の争いが新大陸に持ちこまれ、彼らも巻きこまれる。白人のもたらした伝染病で人口が激減する。ヨーロッパ人の到来は、先祖伝来の土地で平穏に暮らしていた彼らの生活に混乱と苦難を生じさせた。

北米東海岸に設立された英国の植民地は、近隣のインディアン部族と条約を結び、土地に対する権利関係を確定して関係の安定をはかる。当時の国際法の考え方にしたがって、インディアン諸部族はそれぞれ主権を有する国家とみなされた。国である以上、領土がある。自分たちの土地に対して所有権を有する。彼らの土地を勝手に奪うことはできない。条約によって割譲に同意したときのみ、所有権が移る。インディアンの土地を白人入植者が個々に購入することは許されない。割譲された土地の処分権は国王とその代理である植民地政府に帰属する。入植したヨーロッパ人が不法に、あるいは力ずくで原住民の土地を奪うことが実際にはあったとしても、これが植民地とその宗主国である英国政府の公式の立場であった。

新しく独立した合衆国も、この政策を継承する。合衆国憲法は個々の州がインディアン諸部族と条約を結ぶのを禁じた。国際通商、州際通商とならんで、諸部族との通商は連邦政府のみが専一に扱う事項とされた。連邦政府は彼らと次々に条約を結ぶ。たとえば独立戦争をイギリス側に立って戦ったチェロキー族とは、一七八五年にホープウェル条約を結んで和平を実現した。この条約で合衆国はチェロキー族の主権を承認し、土地の一部割譲を受ける見返りに彼らの領土保全を約束する。他の部族とも同様の条約を結んだ。

ところがインディアンの土地と境を接するいくつかの州は、こうした動きに反発した。たとえば、一七三二年に国王の勅許を受け、現在のサヴァンナ市周辺に入植した人々が建設したジョージア植民地である。東海岸の他植民地同様、最初の入植地で人口が増えると、海をわたって新しく到着した人々は次第に西へむかって移住を始める。そして内陸に住むインディアンの土地を自分たちのものにしたいと、強く望んだ。実際、白人との取引の結果多額の負債を抱え返済に苦慮したチェロキー族とクリーク族が、一七六三年と一七七三年にジョージア植民地と結んだオーガスタ条約によって、広大な土地が開拓民に開放される。それでも需要を満たすには足りない。そうしたあとからやってきた開拓民にとって、合衆国独立後、原住民の土地に対する権利を保障する連邦政府の政策は、がまんならないものだった。インディアンとの交易関係を重視する海岸地方のジョージア人に比べて、奥地に入植する人々は荒々しい気質の人たちであった。境を接するチェロキー族などの原住民と摩擦が絶えなくとも、不思議はない。

最初合衆国政府は、東部の諸部族を白人社会に同化させる政策を取る。しかしジョージアをはじめとするいくつかの州にとって、それは望ましい政策ではなかった。彼らは一刻も早くインディアンにすべての土地を割譲させて、ミシシッピー川の西に追いやることを望んだ。そしてジョージア州は一八〇二年の連邦政府との協定により、自州西部の土地(のちにアラバマ州およびミシシッピー州として再編される)を合衆国に譲渡するかわりに、できるだけ早くジョージア州内に住む諸部族を西に移住させるとの約束を、連邦政府から取りつける。そして翌年フランスからミシシッピー川西岸の広大な土地を購入すると、連邦政府もまた、インディアンの移住政策に大きく傾く。けれども彼らを強制的に移住させるわけにはいかない。諸部族を説得し、対価を払い、土地を割譲させねばならない。一部の部族は要請に応じて先祖伝来の土地を手放し、西へ去った。しかし頑として割譲要求を拒否し、自分たちの土地にとどまろうとしたいくつかの部族があった。その一つがチェロキー族である。

チェロキー族の文明開化

一九世紀初頭にチェロキー族が行なった一連の開化政策は、約三〇年後ペリー来航・明治維新とともに開始された日本の文明開化に、よく似ている。どちらも進んだ白人社会に対抗するため、あえて相手の制度や思想を受け入れ、対等の立場に立つことによって共存をはかった。しかし明治日本がこの政策によって何とか独立を保ち、やがて列強の一角に食いこむのとは対照的に、どれほど完璧に当時の「文明」を身につけても、大方のアメリカ人はチェロキー族を対等な存在とは認めず、結局独立も領土も共に奪われてしまう。日本がアメリカとヨーロッパから遠く、海洋という盾によって守られていたのに対し、チェロキー族はすぐ目の前に迫り、勢いを増す白人社会からの圧力に対処せねばならなかった。チェロキー族が自分たちの主権を守り抜けなかったのは、この差によるところが大きいかもしれない。後には太平洋の王国ハワイがやはり欧化政策を採用しながら、同じような運命をたどる。日本と同様ハワイは海洋に守られていたものの、一九世紀末にはもはやアメリカの圧倒的な軍事力や経済力に歯が立たなかった。

チェロキー族はヨーロッパ人が北米大陸に到着したとき、南東部に住んでいた原住民の一部族である。もともとは北部から移住してきたらしい。詳しいことはわからない。彼らはそれぞれ三〇〇人から六〇〇人程度の集落に住み、約六〇ほどのこうした集落が、現在のサウスカロライナ州西部、テネシー州の一部、ジョージア州にまたがる広い地域に分布し、一つの部族を形成していた。部族の掟や慣習があり、土地は共有される。各集落で集会がもたれ、共同体の決定がなされる。部族全体をまとめる明確な政治機構は存在しなかった。祈禱師や魔術師が中心的役割を果たした。

一九世紀に入ると、チェロキー族は一大改革に着手する。独立戦争の際英国側について戦った彼らは、その結果たくさんの命と土地を失った。周辺地域に住む白人の人口はますます増加し、彼らの土地をねらう。宣教師や連邦政府の役人が入りこみ、チェロキー族を改宗させ同化させせようと試みた。この事態に接して、チェロキー族は自分たちの伝統を守りつつも、白人の進んだ文化の積極的受容を開始する。経済活動の中心を、白人への依存を余儀なくされる毛皮の交易から農業と牧畜に移す。白人の血がまざった人々が部族の指導的エリートとして頭角を現し、奴隷を所有し事業を営んだ。

さらに政治体制をより整った形に整備した。部族全体をまとめる中央評議会が発足する。一八〇八年には、共通の警察機構が生まれた。一八〇九年には、日々の行政を担当する組織として中央委員会が発足する。委員会は一三人のメンバーから構成され、任期は二年であった。毎回英語で議事録が残された。一八二一年にはチェロキー語の表音文字が発明される。彼らは印刷機を注文して、英語とチェロキー語二ヶ国語で書かれた新聞を発行した。そして一八二七年には憲法制定会議を開催して自分たちの共和国憲法を採択し、首長をいただく行政府、二院制の議会、裁判所、さらに制定法の体系を整備した。合衆国憲法がモデルになった。ただし土地は部族全体のものであるという、古い伝統にもとづく原則は曲げなかった。

このようにさまざまな努力を通じて、チェロキー族の人々は部族の団結をはかり民族意識を高めた。そして主権をもつ独立した文明国として認められることによって、白人社会との共存をめざそうとする。自分たちの主張を理解してもらうために、合衆国の首都ワシントンへ使節を送り、北東部の諸都市に講演者を派遣し、パンフレットを印刷して白人社会で配る。この人たちはアメリカの政治過程についても、よく理解していたのである。まずは世論を味方にせねばならない。現代のアメリカで行なわれるロビー活動と同じことを、チェロキー族は一九世紀はじめ積極的に行なった。

ジョージア州との法廷闘争

こうしたチェロキー族の動きに、ジョージア州の人々は危機感をつのらせる。一八〇二年の協定で連邦政府はできるだけ早くインディアン諸部族を西に移住させると約束したのに、二〇年以上待っても約束は一向に実現しない。それどころかチェロキー族は着々と自分たちの地歩を固めつつある。これは放っておけない。ジョージア州は独自の動きに出る決意を固める。

一八二七年、チェロキー族が憲法を制定し共和国として自分たちの独立を宣言した同じ年、ジョージア州議会はチェロキー族の居住する土地の所有権はジョージア州が有し、部族は一時的に土地を借用して使っているに過ぎないと、まったく逆の内容の宣言を行なった。さらに同じ年、白人に対して、あるいは白人によってチェロキー族の土地で起こされた刑事事件は、ジョージア州の法廷で裁くとする法律が成立する。

翌一八二八年、インディアンの移住政策に好意的なジャクソンが大統領に選ばれると、ジョージア州議会はチェロキー族の居住地域に住むすべての白人に、ジョージア州法を適用するとの法律を制定する。同じ法律は、一八三〇年六月一日をもってすべてのチェロキー法を無効とみなし、チェロキー族の人々にもジョージア法を適用すると規定した。同時にジョージアの民兵組織が露骨にチェロキー族の土地に侵入し、いやがらせや暴力行為に及んだ。現在の土地にとどまるとろくなことがない。そのことをいやというほど思い知らせ、西部への移住を決心させようというのが、ねらいである。一八二九年にチェロキー族の土地で金鉱が発見されると、白人からの圧迫はいっそう高まった。

チェロキー族の指導者たち、特にその中心人物である首長のジョン・ロスは、連邦政府に対してジョージア州の横暴を押さえるように必死で陳情する。しかしジャクソン政権は何も行動を取ろうとしなかった。それどころか、新たなインディアン移住法の制定に努力を傾注する。一八三〇年に議会を通過したこの法律は、ミシシッピー川の西にインディアンのための土地を用意し、東部に住むインディアン諸部族の土地と交換したうえで移住させるというものであった。移住はあくまで自由意思によることになっていたけれども、連邦政府が法律の形で公式に移住政策を採用した意味は大きかった。困惑した部族の指導者たちは、ついに戦いの場所を合衆国の裁判所に移すことを決意する。ジョージア州がチェロキー族の土地に対して何ら所有権をもっていない事実を法廷で明らかにして、自分たちの権利を守ろうとしたのである。

白人のあいだに彼らの味方がいなかったわけではない。北部のキリスト教団体やキリスト教信者のなかには、チェロキー族に同情的な者が多かった。ジャクソン政権に対抗する野党政治家のなかにも、好意的な人々がいた。彼らの知恵と助けを借りて、チェロキー族は白人の弁護士を探す。そして白羽の矢を立てたのが、モンロー政権とジョン・クインシー・アダムズ政権の司法長官を一二年つとめ、全国的な名声をもち、マカラック対メリーランド事件をはじめ合衆国最高裁で大きな訴訟を何度も手がけた、ウィリアム・ワートである。ワートはチェロキー族から手付金の支払いを受けると、訴訟の戦略を練りはじめた。

ジョージア州対タッスルズ事件

チェロキー族がジョージア州と戦った訴訟は三つある。第一のケースはジョージア州が提起したものだった。一八三〇年後半、ジョージ・タッスルズ、またの名をコーン・タッスルズ（とうもろこしの穂）という人物が、チェロキー族の領土内で同じ部族の者を殺すという事件が発生する。チェロキー族の当局はこの犯罪者を逮捕し、起訴する準備を進めた。ところがチェロキーの裁判所で審理が始まる前に、ジョージア州の官憲がタッスルズを強引に連行する。容疑者に対する管轄権は州にある。ジョージア州法にもとづいて起訴をし、ジョージア州の裁判所で裁く。州はこう主張し、この事件を通じて新しく制定した法律の有効性を示そうとしたのである。タッスルズはチェロキー族の土地に隣接する、ジョージア州ホール郡の裁判所で起訴された。

報せを受けたロスとワートは地元のロイヤー、ウィリアム・アンダーウッドを雇って、タッスルズの弁護に当たらせることを決定する。この指示にしたがって、アンダーウッドは法廷でタッスルズのために陳述を行なった。連邦政府との条約でチェロキー族の自治権が認められている。合衆国はホープウェル条約でチェロキー族を主権のある外国として承認した。ジョージア州の行政と司法へチェロキー族に対する管轄権を与えるジョージア州法は、国際法と合衆国憲法に違反する。したがってタッスルズの逮捕は違法かつ無効である。

しかしジョージア州の裁判所は、第一審、控訴審ともに、アンダーウッドの主張を退けた。植民地時代、英国がチェロキー族に対して有した権利は、合衆国の州となったジョージアにすべて継承された。この権利はジョージア州の内部に居住する、すべてのインディアン部族に及ぶものである。州はチェロキー族に対し、民事刑事の管轄権を無制限に行使する権利をもつ。そもそも合衆国最高裁の先例にしたがえば、ヨーロッパ諸国は自らが「発見」した新大陸の土地に対し独占的な権利を有する。その地に住む先住民は、「発見」された土地に対する主権を失い、ただその地を占有する権利を保持するだけである。ジョージア州内に住むチェロキー族は、主権をもつ独立国家ではありえない。合衆国が条約によって彼らの自治権を認めたのは、誤りであり無効である。したがってタッスルズの逮捕と起訴を可能にした新しい州法は有効であり、被告を有罪と認め、絞首刑に処す。

判決の内容を知ったワートは、ただちに合衆国最高裁への上告申請手続を取った。マーシャル首席判事はこの申請を認め、一八三一年一月の第二月曜日にジョージア州の代表が最高裁に出廷するよう命ずる。しかしジョージア州は、この召喚命令を完全に無視した。州内部のできごとに干渉するなという、強い立場を取ったのである。そして出廷予定日の前に、タッスルズの絞首刑を実行した。最高裁への上告は無駄になる。

しかしロスもワートも簡単には引き下がらない。次の戦いの準備に移った。

第6章　チェロキー族事件と涙の道　二

チェロキー族対ジョージア州事件

チェロキー族の代理人を引きうけた著名なロイヤー、ウィリアム・ワートは、タッスルズ事件の訴訟が失敗に終わると、次に合衆国最高裁への訴訟提起を直接試みた。通常最高裁は下級裁判所の下した判決の一部だけを裁量によって選び、上告審として審理を行なう。しかし憲法第三条二節は、特殊な場合に限り最高裁が原審として事件の審理に当たるのを許すと規定している。その一例が合衆国の州と外国との間の訴訟である。ワートはこの条項を利用した。

タッスルズ事件の終了後ほどなく、一八三一年の初め、ワートと同僚のジョン・サージェントは、かねて用意した訴状を最高裁に提出する。チェロキー族は主権を有する外国である。チェロキー族の住む土地に自州の管轄権を及ぼすジョージア州法は、合衆国とチェロキー族が結んだ条約に違反し、また連邦法ならびに条約が州法に優先する最高法規であると定めた憲法第六条に違反する。チェロキー族領土へのジョージア州法適用を差し止めてほしい。訴状のなかで二人はこう主張した。

最高裁はこの訴えを取り上げたが、タッスルズ事件のときと同様、ジョージア州の関係者は連邦最高裁での審理を完全に無視した。まず訴状の受け取りを拒否する。そして口頭弁論の予定日である三月一一日、州を代理するロイヤーは誰も最高裁に現れなかった。ワートとサージェントは相手方欠席のまま、最高裁判事の前で数日にわたって口頭弁論を繰り広げる。二人はチェロキー族の権利を雄弁に主張したが、最高裁が下した判決は期待を裏切るものであった。

マーシャル首席判事は、ジョージア州法が条約あるいは合衆国憲法に違反しているかどうかについて判断を下すのを避け、最高裁の管轄権のみに議論を絞った。争点は結局一つしかない。チェロキー族は憲法にいうところの外国であるか。答えはノーであるとマーシャルは述べる。チェロキー族は外国ではない。

インディアン諸部族が自分たちの占有する土地に対して権利を有しているのは、疑いがない。しかしその権利は、彼らが自発的に合衆国政府へ譲渡すれば、消滅するものである。合衆国の内部に居住する諸部族が正確な意味で外国と言えるかどうか、はなはだ疑わしい。むしろ彼らは「内国従属国家」(Domestic Dependent Nations)と呼ばれるべき存在であろう。土地に対する所有権はわれわれ(合衆国)が有する。彼らはその土地を占有しているだけだ。そして未成年者のようにわれわれの保護を受ける存在なのである。合衆国とインディアン諸部族との関係は、後見人と被後見人との関係に似ている。したがって、チェロキー族を通常の意味での外国として扱うことはできない。そうであるならば、当法廷へ直接提起されたチェロキー族の訴訟を受理するわけにはいかない。マーシャル判事はこう論じた。

けれどもマーシャル判事が、チェロキー族の主張をすべて退けたわけではない。判決文のなかに、ジョージア州の管轄権拡大を認めることばはどこにもない。それどころか部族には自治能力があり、平和と戦争の関係を司る能力があり、政治的責任を取る能力がある。そしてチェロキー族と合衆国の特殊な関係は、前者が外国でなくても、外交関係の一種として捉えるべきである。彼らには合衆国や州の干渉を受けずに、自らの領土を治める権利がある。こう述べた。

それでもなお、本件に関して最高裁が直接口をはさむべきではない。チェロキー族が権利を有しているというのが真実であるとしても、この裁判所でその権利を主張しても仕方がない。部族に対して間違いがなされたとしても、そしてさらに重大な権利の侵害を恐れるとしても、最高裁が過去の、また将来の間違いを防げるわけではない。しかし司法が扱うのにもっと適した事件と当事者が現れた場合には、当法廷は当事者と州のあいだの直接の権利関係に限って判断を下しうるかもしれない。マーシャルは最後にこう述べた。

当時最高裁の判事の定員は七人であった。一人が審理を欠席したため、判決は六人の判事によって下された。そのうちの二人、スミス・トンプソン判事とジョセフ・ストーリー判事が反対票を投じる。チェロキー族は憲法に定める外国であり、ジョージア州を直接訴える資格がある。そして部族の土地に対するジョージア州による管轄権行使は、差し止められるべきである。二人の判事は両者とも北部の出身であり、連邦の州に対する優越を強く信じていた。

こうして司法の場でチェロキー族の主張を通すことは、再びかなわなかった。けれどもマーシャルの「司法が扱うのにもっと適した事件と当事者が現れた場合には」という最後のことばに希望を見出して、チェロキー族は三度新たな訴訟の準備を始める。ところが準備が完了する前に、チェロキー族を直接の当事者としない新しい事件が発生した。

ウースター対ジョージア州事件

チェロキー族の土地をねらうジョージア州にとって頭が痛い問題の一つは、部族の土地で布教活動にあたる宣教師の存在であった。奴隷解放や飲酒禁止など社会改革運動に熱心な北部のキリスト教諸団体は、インディアンの立場にも同情を寄せ、連邦政府の移住政策に反対した。条約を反古にし先祖伝来の土地を奪って西部に追いやるのは、法律的にも道徳的にも正しくない。そう信じる北部のクリスチャンたちは、諸部族の人々をキリスト教に改宗させたうえで、自分たちの仲間として共存しようとした。その尖兵（せんぺい）となって活動するのが、インディアンの土地に住みこむ宣教師たちである。こうした立場を取る宣教師がチェロキー族と一緒にいるのは、ジョージア州にとってははなはだ具合が悪い。そこで一八三〇年の後半、ジョージア州議会は新たな法案を可決し、州当局の許可なく「白人」がチェロキー族の土地に入るのを禁じた。加えてすでに滞在している白人は、州から居住許可を受け、州と州法への忠誠を宣誓するよう求めた。

一八三一年の冬、ワートとサージェントがチェロキー族対ジョージア州事件の最高裁における弁論準備に余念がない頃、アメリカ宣教師協会に属する宣教師一一名が、ジョージア官憲に逮捕される。新しく成立したジョージア州法を無視し、居住許可を得ず忠誠も誓わずにチェロキー族の土地に留まったためである。二人のロイヤーは、この事件に注目した。ジョージア州裁判所が宣教師たちに有罪判決を下せば、州法が憲法に違反すると主張し人身保護令状を求めて再び合衆国最高裁に上告するチャンスが生まれる。そうすれば改めてチェロキー族の立場を最高裁で主張できる。

宣教師団のリーダーとして、またこの訴訟当事者の一人として、チェロキー族と共に戦ったのは、かねてから部族の運動を支援してきたサミュエル・ウースター牧師である。ウースターは、ニューイングランド時代の知己でありジョージア州で開業していたロイヤー、エリシャ・チェスターを、自らの弁護人として選任する。チェスターの弁護活動をワートがボルティモアの事務所から助言した。

予想どおり、一八三一年一〇月一五日、ジョージア州グイネット郡の裁判所は宣教師たちに有罪の判決を下す。州刑務所で懲役四年に処すとの内容であった。大多数の被告は、この時点でジョージア州法にしたがうことに同意して釈放される。しかしウースターとエリザー・バトラー博士は、州法への抵抗を続けた。州当局は強硬姿勢を崩さず、二人を州刑務所に収容し強制労働の刑につかせる。

その間ワートは合衆国最高裁への三度目の上告を準備した。ジョージア州当局に通知したうえで、最高裁に上告申請書を提出する。チェロキー族はこの最後の戦いにかけた。訴訟のための資金はほとんど底をつき、白人入植者の侵入は止まるところを知らず、国境付近でのいざこざは数を増すばかりである。チェロキー族の指導者であるエリアス・ブーディノットとジョン・リッジは一八三二年初頭、チェロキー族の立場を訴え基金を集めるため、北部への旅にでかける。チェロキー族を支持するのはキリスト教団体だけではなかった。ジャクソン大統領の政策に批判的な反対党の政治家たちも、政治的思惑から支持を寄せた。実際、一八三二年の大統領選挙でワートは反フリーメーソン党の大統領候補として、サージェントは国民共和党の副大統領候補として、出馬している。

最高裁での口頭弁論は、一八三二年二月二〇日に始まる。ジョージア州は今回もまた代理人を法廷に送らず、審議をボイコットした。これまで訴訟の陣頭指揮を取ってきたワートが病気で床に伏せったため、初日にはサージェントがウースターの弁護人として、同牧師を有罪とした法律の規定のみならず、チェロキー族の土地に適用されるすべてのジョージア州法が違憲だとの主張を展開する。二月二一日と二三日には、ワートも六人の判事の前で弁論を行なった。

最高裁の判決が下ったのは、三月三日である。結果はウースターの勝訴であった。法廷意見を著したマーシャル首席判事は、チェロキー族対ジョージア州事件判決のときとは異なり、手続上の理由を口実に争点を避けようとしなかった。判事はまず、議会が制定した連邦法にもとづき、州裁が下した判決の合憲性を審議する権限が最高裁にあることを宣言する。そのうえで、ウースターとバトラーを逮捕し拘禁する根拠をなすジョージア州法と州の行為は、合衆国憲法、連邦法、ならびに条約に違反し無効であると結論づける。それだけではない。マーシャル判事は、ジョージア州がチェロキー族に適用していやがらせを図ったすべての法律が違憲無効であるとした。

判決のなかでマーシャル判事は、ヨーロッパ人が新大陸に到達して以来インディアン諸部族と築いてきた関係をふり返る。チェロキー族事件で述べたとおり、長い歴史的経過を経てチェロキー族は合衆国の内国従属国家となった。したがってチェロキー族は、普通の意味での独立国家ではない。たとえば勝手に外国との交渉はできない。自らの土地の割譲は、宗主国である合衆国に対してのみ許される。

しかし、とマーシャルは続ける。合衆国の保護下にあることは、主権の喪失を意味しない。「国際法の原則にしたがえば、強国と連合を形成しその保護を受けたとしても、弱小国家は独立と自治の権利を維持できる。自らの安全を保障するため、主権を維持しつつ統治能力を失うことなく、強国の保護下に入ることが可能である」。チェロキー族は自らの主権を失っていない。合衆国がチェロキー族と結んだ条約は、そのことを明確に確認している。チェロキー族は別個の独立した政治的存在であり、土地に対する完全な支配権を有する。ジョージア州が自らの法律をチェロキー族やその土地に対し、勝手に適用することは許されない。さらに合衆国憲法、連邦法ならびに条約は、通商をはじめインディアン諸部族との関係を彼らとの合意にもとづいて維持する権限を、各々の州ではなく連邦政府のみに与えると定める。したがってチェロキー族との関係を規定するジョージア州法は、連邦政府の権限を侵害するものであり、無効である。

連邦最高裁はこうして初めて、チェロキー族の主張をほぼ全面的に認めた。

ジョージア州、最高裁判決を無視する

けれども、法廷で勝利を収めれば、すべてが解決するわけではない。問題はジョージア州がこの判決に応じて、二人の宣教師を釈放するかどうかであった。判決を下した二日後、最高裁はジョージア州裁判所に対して、有罪判決を覆しウースターとバトラーを釈放せよ

との命令書を発出し、チェスターを通じてジョージア州へ届けさせた。しかし州裁判所は合衆国最高裁の越権行為を非難し、有罪判決を覆すことを拒否した。二人の宣教師は引き続き刑務所に閉じこめられる。

その後一ヶ月経っても釈放が実現しない。ワートの指示にしたがって、チェスターはランプキン州知事が釈放を命令するよう要請する書簡を認《したた》める。同じ週ワシントンへ使者を送り、連邦執行官が実力で宣教師を釈放する許可を最高裁から取りつけようとしたものの、最高裁はすでに三月一七日をもって休廷しており、許可は得られなかった。この時点で釈放実現のためさらに取りうる法的手段が、必ずしも明確でなくなる。それを口実に、ジャクソン大統領もジョージア州に対して何ら行動を取らない。

事態が膠着状態に陥るなか、これまでチェロキー族を支持してきた人々のなかから、次第に移住策の受け入れを説く者が現れだす。チェロキー族指導者の一部も、戦いをあきらめて移住政策を受け入れようと考えはじめる。さらに宣教師の釈放に成功せずワシントンへ戻った弁護士のチェスター自身が、連邦政府の官僚と協議を行ない、陸軍省の代理人となってチェロキー族に移住政策受け入れを迫る始末である。ウースターとバトラーのもとへも多くの人が訪れ、罪状を認め釈放される道を選ぶよう勧めた。しかしそれは敗北を意味するとして、二人は拒みつづける。この年の一一月、大統領選挙でジャクソンが再選を決めると、連邦政府のインディアン移住政策が変更される可能性も消えた。二人の宣教師は依然拘禁されたままである。

宣教師の釈放とチェロキー族の移住問題をめぐる情勢は、もう一つの政治問題が危機を迎えたことで、さらに複雑となる。新しく制定された保護主義的な連邦関税法は北部の産業を優遇するものだとして抵抗を続けていたサウスカロライナ州は、一八三二年一一月二三日、州各地から集った代表者会議で関税法の違憲無効を宣言し、連邦の権威に公然と挑戦した。ケンタッキー決議とヴァージニア決議でジェファソンとマディソンが表明した理論を、実行に移したのである。通常州の権利を尊重するジャクソン大統領も、この期に及んで強硬な態度を取る。サウスカロライナ州の反抗を武力で鎮圧するとの意向を示した。サウスカロライナ州が妥協に応じず連邦離脱を宣言すれば、内戦が始まる。人々は恐れ、緊張が一気に高まる。

この事態は、チェロキー族問題に対処するジャクソン大統領の立場を、きわめて難しいものとした。サウスカロライナ州に対して連邦法遵守を強制する以上、ジョージア州が連邦最高裁の命令を無視しつづけるのも看過できない。しかしジョージア州に最高裁の命令を押しつければ、同州はサウスカロライナ州に同調して連邦を離脱するかもしれない。そうすれば合衆国は分裂する。その危険を除去するには、二人の宣教師が抵抗をやめ、ジョージア州が連邦最高裁の命令を無視しつづける理由をなくすしかない。このためウースターとバトラーに対し猛烈な圧力が加えられた。二人はそれでも罪状を認めるのを拒否しつづけたが、一二月に彼らの所属するアメリカ宣教師協会から抵抗をやめるよう助言を受けると、最高裁への人身保護令状請求を取り下げ罪状を認めて、翌一八三三年一月一四日釈放された。こうしてウースター事件は幕を下ろす。

サウスカロライナ州をめぐる連邦分裂の危機は、一八三三年に新しい関税法が連邦議会を通過して妥協が成立し、とりあえず回避された。一方白人のチェロキー族地域滞留を許可制とするジョージア州法は一八三二年の暮れすでに廃止されていたが、チェロキー族に適用されるその他の州法はそのまま残る。チェロキー族は三度合衆国最高裁で戦い、勝訴を勝ちとりながら、自分たちの主権をジョージア州に承認させることがついにできなかった。

チェロキー族の敗北と涙の道

チェロキー族の立場に対する全国的な支持は、サウスカロライナをめぐる危機終息のあと急速にしぼんだ。釈放された宣教師の一人ウースターまでが、今やチェロキー族の移住政策を支持する。チェロキー族の立場を理解して支持を惜しまなかったワート弁護士は、一八三四年二月に亡くなった。最高裁のマーシャル首席判事も翌年亡くなる。

こうした情勢のもとで、条約派と呼ばれるチェロキー族の一部指導者が別途、連邦政府と移住政策受け入れの交渉を始める。チェロキー族のロイヤーの一人であるアンダーウッドが連邦政府に雇われ、交渉の仲介を行なった。部族が土地を割譲したあかつきには、その代金の一部を未払いの訴訟費用として受け取るという約束になっていた。条約派は一八三五年三月二九日、チェロキー族の首都ニュー・エチョタで秘密裏に連邦政府との新たな条約に調印した。多数派に叛逆者として捕らえられるのを恐れ、彼らはジョージア州の官憲に保護を求める。ジョージア州知事は多数派の指導者数名を拘禁し、反対運動ができないようにした。

その年の一〇月、チェロキー族議会にこの条約の内容が提示される。議会は即座に条約批准を拒否した。一二月、ジョージア州民兵はこれまで訴訟を通じて移住政策に抵抗しつづけてきた部族の指導者ジョン・ロスを逮捕し、罪状を明らかにせぬまま一三日間にわたって拘禁する。その間に条約派は一一四名の署名を無理やり集め、条約が批准されたと宣言した。ようやく釈放されたロスはワシントンへ急行し、ジョージア官憲からの保護と条約の批准拒否を求めるものの、連邦議会上院は一票差で新しい条約を批准してしまう。ジャクソン大統領が一八三六年五月二三日に署名して、ニュー・エチョタ条約は有効となった。

条約がチェロキー族の西部移住期限と定めた一八三八年までに、最初は一部が自主的に、大多数は連邦軍の兵士に追いたてられ、約一万七〇〇〇の人々が住みなれた故郷を後にした。そして陸路と川ぞいの二つのルートを通って、八〇〇マイル先の居留地（現在のオクラホマ州）へ移住する。約四〇〇〇人が途中で命を落としたという。そのなかにはジョン・ロスの妻もいた。彼らはこの悲惨な道中を後になって、「ヌナ・ダウル・イシュヌイ（我らが涙を流した道）」と呼んだ。

アメリカ合衆国の憲法と司法制度の公正さを信じて戦ったにもかかわらず、チェロキー族は自分たちの土地を失う。そのうえ戦いがすべて終わったあと、部族の弁護を引き受けた白人のロイヤーたちは法外な請求書を突きつけ、訴訟費用の支払いを迫った。西部に移ったチェロキー族はさらに辛酸をなめるのだが、それはまた別の話である。

第7章　黒人奴隷とアメリカ憲法

憲法制定と奴隷制度

一八三〇年代初頭、ジャクソン大統領はチェロキー族問題ではジョージア州と、関税問題ではサウスカロライナ州と、連邦の権威にたてつく二つの州を相手に難しい政治交渉を同時に行なわねばならなかった。そして飴《あめ》と鞭《むち》を使い分け何とか危機を脱するけれど、緊張が消えたわけではない。問題の背後には北部と南部のあいだに横たわる深い溝があった。この溝は結局埋まらず、三〇年後には南北がたもとを分かって、戦争となる。

北米大陸東岸にイギリス人が移住を開始して以来、南北各地域のあいだには多くの差異があった。なかでも南北間に大きな対立を生むのが、黒人奴隷をめぐる考え方である。一六一九年、オランダの軍艦がヴァージニア植民地の首都ジェームズタウンへ二〇人の黒人をアフリカから連れてきて以来、黒人を最初は年季奉公人、ほどなく奴隷として売買し使役する慣習は、全米に広がった。

アメリカだけではない。一八〇七年にイギリスは奴隷貿易を禁止したものの、一九世紀初頭にはまだポルトガル人やスペイン人をはじめとするヨーロッパ人そしてアラブ人が活発に奴隷貿易や売買に従事し、西インド諸島やブラジルなどで奴隷が酷使されていた。しかし寒冷でヨーロッパ向け商品作物の栽培に向かないニューイングランドをはじめとする北アメリカ北東部では、小規模な農業に加えて商業や漁業さらに軽工業が発達する。こうした経済のもとでは奴隷の労働力をさほど必要とせず、キリスト教人道主義の影響もあって、しだいに奴隷解放運動が盛んとなる。一方南部ではタバコや米、藍、のちには綿花を輸出用に栽培するプランテーション農業が発達し、奴隷の提供する労働が不可欠となった。奴隷の存在は、人々の勤労に対する意識をも変えた。一八三一年にアメリカを訪れたフランスの貴族トクヴィルは、オハイオ州をはさんで隣同士でありながら、奴隷所有を禁止する北のオハイオ州では人々が進取の気性に富み勤勉であるのに対し、奴隷制度を許す南のケンタッキー州では人々が一般に怠惰であり、貧しい白人でさえ奴隷に力仕事を任せて働こうとしないと観察した。

奴隷制度をどう取り扱うかは、合衆国憲法起草の際にも問題となる。フィラデルフィアに集まった各州代表の多くは、奴隷制度が独立革命の宣言したアメリカ合衆国建国の理念、すなわち自由と平等の原則にそぐわないことを、程度の差はありこそすれ感じていたようである。しかしだからといって、この制度を連邦憲法で一気に廃止しようとは考えなかった。奴隷制度維持に反対する北部の一部代表でさえも、一三州をひとつにまとめて合衆国を誕生させるためには南部諸州の加盟が欠かせず、その南部諸州にとって奴隷制度の廃止はとても受け入れられない条件であることを知っていた。合衆国誕生のためには、この邪悪な制度に目をつむらざるをえない。そう考えて妥協する。したがって合衆国憲法は奴隷制度の是非について、はなはだあいまいな表現しか用いていない。その背景には、この制度の是非は各州が決めるべきことであって、連邦政府が関与すべきことがらではないという暗黙の了解があった。

そもそも憲法には、奴隷ということばが一度も出てこない。奴隷についての言及が必要な場合には、「その他の人」とか「使役あるいは労働に供される人」といった間接的な表現に置きかえている。このことからも、憲法の起草者たちが奴隷制度の存在を積極的には肯定していなかったことが窺われる。実際にマディソンは憲法制定会議の席で、「憲法のなかに人間に対する所有権を有しうるという観念を持ちこむのは、間違っている」と述べた。けれどもそのマディソンが、あるいは独立宣言を起草して人間の平等をうたったジェファソンが、故郷の荘園で大勢の奴隷を所有していたのも、また事実なのである。

憲法のなかに、奴隷にかかわる条項がないわけではない。よく読むと、目立たない形でいくつかの重要な規定が置かれている。まず、連邦議会下院議員の各州からの選出数を、それぞれの州の人口にもとづいて配分するにあたって、奴隷人口の五分の三を自由人の数に加えるという、第一条二節三項の規定がある。奴隷の人口も計算に含めることによって下院での議席を増やし発言権を増そうとした南部諸州に対して、南部が奴隷を数えるならわれわれは馬やラバの数も含めると反発した北部諸州が対立し、妥協の末に成立したものである。当時は北部諸州にも奴隷が存在したものの、圧倒的多数は南部にいたから、この規定は合衆国の誕生を優先させた北部の大きな譲歩であった。

しかも大統領を選ぶ選挙人の数がまた、各州選出の上院議員と下院議員の数を足した数をそれぞれの州に割り当てるという仕組みに決められたので、大統領選挙においても南部は当初有利な地位を占める。合衆国発足後、第二代のジョン・アダムズを除き、第五代までの大統領がすべて南部出身（正確にはそのなかで最も人口が多く影響力の強かったヴァージニア州出身）であったことは、偶然ではない。その後西部開拓が進み合衆国領土が州へ昇格するにあたって、奴隷制度を法律で認める州（奴隷州）として連邦に加盟させるかどうかが大きな問題になるのは、国政の場における南北間の力のバランスが崩れるのを南部諸州が恐れたからなのである。

もう一つは、一八〇七年いっぱい、連邦議会が外国からの奴隷輸入を禁止してはならないとする、第一条九節一項の規定である。しかも第五条によってこの規定の修正が同じ一八〇七年末まで禁じられたため、奴隷貿易の存続は二〇年間絶対のものとなった。これまた、奴隷労働力の確保を最優先課題とする南部の要求を呑んだものである。しかし見方を変えれば、一八〇八年以降の奴隷貿易禁止を可能としたわけで、実際同年ジェファソン大統領の同意のもと、奴隷の輸入はすべて禁止される。ちなみに第一条九節四項は人口調査にもとづかない人頭税の禁止を定め、この規定も一八〇七年末まで修正不可とされた。南部は連邦政府が奴隷の人数に応じて税を課すのを、恐れたようである。ただし、奴隷への人頭税賦課は結局一度も実施されなかった。

のちになって重要な意味を持つのは、逃亡奴隷の取り扱いを定めた第四条二節三項の規定である。同項はある州で「使役あるいは労働に供される人」、つまり奴隷が他の州に逃亡した場合、「当該他州の法令によって使役あるいは労働から解放されることはなく、使役あるいは労働の提供を受ける者（つまり奴隷所有者）の要求にしたがって返還されるものとする」と定めた。それほど数は多くなかったものの、奴隷を認める南部の州から奴隷を禁止する北部の州へ逃げこむ奴隷がときどきいた。そうした奴隷は持ち主のもとへ返すべきだという点について、北部の代表にも特に異存はなかったようである。この規定は憲法制定会議の最後のほうであわただしく提案され、大した議論のないまま可決成立した。一八世紀後半、憲法の制定に携わったのは、何よりも個人の財産権を重視する世代の人々であった。ただしこの条項は、逃亡奴隷の返還をいったい誰がどうやって行なうのかについて、規定があいまいであり、やがて大きな憲法問題に発展する。

その他にも、間接的に奴隷制度を守る条項がいくつかあった。第一条九節五項の輸出税を禁止する規定は、奴隷によって生産された商品に税が課され輸出を妨げられる可能性を防ぐものである。また第四条四節は、州議会あるいは州政府の要請に応じて、各州内の騒乱から州を守る義務が連邦政府にある旨を定めたが、これは奴隷による叛乱を念頭に置いたものだった。第一条八節一五項は、連邦議会が叛乱鎮圧のため民兵を徴集できる旨を定めて、この規定に実行力を与える。さらに第一条八節に連邦議会の個別権限を列挙することによって、連邦議会には奴隷を解放する権限がないことを間接的に確認した。

奴隷に関する憲法の規定は、南部の立場に配慮したものばかりではない。一八〇八年になれば奴隷貿易を禁止しうると定めた既述の規定は、憲法の起草者たちが奴隷制度を将来は廃止の方向へ持っていこうと考えていたことの、ひとつの表れであろう。実際に当時ヴァージニア州やメリーランド州など、北部と隣接する州では奴隷の人口が減少しつつあった。土地が疲弊したためにタバコの発育が悪くなり、この地方では綿花も育たなかったので、奴隷労働への需要が減りつつあったのである。ジェファソンやマディソンなどヴァージニアの農場主でもあった建国の父祖の多くは、奴隷制度を自分たちの代で終わらせたいと考えていた。ジョージ・ワシントンは遺言によって、所有する奴隷をすべて解放している。

しかし皮肉なことに憲法制定直後の一七九三年、イェール大学を卒業したばかりのイーライ・ホイットニーという若者が、ジョージア州サヴァンナ近郊のプランテーションを訪問中に、綿花の繊維部分と種とを分離する画期的な器械、コットンジンを発明する。綿花から繊維を取り出すのが容易になり、ヴァージニアより南の諸州で綿花生産量が爆発的に増える。それにともなって奴隷労働力への依存度がますます高まり、奴隷の値段も上がった。南部諸州が奴隷制度の維持に関して強硬な立場を取るようになる背景には、こうした産業構造の変化もあった。

憲法そのものの規定ではないものの、アパラチア山脈を越えたオハイオ川の北から五大湖にかけて広がる合衆国領土での奴隷制度禁止を定めた、いわゆる北西条例も重要である。これはもともと奴隷制度が南部以外の地に広がるのを防ごうとしたジェファソンが、憲法制定前の一七八四年、合衆国領土のすべてで奴隷制度を禁止する条例の制定を連合議会に提案したものである。このときにはノースカロライナ一州が反対したため実現しなかったものの、一七八三年のパリ条約で合衆国への帰属が決まったオハイオ川北西の領土だけに対象地域を限って一七八七年に成立し、憲法が制定されたあとそのまま連邦政府に引き継がれた。この結果、ヴァージニアから山を越えて北西領土に移り住む農民たちは、奴隷を連れて入植するのを許されなくなった。本条例によって、この地域にその後生まれたオハイオ、インディアナ、イリノイなど中西部の主な州は、奴隷制度を法律で禁止する州（自由州）として発展する。もっともこの地方は冬が厳しくて、黒人奴隷の労働には適さないという事情もあった。

ところで北西条例には言及がないにもかかわらず、北西領土での奴隷禁止の見返りとして南西部の合衆国領土では奴隷制度が認められ、やがて奴隷州として連邦に加盟するという暗黙の了解があった。新たに獲得した合衆国領土が奴隷州となるか自由州となるかは、やがて国内政治最大の問題となり、ついには南北分裂のきっかけとさえなる。

しかしいずれにしても、憲法制定当時は、まだ奴隷をめぐる南北の対立がそれほど深刻でなかった。北部における奴隷解放運動も、さして広範な運動になっていない。北部から参加した憲法制定会議代表の大多数は、連邦の統一のために南部の奴隷制度を黙認する姿勢を取った。南部、特にヴァージニア代表の多くも、アメリカ革命の思想と矛盾する奴隷制を思想的には嫌ったものの、自分たちが生まれ育った土地の経済を支えてきた奴隷制度を積極的に廃止する気はなかった。合衆国憲法は、奴隷制度についておおむね無言のまま、あるいはあいまいなまま、出発したのである。

奴隷をめぐる南北の共存

憲法制定によって誕生したアメリカ合衆国は、こうして黒人について二つの全く異なる法体系を有する国として出発する。独立革命後、北部のすべての州で奴隷解放令が発布され、それ以前から保有されていた少数の奴隷を除き、黒人はすべて法律上自由人となる。それに対して南部では、所有者が自主的に解放した自由な黒人が増えつつあったとはいえ、ほとんどの黒人は奴隷の身分のままであり、商品として売買され所有権の対象とされた。
もちろん法律上自由人になったからといって、北部の黒人が白人と対等に扱われたわけではない。マサチューセッツなど一部の州を除けば、公共の場で白人と同席できず、投票権を与えられず、白人との結婚を禁じられ、法廷での証言を許されなかった。しかしそれでもなお、黒人が商品として扱われることだけはない。黒人も白人も、法律上は自由意思を有する同じ人として扱われた。

一方南部では、奴隷の取り扱いに関して独特の法体系が発達する。奴隷は財産とみなされ、それにふさわしい法律上の取り扱いを受けた。所有権の対象である以上、黒人自身には原則として自由意思がなく、建前上結婚も財産の所有も認められない。他人の所有する奴隷を傷つけたり殺したりした白人は、所有者に損害賠償をせねばならない。奴隷は売買されるだけでなく、抵当権や質権が設定され、所有者が債務を弁済できないと差し押さえられた。

けれども同時に、奴隷は人間としても取り扱われる。奴隷の数を連邦議会下院の議席配分時の計算に含むのも、その一つである。また奴隷が罪を犯すと、裁判にかけられ処罰された。奴隷に自由意思を認めない立場からすると、犯意は持ちえないはずであって、これは矛盾する。そのかわり殺人など重罪を犯した場合には、州が弁護人をつけ、陪審裁判を行ない、控訴の権利を認めるなど、ある程度奴隷の人権に配慮した。実際に裁判の結果無罪になった奴隷も大勢いる。

また建前上は存在するはずがない結婚も認められたし、日曜日には休みが与えられ、礼拝の自由もあった。自分の菜園を耕し現金収入を得る奴隷もいた。読み書きを奴隷に教えることも広く行なわれた。奴隷を競売にかけるときには、なるべく母親と子供を一緒に売るようにした。奴隷の取扱いは時代によって異なるが、一九世紀になると一般的に好転したようである。奴隷の値段が上がり商品としての価値が高まって、大事にされたという事情がある。また南部の心ある人々が、奴隷をなるべく人道的に取り扱おうとした面もある。さらに奴隷制度を非人道的だとして攻撃する、北部への反発もあった。彼らは奴隷制度が黒人自身にとってもむしろ好ましい制度だと、主張したのである。いずれにしても、奴隷をめぐる南部の法体系は複雑で、人間を所有の対象とすることから生じる矛盾に満ちていた。

憲法制定から半世紀近くは、こうした南北の異なる法体系がそれなりに共存した。二つの法律体系が衝突する場合、北部は南部の、南部は北部の法律の効力を認めあったからである。

たとえば逃亡奴隷の返還に関する憲法上の規定を実行するため、連邦議会は一七九三年に逃亡奴隷法を制定する。この法律のもとで、逃亡した奴隷を追う所有者あるいはその代理人は、北部の州に出かけて行って奴隷を捕縛することを許された。そして連邦あるいは州の裁判所へ捕らえた奴隷を連行し、簡単な手続にしたがって州外へ連れ出すための許可状を判事から受け取れば、奴隷を南部へ連れ帰れた。手続には陪審員による事実審理も証人による証言も必要とされない。奴隷をかくまう者は処罰された。この法律は一八二〇年代まで、問題なく機能する。北部諸州は連邦逃亡奴隷法のもと、自分たちの領土内で自分たちの法廷を使って、南部人が奴隷にかかわる彼らの法律を執行するのを許容した。

同様の対応が、南北間の黒人の移動についてもなされた。たとえば主人に連れられて奴隷が北部の州を訪れることがある。そのとき奴隷の地位はどうなるのか。移動先の自由州の法律が適用されれば、その奴隷は自由になるはずである。しかし主人と一緒に現在居住する出発地奴隷州の法律にしたがえば、自由州に移動しても奴隷の地位は変わらない。反対に自由州に住む自由な黒人が南部を訪れた場合、引き続き自由を確保できるのか。自由な黒人が元々南部の奴隷であった場合はどうか。この場合も、北部と南部のどちらの法律が適用されるのかによって、答えは異なる。ちょうど現代の国際私法の原則のもと、国境をまたがる民事事件においてどこの法律を適用するかが争われるのと同じように、準拠法に関する論争が奴隷の地位をめぐって起きたのである。

この問題に関してはすでに一七七二年、英国の王座裁判所が判決を下していた。一七六九年、ジェームズ・サマセットという名の奴隷がジャマイカからイギリスへ連れてこられたあと、主人のもとから逃げ出す。彼はすぐに捕らえられ、競売にかけられることになる。

ところが英国官憲が介入して、サマセットは人身保護令状の発出を王座裁判所に求めた。首席判事のマンスフィールド卿は、サマセットは英国に居住したため自由の身分になったとの判決を下す。「奴隷の捕獲は人間に対する支配権行使の最たるものであるから、権限が行使される国の法律に明確な規定がないかぎり許されない」と卿は述べる。さらに、「奴隷制度の性格に鑑み、道徳的政治的ないかなる理由によろうとも、制定法によって規定されていないかぎり、奴隷制度を導入することはできない。あまりにも嫌悪すべきものであるがゆえに、制定法によらずしては許容しがたいのである」と強調した。この判決にしたがえば、制定法によって奴隷制度を認めていない国へ移住した奴隷は、自由の身となる。サマセット対スチュワート事件の判決はアメリカでの奴隷解放運動に、のちのち大きな影響を与える。

この判決の内容を知っていたにもかかわらず、北部諸州は当初、南部から北部に連れてこられた奴隷を自由にするといった荒っぽいことをしなかった。国際法にいうコミティー(礼譲)の原則にしたがって、南部の法律を尊重したからである。白人の主人が奴隷をともない北部の港を単に通過するだけ、あるいは北部の町に短期間滞在するときには、たとえ奴隷が自由を望んでも認めなかった。奴隷の滞在がかなり長期に及び、北部での居住が事実として確定されるときのみ、奴隷は自由になったとみなされる。

北部での居住が確定する期間は、たとえばペンシルヴァニア州では六ヶ月、ニューヨーク州では九ヶ月と決まっていた。このため南部の白人は、奴隷を連れて安心して北部へ旅行ができた。北部のこの措置に満足して、南部諸州は北部での居住によって自由を得た奴隷が元の州に帰ってきても、そのまま自由な身分を保持するのを認めた。あるいは元々自由な身分である北部の黒人が南部を訪れるときに、その自由を侵害しなかった。南部もまた、北部の法律を尊重したのである。

このように、憲法制定後五〇年近く、奴隷制度に関する南北の思想や法制度の違いは大きな問題に発展せず、何とか安定した状態を保つ。憲法第四条一節に定める「州はお互いに他州の法律、記録、判決を最大限信用し尊重する」という規定が忠実に守られ、連邦統一維持のために協力しあった。

しかし一九世紀も三〇年ごろになると、事態が変化する。北部で奴隷解放運動が活発になり、南部では奴隷による大規模な叛乱がいくつか起きる。北部の人口が増え、中西部の開拓が進み、合衆国領土が州への昇格を次々に求めた。南部は焦りを感じ、この問題をめぐる南北間の緊張が次第に高まる。

第8章

奴隷問題の変質と南北対立

奴隷問題をめぐる北部と南部のあいだの均衡は、いくつかの理由によって一八三〇年前後から徐々に崩れはじめた。一つは北部での奴隷解放運動の活発化。もう一つは南部における黒人人口の増加と奴隷の叛乱。そして最後にもっとも大きいのが西に向けた合衆国の拡大である。

奴隷解放運動の高まり

奴隷制度に反対する勢力はキリスト教団体を中心に、一八世紀から存在した。しかしただちに廃止しよう、黒人を平等に扱おうと主張する運動家は、北部にさえほとんどいなかった。ところが一九世紀に入ると、北部、特にニューイングランドで奴隷制度廃止運動が活発になる。運動家たちは奴隷保有を神の意思に反する邪悪な行ないとみなし、廃止のために積極的な行動を取るようになった。

そうした運動家のなかでもっとも有名なのは、マサチューセッツ州のクェーカー教徒、ウィリアム・ロイド・ギャリソンである。奴隷の即時解放を唱えたギャリソンは、一八三一年に「リベレーター（解放者）」という新聞を発刊して、啓蒙につとめる。また同じ年、ニューイングランド奴隷反対協会を、二年後の三三年には全米奴隷反対協会を設立して、熱心に運動を展開した。奴隷制度を容認する内容を含むからという理由で、憲法のコピーを焼き捨てるほど過激なギャリソンの主張を、そのまま受け入れる人は少なかったものの、彼の新聞や協会を通じての活動は運動の広がりに大きな力があった。

運動に参加したのは白人だけではない。南部から逃亡してきた元奴隷のなかからも、運動家が誕生する。その一人に一八三八年メリーランド州から北部へ逃亡したフレデリック・ダグラスがいる。奴隷時代に読み書きを習ったダグラスは一八四五年に自伝を出版し、南部の奴隷の窮状を知らせた。そして北部各地を講演してまわって、奴隷解放の必要性を訴えた。

奴隷解放運動の普及におそらくもっとも力があったのは、一八五二年にハリエット・ビーチャー・ストウが出版した小説『アンクル・トムの小屋』であろう。逃亡奴隷の捕縛に心を痛めてこの物語を書いたストウ夫人は、実際には南部の奴隷の生活について何も知らなかった。登場人物は類型的、筋はお涙頂戴、何よりも事実に反すると、南部の人々は抗議したものの、本は爆発的に売れた。発売当初の一週間に一万部、一年に三〇万部。イギリスでも海賊版が一〇〇万部売れたという。この作品を読んだ人々がすぐに奴隷解放運動に加わったわけではないにせよ、賛同する人が大幅に増えたのは間違いない。

余談であるが、奴隷解放の運動がとりわけ盛んであった町の一つに、マサチューセッツ州の港町ニューベッドフォードがある。ボストンから南へ車で約一時間、かつて捕鯨基地として栄えたこの町は、クェーカー教徒やユニタリアン教会の信者が多く、黒人に対して比較的寛容であった。捕鯨産業が黒人に数少ない就業機会の一つを提供したこともあって、ニューベッドフォードには自由な黒人や南部からの逃亡奴隷が集まる。捕鯨船に乗って海へ出てしまえば、南部からやってくる追っ手につかまる心配もない。ダグラスは逃亡後、最初この町に居を定めて運動を開始した。

一八四一年、土佐沖で嵐にあって遭難し、捕鯨船に救助された日本人の少年ジョン万次郎が、アメリカにおける第一歩を踏み出したのも、ここニューベッドフォードだった。万次郎の面倒をみた隣町フェアヘイヴン出身の捕鯨船船長ホイットフィールドは、自分自身が奴隷反対運動にかかわっていた。万次郎がフェアヘイヴンとニューベッドフォードで目立った差別を受けず、学校に通い手に職をつけ、捕鯨船の乗組員として再び海に出た背景には、この地方の人道的な風土があったように思われる。

こうした奴隷解放運動の高まりは、北部全般の奴隷制度に対する空気を徐々に変え、南部との関係に影響を及ぼした。たとえば逃亡奴隷の扱いである。

既述のとおり、憲法第四条二節三項の逃亡奴隷条項、一七九三年の連邦逃亡奴隷法にもとづいて、北部諸州は初めのうち南部の奴隷保有者が逃亡した奴隷を追いかけて州内に入り、捕縛のうえ連れ帰るのに、おおむね協力的であった。同法のもとで、北部の裁判所は捕縛した奴隷の移送許可状を、ほぼ自動的に発行した。ところがある時期以降、北部諸州は逃亡奴隷の捕縛に非協力的となる。

たとえばペンシルヴァニア州は一八二六年、ニューヨーク州は一八二八年に、誘拐を禁止し逃亡奴隷であることの証明をより厳格に求める人身自由法を制定した。北部に住む自由な黒人が逃亡奴隷と間違えられ、誘拐されて連れ去られるのを防ぐのが法律の本来の目的であったが、次第にそれだけではなくなる。そもそも南部人が自分たちの州に入りこみ、勝手に逃亡奴隷を捕縛して連れ去るのをきらったのである。

これらの法律は、まず裁判所の手続を経ない捕縛と移送を禁じた。また逃亡奴隷であることを証明するのには、陪審員の評決が必要と定めた。いずれも一七九三年逃亡奴隷法より厳しい要件を課すものである。むろん手続が複雑になれば、逃亡奴隷の捕縛に余計な金と時間がかかる。南部諸州は、こうした人身自由法が憲法の逃亡奴隷条項と一七九三年逃亡奴隷法に反すると主張して、抗議する。

プリッグ対ペンシルヴァニア事件

こうした背景のもと、憲法の逃亡奴隷条項の意味を解釈し、一七九三年連邦逃亡奴隷法ならびにそれに対抗する北部各州の人身自由法の合憲性を判断したのが、一八四二年のプリッグ対ペンシルヴァニア事件の最高裁判決である。奴隷州であったメリーランドのある農場主が、一八三二年、自分の所有する奴隷少女マーガレットを、奴隷を禁じる隣州ペンシルヴァニアへ逃れさせ、そこで解放した。マーガレットは自分の娘であったという説もある。奴隷の女性とのあいだにできた子供をひそかに自由州へ送って解放することが、当時よくあったらしい。このころになると南部では所有者による奴隷の自主的解放が難しくなっていたし、解放できても黒人が南部で自由に暮らすのは困難であった。自分の子供は北部で生きていくほうがいい。奴隷の女に子供を生ませた多くの南部男性は、そう考えたようだ。

マーガレットを解放した男性は、その後亡くなる。そして男性の遺産を相続した娘が、マーガレットとペンシルヴァニアで生まれた彼女の子供たちは自分の所有物だと主張し、奴隷捕縛を生業《なりわい》とするエドワード・プリッグという男を雇ってペンシルヴァニア州に送りこんだ。プリッグは州裁判所の奴隷移送許可が得られなかったため、マーガレットたちを力ずくで捕らえメリーランド州へ勝手に連れ帰った。ペンシルヴァニア州は自州の人身自由法にもとづき、プリッグを誘拐罪で起訴する。ペンシルヴァニア州裁は有罪判決を下し、州最高裁がこの判決を追認する。これに対してプリッグは、同州の人身自由法は違憲であるとして、合衆国最高裁へ上訴した。

この訴訟を可能とするため、メリーランド州は最高裁の判決が下るまで刑罰を科さないという条件で、プリッグをペンシルヴァニア州へ送還した。この事件を、逃亡奴隷法と人身自由法の合憲性を決定するための、いい機会だと考えたらしい。

連邦最高裁は、ペンシルヴァニア州の人身自由法を違憲とする判決を下した。法廷意見を著したのは、ストーリー判事である。判事は同法よりむしろ一七九三年の逃亡奴隷法が違憲であるという、ペンシルヴァニア州の主張をしりぞけた。

そもそも逃亡奴隷条項のもと、南部の奴隷所有者は公共の秩序を乱さない限り、官憲の助けを借りずに自ら奴隷を捕縛する完全な権利を有する。北部の州に入りこんで、自由に奴隷を捕縛し連れ去ってもかまわない。そのために北部州裁判所の許可を得る必要はない。また逃亡奴隷に関する法律を制定する権限は、憲法の逃亡奴隷条項にもとづき連邦議会が専有する。したがって九三年法は合憲であり、同法の執行を妨害するペンシルヴァニア州の人身自由法は連邦法に反するがゆえに違憲である。連邦法と州法が矛盾する場合は、憲法の最高法規条項によって、連邦法が優先する。ただし、州は連邦法の範囲内で逃亡奴隷捕縛に協力してもかまわないが、協力する義務はない。それだけではない。連邦議会は、州が逃亡奴隷法を執行するのを手伝うように強制してはならない。ストーリー判事はこのように合憲の理由を説明した。

この判決は表面上、逃亡奴隷の捕縛を何よりも重要と考える南部の主張を全面的に認めたように見える。逃亡奴隷の捕縛を難しくする人身自由法を違憲とし、奴隷所有者が誰の許可も得ずに自らの力で逃亡奴隷を捕縛する権利を認めたからである。実際、判決は南部諸州から歓迎された。

ストーリー判事はニューイングランドの出身である。マサチューセッツ州最高裁判事やハーヴァード大学ロースクール教授を歴任し、一八一一年合衆国最高裁判事に任命されて以来、ジョン・マーシャルとロジャー・トーニーという二人の首席判事を一八四五年まで支えた名判事として知られている。チェロキー族の窮状へ理解を示し奴隷制度に反対していた判事が、南部寄りの判決を下したのはやや意外に思われる。連邦主義者であった判事は、おそらく連邦の統一維持を何よりも重視したのであろう。すでに一八三二年から三三年にかけて関税問題をめぐり、サウスカロライナ州はあと一歩で連邦を離脱するところであった。ちょっとした問題がきっかけとなって、また南北対立に火がつきかねない。憲法の逃亡奴隷条項は、ただでさえ脆弱な連邦維持のためにどうしても必要だと、ストーリー判事は考えたのである。

けれどもこの判決は目立たないところで、奴隷反対運動にも力を貸したと言われている。それは逃亡奴隷に関する規制権を連邦議会が独占しているため、逃亡奴隷捕縛への協力を州に強制してはならないとする部分である。トーニー首席判事は、この部分について反対意見を表明した。憲法が逃亡奴隷について定めている以上、州は逃亡奴隷捕縛に協力する義務がある。それが同判事の言い分であった。

ストーリー判事が判決のこの部分で何を意味したのかは、実はよくわからない。判事の息子はのちに、父親は奴隷制度反対の意思を表したのだと語った。しかし同時に判事は、アラバマ州選出のベリエン上院議員に手紙を書いて、州の司法に頼らず、捕縛した逃亡奴隷の移送許可を連邦政府に直接求める仕組みをつくるよう提言している。実際南部諸州の強い要望に応えて、一八五〇年には新しい連邦逃亡奴隷法が成立する。州の関与なしに、簡易手続にもとづいて連邦政府の官憲が自ら移送許可状を発行する仕組みができたのである。

北部の反発

プリッグ判決が下っても、北部諸州は逃亡奴隷の捕縛に積極的に協力するつもりは毛頭なかった。むしろこの判決をきっかけに、北部ではさらに反発が高まる。逃亡奴隷捕縛に協力する義務が州にはないとする判決部分は、非協力の姿勢にますます力を与えた。公共の安寧を乱す捕縛行為を刑事罰の対象とする新しい人身自由法が、マサチューセッツやメインなどの州で制定される。

これらの法律は逃亡奴隷であると疑われた者のために弁護士を選任し、陪審裁判を行なうことを義務づけた。また州官憲による逃亡奴隷の捕縛・移送の援助や、捕縛された奴隷の州留置所拘禁を禁止した。合法的な逃亡奴隷捕縛を積極的に妨害する動きも出はじめた。プリッグ判決が下されたと同じ年、ボストンで捕縛され裁判所の移送許可を待つ逃亡奴隷を、群衆が力ずくで解放してしまうという事件が起こる。

同様の事件は、その後ひんぱんに発生した。マサチューセッツ州議会には、人身自由法を強化するよう求める請願が六〇〇〇通も寄せられる。南部の奴隷所有者が北部にやってきて逃亡した奴隷を捕縛するのは、ますます難しくなった。さらに一部の活動家は、南部の奴隷州から逃亡してきた奴隷を積極的にかくまい、カナダへ逃がす手助けをする。南部から逃げる奴隷をかくまう秘密のルートは、「アンダーグラウンド・レイルロード（地下鉄道）」と呼ばれた。連邦逃亡奴隷法のもとで、こうした行為はもちろん犯罪であり、処罰の対象になった。しかし南部諸州が犯人の引渡しを求めても、北部の官憲はしばしばそれを拒否する。

逃亡奴隷の問題は、引き続き裁判を通じて争われた。一八五四年には、ウィスコンシン州で奴隷制度反対の雑誌を発行するブースという男性が、奴隷の逃亡を援助した容疑で連邦官憲に逮捕され、一八五〇年逃亡奴隷法のもと連邦裁判所で裁判にかけられ有罪となった。しかし、ウィスコンシン州最高裁が人身保護令状を発出して、自由の身にしてしまう。

エーブルマン対ブース事件のこの判決は結局連邦最高裁のトーニー首席判事によって覆され、五〇年法の合憲性が確認されたものの、南部のいらいらは高まる。一八五九年のケンタッキー対デニソン事件では、ケンタッキー州が逃亡奴隷を援助した犯人の引渡しを要求し、それを拒否したオハイオ州のデニソン知事を訴えたのに対し、最高裁のトーニー首席判事は憲法第四条二節二項の犯罪人引渡し条項（逃亡奴隷条項とは別）には強制力がないとして、訴えを退けた。逃亡奴隷の数は実際にはそれほど多くなかった。にもかかわらず、この問題は南北間の対立の象徴的な争点となる。

北部が態度を固くしたのは、逃亡奴隷の問題についてだけではない。所有者と一緒に北部を訪れる奴隷の地位についても、同様である。既述のとおり、奴隷を連れて一時的に北部を訪れる南部人は、これまで北部滞在中奴隷に対する所有権を保障されてきた。南部人は安心して奴隷をともない北部に旅行ができた。ところが奴隷制度に対する反発が高まると、この状況が変わりはじめる。

一八三六年のマサチューセッツ対エイヴズ事件では、マサチューセッツ州最高裁のラミュエル・ショー判事が、所有者に連れてこられボストンに短期間滞在した六歳の奴隷の少女を解放する判決を下す。ボストンの女性奴隷反対協会の求めに応じて、人身保護令状を発出した下級審の決定を支持したのである。ショー判事は、奴隷制度は自然法に反する邪悪なものである、州同士がお互いの法律を尊重しあう礼譲の原則は人間を所有物として扱う南部の法律にはあてはまらないとして、これまで奴隷の地位に関する南部法を尊重してきた北部州裁判所の判例を変更する。

さらに一年後、コネティカット州に「短期滞在」と称して二年間とどまった南部人所有の奴隷が、裁判所によって自由を認められた。一八四一年にはニューヨーク州が、四七年にはペンシルヴァニア州が、新しい人身自由法を制定すると同時に、奴隷の地位に変更をもたらさないまま滞在できる期間を定めた法律を撤廃した。この結果、短期間の滞在でも奴隷が自由の身となる可能性が生まれた。

果たして一八五二年には、ヴァージニアからニューオーリンズへ向かう船旅の途中、ニューヨークに入港して二日間滞在した南部人が帯同する数人の奴隷に対して、ニューヨーク州の裁判所が人身保護令状を発出し、解放してしまう。この判決を一八六〇年、ニューヨーク最高裁が認めた（レモン対州民事件判決）。ヴァージニア州は激昂して、ヴァージニアの港に入っているニューヨーク籍の船舶を差し押さえると脅かした。連邦からの離脱を主張する者も現れ、北部と南部の関係はますます緊張する。

南部の態度の変化

北部での奴隷解放運動活発化と並行して、南部の態度もまた変化した。これにはいくつか原因があった。

そもそも南部でも、憲法制定前後には奴隷制度廃止の運動が存在した。南部の多くの指導者が、今すぐにではないにせよ、将来は奴隷制度を廃止すべきだと考えていた。こうした空気のなかで、合衆国誕生から約二〇年間、南部では多くの奴隷が所有者によって自主的に解放される。実際南部で解放される奴隷の数は北部より多く、自由な黒人の総人口も、一時南部のほうが北部より多くなる。この時期、自由黒人の人口増加率は、白人や奴隷の人口増加率の約三倍だったといわれている。

皮肉なことに、自由な黒人人口の増加は南部における秩序を脅かしはじめる。自由になったといっても、南部の黒人が白人と同等に扱われるようになったわけではない。彼らは経済的にも精神的にも窮屈な生活を強いられた。しかも自由な黒人の存在は、奴隷であるまま取り残された圧倒的多数の黒人が自分たちの境涯に関して不満をもつ理由となり、叛乱の引きがねになりかねなかった。

一七九〇年代にカリブ海のサント・ドミンゴ島で解放奴隷に率いられて起こった大規模な奴隷の叛乱は、南部人を震え上がらせる。実際、一八〇〇年には、ガブリエル・プロッサーという人物を指導者とする奴隷の一団が、ヴァージニアの州都リッチモンドを襲撃しようとして摘発された。奴隷の反抗は収まらない。一八二二年にはサウスカロライナで、デンマーク・ヴェッシーという自ら金をためて自由を買った元奴隷による叛乱が鎮圧される。南部人をもっとも震撼させたのは、一八三一年のナット・ターナーの乱である。神の啓示を受けたと称するターナーとその支持者は、鎮圧されるまでに白人の農場主やその家族を約六〇人殺害した。そもそも使役する黒人奴隷に比べて人数の少ない南部の白人農場主たちは、これ以後常に奴隷蜂起の恐怖におびえることとなる。

こうした状況下で、黒人に対する南部白人の態度は硬化した。奴隷の叛乱のすべてに自由な黒人が関与していたわけではないものの、ヴァージニア州は一八〇六年に、解放された奴隷は州を去らねばならないという法律を通す。その後、南部各州で同様の法律が制定された。所有者が許可なく奴隷を解放するのも、禁止される。南北戦争の直前には、解放を無条件に禁止する州が出現した。南部に残った自由な黒人のわずかな自由も、次第に制限される。集会の禁止、教育の禁止、銃器携帯の禁止。かつては一部の黒人が有していた投票の権利も、一八三〇年までには完全に奪われてしまった。南部では奴隷と自由な黒人の差が、実質的に消滅した。

南部にとってもう一つ頭痛の種は、北部に住む自由な黒人の来訪である。いくら南部自体が黒人の解放を制限しても、北部の黒人が自由を満喫している姿を奴隷に見られては、秩序が保てない。南部にやってくる自由な黒人は、その多くが船員であったので、サウスカロライナ州は一八二二年に黒人船員法という法律を制定する。この法律のもとで、同州の港に入った船に乗り組む自由な黒人は、入港と同時に留置所で監禁された。文字どおり出港までそこに留め置かれるのである。同法制定の背景には、カリブ海からやってきた黒人船員がヴェッシーの叛乱に参加したという過去の事情もあった。しかし留置所に放りこまれた自由な黒人のなかにはイギリス国籍の船員もいたので、英国政府が抗議を行ない、外交問題にまで発展する。サウスカロライナのこの法律は連邦裁判所で無効とされるが、同州は気にとめず、施行をやめなかった。同じような法律が、ほかに六州で制定される。

北部における奴隷解放運動のニュースが届くのも、南部の秩序維持にとっては問題であった。とりわけ、北部の活動家が南部の白人だけでなく奴隷たち自身にも、奴隷制反対の新聞やパンフレットを郵便で大量に送りつける戦術に出たのに対し、南部は郵便の配達を禁止する措置に出る。奴隷に関する郵便物の配達を禁ずる南部議員提出の法案は、一八三六年に連邦議会で否決されたものの、南部諸州はそうした配達を州独自の規則によってやめさせた。郵便事業は連邦政府の直轄事業であるにもかかわらず、時のジャクソン大統領は何も対抗措置を取らなかった。

また連邦政府の直轄地であるコロンビア特別区で奴隷制度廃止運動が高まり、連邦議会への請願が増加すると、南部選出の議員たちはそうした請願を禁止する法案を提出した。議会への請願は、憲法の修正第一条が認める権利である。しかし南部人は、奴隷制度が州法にもとづいており連邦法の管轄下にない以上、奴隷制度に反対する請願を禁止しても憲法違反にはならないと主張した。マサチューセッツ選出の下院議員で前大統領でもあるジョン・クインシー・アダムズの猛烈な反対にもかかわらず、請願禁止法案は一八三六年に下院の規則として成立する。その後アダムズはこの規則の撤廃運動を熱心に続け、四四年ようやく撤廃に成功した。撤廃の実現は、北部での奴隷解放運動がさらに高まり、北部出身の議員がすべて反対に回ったことを反映していた。

奴隷に関して南部の態度が硬化したのには、経済的理由もあった。ヴァージニア州など北部に近い州では、地味の衰えとともに農業が衰退して奴隷に対する需要が落ちたが、ミシシッピー州などもっと南の州では技術革新の結果、綿花栽培が盛んになり、奴隷に対する需要が爆発的に増加する。それにともなって奴隷の値段も上がった。一八五〇年代には、奴隷の値段が二〇年代の三倍に跳ね上がったという。当然この地域で奴隷の人口は急速に増加した。不足する奴隷はヴァージニアやメリーランドから輸入される。奴隷商人にとって奴隷の売買は利の多い商売だったし、所有者にとっても奴隷はますます大切な財産になった。

南部人の立場からすれば、そうした貴重な財産を手放せという北部の主張は到底受け入れられなかった。貴重な財産である奴隷は、粗末に扱えない。このため一九世紀に入って、奴隷の待遇はかえってよくなったという。彼らに自由はなかったが、食事は十分与えられ、反抗しないかぎり大切にされた。

北部における奴隷解放運動への反発、奴隷叛乱の可能性への恐怖、奴隷労働力への大幅な依存。こうした複層的な要因がからまって、南部人は奴隷制度の維持に関しますますかたくなな態度を取る。独立革命の前後には南部人といえども奴隷制をあまりいいものとは考えていなかったのに、一八三〇年代以後には奴隷制度がいかに人道的で神の意思にかなったものかというような言説が現れる。白人から差別を受け最低の生活をしている北部の自由黒人よりも、衣服と食事を与えられ安定した生活を保証される南部の黒人奴隷のほうが、ずっと幸せである。奴隷制度の何が悪い。一部の南部人はそう主張した。こうして奴隷制度をめぐる北部と南部のあいだの溝は、次に述べる合衆国の西への拡大とも密接に関連して、思想的経済的に、あるいは秩序の維持という観点からも、ますます埋めがたいものとなった。

第9章　合衆国の拡大と奴隷制度

合衆国領土と奴隷制度

奴隷制度をめぐる南北の対立は、やがて連邦全体をまきこむ大きな政治問題と化し、ついには連邦分裂の契機となる。対立の最大の原因は、合衆国領土の拡大であった。独立当初、アメリカ合衆国は北米大陸東海岸ぞいの地域しか占めていなかった。しかし建国後一九世紀を通じて西へ拡大し、最終的には太平洋岸に至る。さまざまな経緯を経て合衆国が獲得した新しい土地は、ほとんどの場合まず合衆国領土として行政上の地位を与えられ、人口その他の要件を満たすと州に昇格して連邦への加盟を認められた。現在合衆国を構成する五〇州のうち、独立当初の一三州以外は、そのほとんどがそうやって連邦の一員となったのである。

合衆国憲法第四条三節は、合衆国領土の処分を行ない、必要な規則を制定し、新たな州の連邦加盟を許可する権限を連邦議会に与えている。この条項にもとづいて連邦議会は新しい領土を組織し、さらに州への昇格を認めたのだが、その際問題になったのがこれら領土における奴隷制度の法的位置づけである。

南北間の利益の相違を調和させるために、憲法制定の際には多くの努力がなされた。連邦議会下院の議席や大統領選挙人を各州に配分するにあたって奴隷の人数を算入し、逃亡奴隷の捕縛義務を定めたのは、その例である。そうした政治的配慮なしに、一三州が一つの連邦国家としてまとまるのは難しかった。各州が大きな力を保持する建国当初のアメリカ合衆国は、南北間の微妙な力の均衡のうえに成り立っていた。

ところが合衆国が西に拡大し新たな領土が誕生すると、この均衡が崩れる可能性が出てくる。特に南部諸州は、新しい領土で奴隷制度が禁止され、そのまま自由州として連邦に加盟するのを恐れた。自由州が連邦議会で多数を占めれば、ゆくゆくは合衆国全体で奴隷制度が禁止される事態となりかねない。それを阻止するためには新しい領土での奴隷所有を合法としたうえで、奴隷をともなっての南部人の入植を奨励し、この制度の存在を既成事実化する。これが南部の戦略であった。

逆に北部諸州は、新しい領土に奴隷制度が広まり、やがては奴隷州が連邦議会で多数を占めることになるのを嫌った。道徳的に許せなかっただけではない。奴隷を使った大規模農業を経済の基盤とする南部が議会で優勢となれば、ヨーロッパから押しよせる移民の定住先として、また新たに勃興しつつある商工業の市場として西部開拓を考える北部は、計画を実行できなくなる恐れがある。

このように合衆国領土における奴隷制度の是非をめぐる対立は、この国のかたちの将来にかかわる思想的・経済的対立でもあったのである。

合衆国の西方拡大

既述のとおり、合衆国領土における奴隷制度の是非を最初に定めたのは、憲法制定以前の一七八七年に連邦議会の前身である連合議会が制定した北西条例である。この条例は、独立以前英国とインディアン諸部族の支配下にあったオハイオ川の北西に広がる土地を北西領土として合衆国に編入し、その地での新たな奴隷所有を禁止するものであった。

憲法制定後に開かれた最初の議会は、北西条例をそのまま引き継ぐ。この結果、北西領土の一部として発足したオハイオ、インディアナ、イリノイ、ミシガン、ウィスコンシン、ミネソタの各領土が、その後順々に自由州として連邦に加盟した。一方、南部諸州が連邦政府に割譲したオハイオ川の南に広がる土地の一部に関して、連邦議会は一七九〇年、同じように南西条例を制定し合衆国領土を編成した。しかし南西条例には奴隷禁止の条項がなかったし、アパラチアの山を越えて入植した南部諸州出身の開拓民がこの地域に奴隷制度をすでに導入していたので、ケンタッキー、テネシー、ミシシッピー、アラバマは、その後奴隷州として連邦に加盟する。

こうしてアパラチア山脈の西、ミシシッピー川の東に位置する合衆国領土は、奴隷制度に関してオハイオ川を境に二つの体制に分けられ、南北間の力の均衡が保たれた。

この情勢に変化をもたらしたのは、一八〇三年のルイジアナ購入である。ヨーロッパ戦線での戦費調達のために、時のフランス皇帝ナポレオンは、ミシシッピー川の西に広がる広大なフランス領土をジェファソン政権に売却する。アメリカ合衆国の領土は、突然これまでの二倍以上に拡大した。連邦議会はこの新しい土地を二つに分け、北緯三三度以南の土地はオーリーンズ（オルレアン）領土として編成する。オーリーンズ領土は一八一二年にルイジアナ州として連邦に加盟した。この地域ではもともとスペインとフランスの領土であった時代から奴隷所有が認められていたし、連邦議会が禁止の措置を取らなかったので、そのまま奴隷制度が存続する。

問題は、フランスから購入した残りの地域における奴隷制度の是非である。初めルイジアナ領土、ルイジアナ州が発足してからはミズーリ領土と呼ばれたこの地域でも、フランス領時代に奴隷所有が認められていたため、そのまま奴隷制度が存続する。ところが一八一九年にミズーリ領土の南部をさらに二つに分け、北の地域をミズーリ州として連邦に加盟させ、南の地域をアーカンソー領土として再編成する法案が連邦議会に提出された際、奴隷制度にかかわる最初の大きな論争が起こる。

きっかけとなったのは、ニューヨーク州選出のジェームズ・タルメッジ下院議員が提出し可決された、ミズーリ州法案の修正条項である。同法はミズーリ領土を州として連邦に加盟させるため、住民に州憲法制定と州政府樹立を認める内容である。同修正はミズーリ州の連邦加盟条件として、新たな奴隷の輸入は認めない、州昇格後に生まれた奴隷の子供は二五歳になったときに解放すると提案していた。タルメッジ修正はすでにミズーリ領土に存在した奴隷約一万人の地位を変更するものではなかったが、南部諸州はこの修正案に激しく反発した。連邦議会には、フランスから購入した土地で奴隷制度を禁止する権限はないと主張する。ジョージア州出身のトマス・コブ議員は「いったんついた火は、たくさんの血を流さない限り消せない」とさえ述べた。

奴隷廃止条項を含まないアーカンソー領土編成法案はすぐに両院を通過し、モンロー大統領の署名を経て成立したものの、ミズーリ州法案は新しい州での奴隷の制限をめぐる南北間の対立のため、なかなか成立しない。南部出身議員が多数を占める上院はタルメッジ修正の削除を法案可決の条件とし、北部出身議員が多数を占める下院は同修正の削除を拒否して譲らなかった。この年、連邦議会はミズーリ州の連邦加盟を認めないまま散会する。

タルメッジ修正をめぐる論争は、議会だけでなく国全体に広がった。ミズーリに奴隷を許すなという声が北部全体で湧きおこる。集会が催され、冊子が配られ、新聞に社説が掲

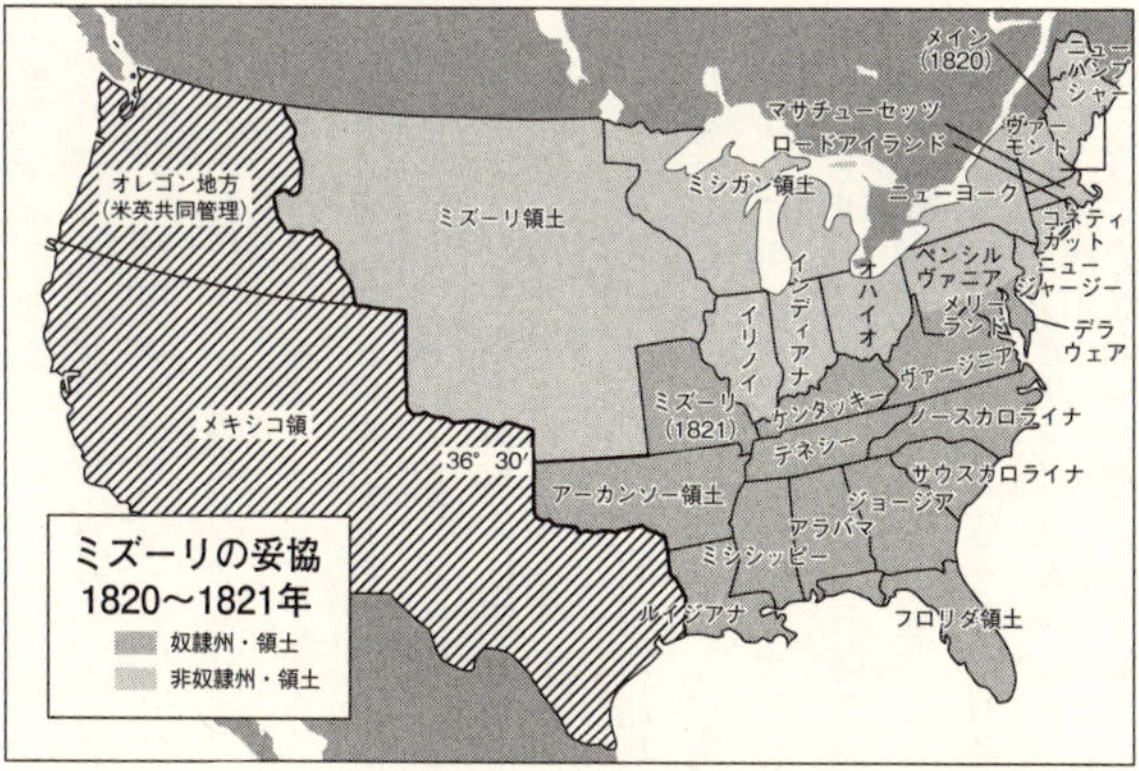

げられ、州議会で決議が通された。北半分がオハイオ川の北に位置するミズーリを奴隷州として連邦に加盟させるのは、北西条例に反する。北部の奴隷反対運動家にとって、それは許しがたい措置であった。一方ミズーリの住民は、奴隷制度の制限を連邦加盟の条件とすることに、またその結果連邦への加盟が阻止されていることに対して、強い怒りの声を上げた。

この情勢を打開したのは、南北間の政治的妥協である。翌一八二〇年、マサチューセッツ州の一部であったメインが、州としての連邦加盟を申請する。連邦議会下院はメイン州法案をそのまま可決したが、上院はタルメッジ修正を除外したミズーリ州法案をメイン州法案と合体する修正を行なったうえで、メイン州法案を可決した。奴隷制度の廃止をうたわないミズーリ州法案の成立が、メイン州連邦加盟の条件とされたのである。

これに加えて北部の反対を弱めるため、ヴァージニア出身でイリノイ州選出のジェシー・トマス上院議員が、ミズーリ州の南端にあたる北緯三六度三〇分より北に位置するフランスから購入した残りの地域では、奴隷制度を「永久に廃止する」という、新たな修正案を提出する。ミズーリ州とアーカンソー領土の州境から西へまっすぐ延びる線を、将来の奴隷州と自由州の境としたのである。この結果、奴隷制度について何らの制限を設けない(すなわちその存続を認める)州としてミズーリを、そして奴隷制度を禁止する州としてメインを、ひとしく連邦に加盟させることが可能になった。いわゆる「ミズーリの妥協」である。

ミズーリとメインがほぼ同時に連邦へ加わった結果、合衆国全体では自由州が一二、奴隷州が一二とまったく同数になり、南北間の政治的バランスは引き続き保たれた。

ちなみにミズーリの妥協にもっとも強く反対したのは、ヴァージニア州の政治家である。なかでも北西条例を起草して奴隷制度の究極的廃止をめざしたジェファソンと、奴隷制度は憲法の精神にそぐわないと述べたマディソンの二人が反対に回ったのは、興味深い。ジェファソンは奴隷制度の広がりが奴隷自身の待遇向上につながると主張し、マディソンはトマス修正には憲法上の疑義があると述べた。彼らの反対が、老年にさしかかって保守化した二人の思想の現れなのか、ミズーリの妥協を弱体化しつつある連邦党の陰謀とみなしたせいなのか、はたまた奴隷輸出州としてのヴァージニアの経済的利益を優先したものかは、よくわからない。

このあと、一八一九年にはスペインと条約を締結してフロリダを譲り受け、一八二一年にスペイン政府が条約を批准するのを待って、連邦議会はこの土地を奴隷制度の禁止条件なしに合衆国領土として編成した。一八三八年にはミズーリ州の北に位置するアイオワを、奴隷制度を禁止したうえで合衆国領土として編成する。こうしてミズーリの妥協は、合衆国領土と奴隷制度に関する南北間の対立をひとまず沈静化させた。

ただし一時的には混乱が回避されたものの、多くの人が奴隷制度をめぐる南北対立の再発を恐れた。ジェファソンはミズーリが州に昇格した一ヶ月あとに、「われわれのすぐ近くまで狼が迫っている。しかし捕まえることも、追い払うこともできない。（この論争は）夜中に火事を報せる早鐘のように、私を眠りからさまし、恐怖におびえさせる」と記した。ジョン・クインシー・アダムズは、ミズーリの妥協を「大きな悲劇の脚本の表紙」とさえ呼んだのである。

一八五〇年の妥協

ミズーリの妥協によってもたらされた平穏は、四半世紀後にくずれる。きっかけは合衆国のさらなる拡大であった。

最初はテキサスである。スペインから独立したメキシコの領土テキサスには、アメリカ人の開拓民が主に南部から多数入植して勢力を伸ばしていた。この人々はテキサスに奴隷を連れて移住し、その肥沃な土地で綿花を栽培する。一八二九年メキシコが奴隷制度を廃止すると、彼らは奴隷をいったん解放したうえで終身の雇用契約を結び、実質的には境遇に何も変化がなかった。このためメキシコ政府はアメリカ人のさらなる入植を禁止し、自治の要求を拒否する。これをきっかけにメキシコ政府との関係が悪化し、三五年には武力衝突が始まった。三六年三月にはテキサス共和国の独立宣言がなされ、アラモの砦などいくつかの場所で英雄的な戦いがあったあと、三六年の終わりまでに大方のメキシコ人はテキサスから南へ追いはらわれた。テキサス共和国はただちに奴隷州として、合衆国による併合を申請する。

けれども奴隷制度を嫌う勢力は、テキサスの独立と併合申請を奴隷制度拡大をたくらむ者たちの陰謀ではないかと疑い、テキサス併合に反対した。したがって民主党の分裂とメキシコとの戦争を恐れるアンドリュー・ジャクソン大統領と次のマーティン・ヴァン・ビューレン大統領は、テキサス問題に慎重に取り組まざるをえない。一八三七年にテキサスを独立国として承認したものの、併合はひとまず先送りする。

七年後の一八四四年、「マニフェスト・デスティニー（神の決めたもうた運命）」と呼ばれる西への領土拡大の国民的気運に乗って、テキサス併合問題が再び連邦議会で取り上げられた。ヴァン・ビューレンの次のウィリアム・ハリソン大統領が就任からまもなく肺炎で死去し、副大統領から昇格したジョン・タイラー大統領は併合にひときわ熱心で、併合実現のために結ばれたテキサス共和国との条約が上院で否決されると、翌四五年両院の合同決議によって共和国を直接州として連邦に加盟させることに成功する。ちなみに独立した外国が州としてそのまま合衆国に加盟した例は、今日までテキサス以外にない。

この間、テキサスの合衆国加盟を含むさまざまな理由でメキシコとの関係が悪化し、一八四六年ついに戦争が勃発した。前年に就任していたジェームズ・ポーク大統領は、この戦争を合衆国領土拡大の絶好の機会と捉える。そして戦争が合衆国の勝利に終わると、メキシコは今日のテキサス州西端からカリフォルニアに至る広大な地域を、四八年に結ばれたグァダループ・ヒダルゴ条約のもとで割譲させられた。この結果いまや太平洋岸まで版図を拡大した合衆国は、この地域をどのように合衆国領土として組織するか、その際奴隷制度を認めるかどうかという、新たな問題に直面したのである。

さてミズーリ州の連邦加盟をめぐる論争で問題となったタルメッジ修正と同じように、この頃連邦を二分する騒ぎのもととなったのは、メキシコとの戦争が始まった一八四六年に、ペンシルヴァニア州選出のデイヴィッド・ウィルモット下院議員が提出した一つの法案であった。戦費調達法案の修正条項として提出されたためにウィルモット条項と呼ばれるこの案は、戦争の結果メキシコから近い将来獲得するであろう領土での奴隷制度全面廃止を規定していた。ウィルモット議員自身は奴隷廃止論者ではなく、ポーク大統領の南部寄り政策に反対する北部選出の一部民主党議員の意向を受けてこの条項を提案したのだが、ウィルモット条項はこれ以上合衆国領土に奴隷制度を拡大したくないと願う北部の人々の圧倒的支持を受ける。

当然ながら南部は激しく反発した。サウスカロライナ州選出の強力な州権論者であるジョン・カルフーン上院議員は対抗して、憲法は合衆国領土への奴隷導入を禁止する権限を連邦議会に与えていないことを確認する決議案を提出した。そしてもしウィルモット条項が可決されれば連邦政府は北部に乗っ取られる、南北の均衡の破壊は「政治的革命、無政府状態、内戦、大規模な混乱」を意味するだろうと脅かした。

ウィルモット条項もカルフーンの決議案も、結局連邦議会を通過しなかった。しかしこの一連の論争を通じて明らかになったのは、合衆国領土における奴隷の地位をめぐる政治的な争いが憲法問題でもあることである。大きく分けて四つの憲法解釈が、この頃までに登場する。

第一は、ウィルモット条項に代表される奴隷廃止論者の理論で、「フリーソイル（自由の地）原則」とも呼ばれる。この理論によれば、憲法第四条三節の規定ならびに第一条八節の条約と戦争に関する権限により、合衆国領土に対する主権は連邦議会のみが有する。したがって連邦議会は合衆国領土での奴隷の是非を決定できる。またそもそも憲法はその修正第五条で人民の自由は奪われることがないと規定する。憲法が合衆国領土に対する管轄権を連邦議会に与えている以上、この規定は直接合衆国領土に適用される。したがって、奴隷制度は認められないというものである。

第二は、これとまっこうから対立する、奴隷制度の死守をめざすカルフーン上院議員が唱えた「共有財産理論」である。合衆国領土は、連邦政府の所有物でも当該領土の住民のものでもない。所有権は既存の各州とその人民に帰属する。連邦議会は合衆国領土を各州共通の財産として、代理人の立場で管理しているに過ぎない。したがって連邦議会には合衆国領土での奴隷制度の是非を判断する権限はなく、憲法が認める奴隷州の法律をそのまま合衆国領土で適用する義務がある。また奴隷州の人民は、自らが所有する奴隷を州法で守られた当然の権利として、自由に合衆国領土へ連れていくことができる。連邦議会にも領土の自治政府にもこの神聖な所有権を侵す権限はなく、したがって合衆国領土で奴隷制度を禁止することはできない。カルフーンの理論は、一八三二年、サウスカロライナが連邦関税法を無視して内戦の一歩手前まで進んだときにケンタッキー決議とヴァージニア決議を踏まえて彼が唱えた、主権を有する州は連邦法を無効にできるという強い州権の主張以来、一貫したものであった。

第三は、のちにアブラハム・リンカーンの好敵手として知られるスティーヴン・ダグラス上院議員が採用した、「人民主権理論」である。合衆国領土における奴隷制度の是非は、領土外の人間がとやかく言うべきものではなく、当該領土の住民が正当な手続にしたがって多数決で決めるべきである。それがもっとも民主主義の原則にもかなっている。人民主権（Popular sovereignty）ということばには広い意味があるので、より正確には住民決定理論と呼んだほうがいいかもしれない。

そして第四は、ミズーリの妥協をそのまま踏襲する立場である。ミズーリ州南端の線をそのまま太平洋岸まで伸ばして、奴隷禁止と奴隷容認の二つの地域に合衆国領土を分ける。ただしこの立場は政治的妥協の産物にしか過ぎず、奴隷制度に関して二つの矛盾する立場を並存させる点で、憲法上の正当性はもちえなかった。

こうしてウィルモット条項の提出をきっかけに、合衆国領土における奴隷制度の位置づけに関しての論争は激しさを増し、南北間の対立が深まった。そのせいで、旧メキシコ領土ではないカリフォルニアの北に位置するオレゴン領土の編成も遅れ、一八四八年にようやく実現する。英領北アメリカと国境を接する北西部太平洋岸に奴隷を導入するのはありえなかったが、オレゴンの処理は南北間の対立に巻きこまれて進展しなかったのである。

最大の争点は金鉱が発見され、人口が爆発的に増加したカリフォルニアである。新政府樹立を待ち切れない住民たちは、すでに自主的に奴隷所有を禁止する州憲法を制定し、選挙を行なって、州知事、州議会議員、連邦上下両院議員を選出していた。連邦議会の議決もなしに連邦加盟の手続を進め、勝手に州を名乗ったのである。あとは連邦議会による連

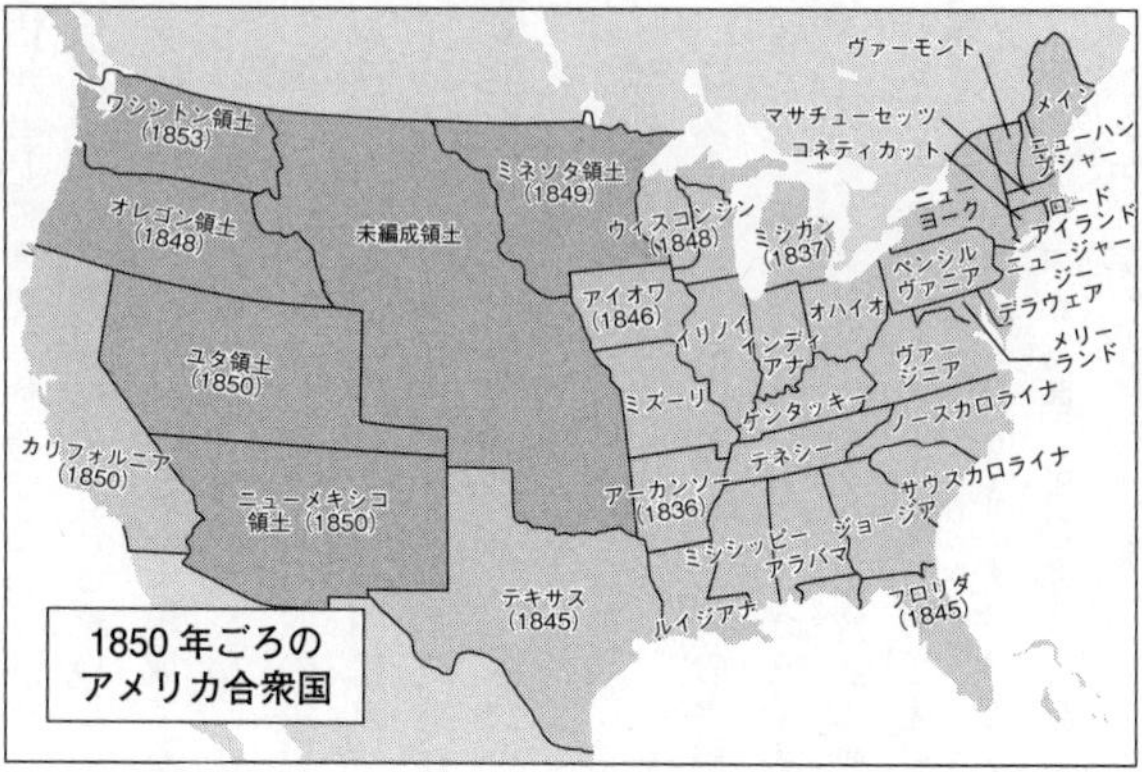

1850年ごろの
アメリカ合衆国

邦加盟承認を待つだけであった。しかしカリフォルニアの半分は、ミズーリ州の南端よりもさらに南に位置している。南部人は将来性豊かなこの地域が自由州として加盟すれば、連邦全体で南北の力の均衡が崩れると考え、カリフォルニアの連邦加盟に強く反対した。カリフォルニアとテキサスの間のニューメキシコ領土ならびにユタ領土をどのように組織するかも、大きな問題であった。北部南部ともに譲らず、対立は激化し、南部諸州の連邦離脱の可能性さえささやかれはじめる。

議会での激しい論争が続いたあと、さまざまな政治的思惑と連邦分裂回避の動きが結集して、ようやく一八五〇年に妥協が成立する。その内容は南北の立場をそれぞれ考慮した、高度に政治的な取引の結果であった。

まずカリフォルニアは領土段階を飛ばし、自由州として連邦へ加盟するのを許す。第二にニューメキシコとユタは、「州に昇格して連邦に加盟する際、奴隷所有を認めるかどうかは、州憲法の定めるところによる」との文言をいれて、合衆国領土として編成する。この措置は、合衆国領土における人民主権の原則を、初めて採用したものであった。ウィルモット条項は排除された。

第三にテキサスの主張する西の州境は認めないが、そのかわりテキサス州併合前の負債を連邦政府が引き受ける。第四にコロンビア特別区での奴隷制度は廃止しないかわりに、同地区での奴隷売買を禁止する。第五により厳しい連邦逃亡奴隷法を制定する。こうした妥協案の一つ一つがかろうじて議会を通過して、ひとまず連邦分裂の危機は去った。

流血のカンザス・ネブラスカ

ミズーリの妥協は約二五年間の平穏をもたらしたが、一八五〇年の妥協は数年ももたなかった。きっかけはフランスから購入した土地のうち、最後まで合衆国領土としての編成が遅れたネブラスカでの鉄道建設の動きである。

ネブラスカはミズーリ州とアイオワ州の西に広がる、草原地帯である。一八五〇年の妥協をもたらすのに力のあったダグラス上院議員は、かねてより自分の選挙区であるイリノイ州のシカゴから西へ延びる大陸横断鉄道の建設を夢見ていた。この鉄道は主として原住民インディアンが居住するネブラスカを通過しなければならない。計画実現のためには、この地を合衆国領土として編成する必要があり、そのための法案が連邦議会を通過するには、南部出身議員の賛成が不可欠であった。

一八五〇年以降、ますます態度を固くしていた南部の代表は、ネブラスカ領土での奴隷禁止を許す気がまったくなかった。しかしネブラスカは、ミズーリ南端の線よりも北に位置する。この地で奴隷制度を認めることはミズーリの妥協を反古とするに等しく、北部が反対するのは目に見えていた。困ったダグラス議員とその仲間は、一八五四年一月、ネブラスカを南のカンザスと北のネブラスカに分け、それぞれの領土が州に昇格して連邦に加盟する際に奴隷所有を認めるかどうかは、州憲法の規定によるとの妥協案を盛りこんだ法案を提出する。ニューメキシコ領土ならびにユタ領土の場合と同様、人民主権理論を適用したのである。ただし法案は、領土の住民がいつ奴隷制度の是非を決定できるかについて明確にしていなかった。

ダグラスがどう抗弁しようと、二つの領土への奴隷制度導入の可能性を開いたこのカンザス・ネブラスカ領土編成法案は、一八五〇年の妥協により沈静化していた南北間の対立を一挙に激化させた。ダグラス議員は法案とミズーリの妥協との関係について最初あいまいな態度を取ったものの、南部の圧力に押されてミズーリの妥協を実質上無効とする文言を法案に加える。二つの領土のうち、北のネブラスカが奴隷制度を認める可能性はそもそもほとんどなかったが、奴隷州ミズーリに隣接する南のカンザスが奴隷制度を選択する可能性は十分にあり、北部はそれを恐れ、南部は期待する。北部はこれを奴隷制度の全国への拡大の第一歩ととらえ、激しく抗議した。

同年五月、同法案が連邦議会を通過し二つの領土が正式に編成されると、カンザス・ネブラスカ法案反対で一致した人々の勢いが一気に増した。そして既成政党とたもとを分かち、合衆国領土での奴隷所有を一切認めないフリーソイル原則を党是とする新しい政党に結集した。新共和党の誕生である。南部諸州選出の議員たちは法案を支持したものの、人民が奴隷制度の是非を決めるのは、州昇格時だと主張して、ゆずらなかった。共有財産理論にしたがえば領土の住民は決定する権限を有しないし、あらかじめ領土に南部人を送りこんで奴隷制度を既成事実化できる。これに対してダグラスは、領土が編成され次第、住民は決定できると考え、そう主張しつづけた。

カンザス・ネブラスカ領土編成法が制定されると、注目はカンザス領土に集中した。同領土にはとなりのミズーリ州から奴隷制度支持者が多数入植し、新しい領土政府を創設する。一方奴隷反対派もカンザスに人を送りこんで、別途政府を樹立する。両者は武力を用いて争い、ちょっとした内戦状態となった。連邦議会では南北選出議員間の対立も激しさを増した。五六年にはサウスカロライナ州選出のプレストン・ブルック議員が、奴隷制度に強く反対するマサチューセッツ州選出のチャールズ・サムナー議員をつえで激しく打ち、重傷を負わせるという前代未聞の事件が、議場で起こる。

ことここに至って、合衆国領土における奴隷制度の位置づけにつき、政治的妥協を図るのはもう無理であった。ことがらは政治問題から憲法解釈の問題に変化している。そうであれば、最終的解決は司法にゆだねるしかない。合衆国領土における奴隷制度の憲法上の地位に決着をつけるべく、合衆国最高裁判所が動き出した。

第10章 ドレッド・スコット事件

カンザス領土の住民は奴隷制度の是非について、いつ決断を下せるのか。領土議会にその権限はあるのか。州に昇格するまで待たねばならないのか。領土議会が奴隷制度を認めたら、北緯三六度三〇分以北の領土での奴隷所有を禁じたミズーリの妥協に矛盾しないか。そもそも領土政府の権限は何に由来するのか。連邦議会からの権限委譲によるとすれば、連邦議会そのものに領土で奴隷制度を禁止する権限はあるのか。ないとすればミズーリの妥協は違憲か。

これらはすぐれて憲法解釈の問題である。憲法の解釈は司法の仕事であって、われわれ議員は立ち入るべきでない。カンザス領土をめぐる南北の対立が深刻化すると、ダグラスやその仲間はこう述べて白黒をはっきりさせるのを避け、最高裁の判断を待った。司法がいったん判断を下せば対立点がいっそう明確になり、抜き差しならない事態にまで発展しかねないことを、ダグラスたちは深く考えなかったようである。

こうした情勢のもと連邦最高裁まで上がってきたのが、ドレッド・スコット事件の訴訟である。一奴隷が自由を求めミズーリ州の裁判所で起こしたこの目立たない訴訟は、合衆国領土における奴隷制度の是非に関して議論が沸騰するなかで全国的な注目を浴びる。当事者の意図とは無関係に、長年結論が出ないままであった奴隷制度にかかわる憲法問題の数々に結論を出す、絶好の機会ととらえられた。最高裁判所もその期待に応えようとする。

ドレッド・スコット北へ行く

ドレッド・スコットは一七九五年ごろ、ヴァージニア州で生まれた男性の奴隷である。当時の多くの奴隷と同様、両親の名前や出生の状況はよくわかっていない。はっきりしているのは主人であるピーター・ブロウという名の農民が、妻エリザベス、三人の娘、四人の息子、そして六人の奴隷を連れて、一八三〇年にアパラチア山脈を越えミズーリ州セントルイスへ移住したことである。六人の奴隷の一人がスコットであった。漆黒の肌をしており、一五〇センチぐらいの背丈であったと記録されている。

セントルイスは西部開拓の玄関として栄えたミシシッピー川沿いの町である。西部への玄関口であるというその歴史的地位を記念するため、現在では川沿いに巨大なアーチがかかっている。晴れていれば大陸を横断する旅客機の窓からよく見える。セントルイスはのちに若き飛行家チャールズ・リンドバーグが街の名前を冠した飛行機に乗りこみ、大西洋無着陸横断飛行を開始するためニューヨークへ向けて飛び立った場所でもある。

ブロウ氏はこの町で、ジェファソン・ホテルという宿屋を開業した。しかし商売はうまくいかず、翌年の夏には妻のエリザベスが病に倒れ亡くなる。そして彼自身も一八三二年六月に死んだ。残された奴隷二人が、主人の死の前後に借金を返済するため売却される。そのうちジョン・エマーソンという陸軍の軍医に売られたのが、スコットである。ちなみにスコットは終生ブロウ一家との縁を続け、ブロウ家の息子たちが彼の訴訟を援助する。訴訟に敗れたスコットを買い戻して解放したのも、息子の一人テイラーであった。彼らは別に奴隷解放主義者ではない。南北戦争の際は南軍を支持する。しかし当時の南部では大規模な農場主だけでなく、小規模な農民や商人が少人数の奴隷を所有するのも一般的であり、またそうした場合主人と奴隷のあいだの関係はしばしば温かいものであったらしい。ブロウ一家はスコットを手放したものの、彼の境涯をずっと気遣ったようなのである。

エマーソンはペンシルヴァニア出身の医者である。ドレッド・スコットと同じぐらいの年齢であった。ペンシルヴァニア大学で二年間医学を学び、一八二四年に学位を受ける。南部で働いたあと、一八三一年にはセントルイスに居を定めていた。同市にある陸軍の駐屯地で一時臨時に働いたのが縁で、軍医になる。そして一八三三年一二月、ブロウ家から買い求めたスコットをともない、最初の任地であるイリノイ州フォート・アームストロングで勤務を始める。辺境の生活は退屈で、エマーソンは何度も転勤を願い出るが、結局砦が閉鎖される一八三六年までここにいた。その間スコットは、従者としていつも主人のそばにあった。

軍医の次の勤務地は、ミシシッピー川上流の右岸に位置するフォート・スネリングである。現在のミネソタ州セントポールの町に近い。もともとフランスから購入したルイジアナ領土の一部であり、当時は行政上ウィスコンシン領土に属した。この砦で、スコットはハリエット・ロビンソンという若い女性の奴隷に出会う。砦に勤務するローレンス・タリアフェロ大佐が彼女の所有者であった。治安判事を兼任するタリアフェロ大佐の司式で、二人は結婚式を挙げる。以後終生一緒であった。二人のあいだには幼くして死んだ息子二人と、のちに訴訟に加わる娘二人が生まれる。

エマーソン軍医はこの砦の厳しい寒さに耐えられずセントルイスに戻るが、すぐルイジアナ州のフォート・ジェサップに転勤を命じられた。しかしここの生活はもっと気に入らず、フォート・スネリングに戻してくれと嘆願する。この間、軍医はセントルイス出身の女性エリザ・アイリーン・サンフォードと出会い、一八三八年の二月に結婚した。教養があって美しい女性だったという。結婚式のあと、エマーソンはフォート・スネリングに残したスコット夫妻を呼び返した。二人は自分たちだけで蒸気船に乗って、ルイジアナ州まで下ってくる。

この年の九月、エマーソンはようやくフォート・スネリングへ戻った。夫人とスコット夫妻も一緒である。しかし問題を起こして一八四〇年の春、フロリダへの転勤を命じられた。夫人とスコットたちは、途中で船を降りてセントルイスに止まる。フロリダでもエマーソンの不満は絶えず、陸軍はとうとう彼に除隊を命じた。

陸軍を退いたエマーソンは、セントルイスとアイオワで開業医としての生活を始めたものの、うまくいかない。その間、徐々に健康が悪化し、娘ヘンリエッタが生まれたわずか一ヶ月後の一八四三年一二月、息を引き取った。亡くなる数時間前に署名した遺書にもとづいて、奴隷を含む財産は妻アイリーンのものとなった。アイリーンはスコットたちを他の家へ奉公に出して、賃貸料を稼いだ。

ドレッド・スコット対エマーソン事件

一八四六年四月、ドレッドとハリエットはミズーリ州巡回裁判所に訴訟を提起した。被告はアイリーン・エマーソンである。形式上、エマーソン夫人がスコット夫妻をなぐり、不法に監禁したことに対し、一〇ドルの損害賠償を求める。ミズーリ州法上もしスコットが奴隷であったら、規律維持のためになぐったり監禁したりしても何ら不法行為を構成しない。しかしスコットが自由人であれば、不法行為として賠償の対象となる。スコットはエマーソン医師と一緒に、北西条例のもとで自由州であるイリノイ州で二年以上、ミズーリの妥協にしたがって奴隷が禁止されたウィスコンシン領土のミシシッピー川右岸で四年近く暮らした結果、もはや奴隷ではなく自由の身である。したがって損害賠償を求める権利があると主張した。もちろん彼が本当に求めたのは金銭的つぐないではなく、自由人であることの確認である。陪審員は損害賠償を与えるかどうかを決定するために、スコットが自由であるかないかを判断せねばならない。だからこの裁判に勝てば自由になれる。ハリエットについても同様である。

スコットがどういう事情でこの訴訟を提起したのか、詳しいことはわからない。政治的意図はなかったようだ。スコット自身が考えついたのかもしれない。彼は文字こそ読めなかったものの、あちこち旅をして自由になる方法があることは理解していたらしい。あるいはブロウ一家など、スコットの身を案ずる白人たちが勧めたのかもしれない。彼の訴状を用意したロイヤーたちは、ほとんど無償でこの事件を引き受けた。黒人奴隷が自由を求めて訴訟を起こす例は、それまでにもあった。しかもミズーリ州の法廷はこれまで長いあいだ、奴隷を禁じる北部の州や領土で一定期間居住した奴隷に、奴隷州である同州に戻ったあとも自由を保障してきた。礼譲の原則にしたがって、北部法の効力を認めたからである。スコットが勝訴する可能性は十分あった。

技術的な理由で二度行なわれた裁判の結果、スコットの主張を認める判決が下る。訴訟を提起してから、すでに五年近く経っていた。しかしエマーソン夫人は敗訴を受け入れず、州最高裁に上告する。ここでも審理は遅々として進まず、判決が下ったのは一八五二年である。州最高裁は下級審の判決をくつがえし、スコットの請求を退けた。スコットにとって不運なことに、訴訟開始から六年のあいだに南北の対立が深まり、南部の裁判所は北部の法律を自動的に適用しなくなっていた。北部の法律を尊重するかどうかは、裁判所の裁量の範囲である。時代は変わった。もはや北部の法を適用すべきではない。いくら自由な州や領土で居住しようと、ミズーリ州に戻った以上州の法律が適用される。したがってスコットは奴隷の地位に逆戻りしたのであって、自由人ではない。ミズーリ最高裁のウィリアム・スコット判事（たまたま同姓）は、そう判断した。

自由州での居住によって自由になっても、奴隷州に戻れば奴隷の地位に戻る。この考え方は、一八五一年に下された連邦最高裁のストレイダー対グラハム事件の判決で確認されていた。音楽を演奏してまわるケンタッキー州の奴隷芸人数人が、川向こうのオハイオ州で短期間公演をしてケンタッキーに戻ったあと、カナダに逃亡する。このため持ち主が逃亡を助けた数人に対して、損害賠償を求めた事件である。

被告の代理人は、奴隷たちがオハイオ州に足を踏み入れた段階で自由になったのだから、自由人としてカナダへ移住する権利があり、賠償責任はないと主張した。しかしケンタッキー州最高裁はこれを受け入れず、損害賠償を命じる。上告を受けた連邦最高裁も、州最高裁の判断を追認した。トーニー首席判事は、奴隷たちがケンタッキーに戻った段階でケンタッキー州法が適用されるから、奴隷の身分は変わらないとの判断を示す。トーニー判事の意見は、かたくなになりつつある南部一般の空気を背景にしていた。

ドレッド・スコット対サンフォード事件

州最高裁で敗訴したスコットと彼の代理人は、連邦最高裁への上告をしなかった。ストレイダー対グラハム事件の判例がある以上、連邦最高裁がスコットの主張を認めないことが十分に予測されたからである。この頃、エマーソン医師の未亡人アイリーンは、マサチューセッツ州スプリングフィールドに住む医師カルビン・チャフィーと再婚する。チャフィーは少しのち連邦下院議員に当選し、熱心な奴隷反対論者として活躍した。アイリーンは、スコット一家を実弟のジョン・サンフォードに売却する。サンフォードは当時ニューヨークに居住していた。

情勢の変化を受け、一八五三年一一月、スコットの支持者たちはセントルイスの連邦巡回裁判所でサンフォードを相手取って新しい訴訟を起こした。憲法と連邦法は、異なる州の市民間で争われる民事訴訟（これを州籍相違事件と呼ぶ）に関する管轄権を、連邦裁判所に与えている。サンフォードはニューヨーク市民である。一方スコットは自由人であるからミズーリ州の市民である。であれば、ミズーリ州法上の争いであっても新たに連邦裁判所での審理を求めることができる。スコットの代理人はこう主張してこの訴訟を提起した。

州裁での訴訟では先例を見る限り勝訴の可能性があったが、連邦裁での訴訟ではストレイダー事件の判例があり、また上告先である連邦最高裁は南部出身の判事が多数を占めていて、ほとんど勝ち目がなかった。いったんあきらめた連邦裁判所での訴えをなぜ再び試みたか、はっきりした理由はわからない。当時から陰謀説がささやかれた。奴隷制度に反対するチャフィー下院議員とサンフォードのアイリーンを通じた関係から、奴隷制度反対派によるやらせという説があれば、逆に奴隷制度支持派がミズーリの妥協を違憲とするため、サンフォードを被告に仕立てたのだという説もある。後者のほうが可能性は高そうだが、確たる証拠はない。いずれにせよ自由を求めるスコットの戦いは、もはや彼一人のものではなくなっていた。ちなみに最高裁の判例集には被告の名前がサンドフォードと記されているが、これは裁判所書記が書き違えたのである。

この訴えに対し、サンフォードは提訴を却下するよう求めた。スコットは黒人であるからミズーリ市民ではありえない。であれば、州籍の相違を理由とした連邦裁判所への提訴はできない。しかし連邦巡回裁判所のロバート・ウェルズ判事は、スコットの訴えを却下することなく審理を進めた。自由な黒人は州籍相違事件に関してのみ州市民として認められる。したがって連邦裁で訴訟提起ができると、とりあえず判断したのである。そのうえで一八五四年五月、ウェルズ判事はストレイダー判決にもとづいて評決を下すように陪審員に命じ、この指示にしたがってサンフォード勝訴の評決が下された。奴隷の身分のままだとされたスコットは、この判決を連邦最高裁に上告する。

カンザス・ネブラスカ領土編成法案が可決され、国中が合衆国領土における奴隷制度の是非をめぐって沸騰しているなかで、最高裁はなかなかスコット事件の審理を行なわない。ようやく一八五六年二月、口頭弁論が四日間にわたって行なわれたが、最高裁は事件の処理を次の期まで延期する。この年一一月に大統領選挙が控えており、選挙期間中の政治的対立に巻きこまれるのを避けたようだ。民主党のジェームズ・ブキャナン候補が新しい大統領に当選して政治的緊張が解けたあとの一二月、口頭弁論が四日にわたって再び行なわれた。

この頃サンフォードは重い精神病に冒され、施設に収容されてしまう。もはや彼は名目上の被告にすぎず、本当の当事者は南部諸州であった。この事件は強い政治的色彩を帯び、二度目の口頭弁論には数多くの傍聴人がつめかけた。

口頭弁論が終わって年が明けても、判決はなかなか出なかった。ミズーリの妥協の合憲性について判断することを主張する南部出身の判事五人と、それに反対する北部出身の判事四人のあいだで、票が割れたのである。そこで九人の判事は、この問題に触れずに判決を下すことで、ひとまず合意した。ストレイダー事件の判決を踏襲すれば、それは十分可能であった。合意にもとづき、サミュエル・ネルソン判事が法廷意見を起草する。

しかし最高裁が、より突っこんだ判断を行なうことを望む圧力も強かった。特にまもなく大統領に就任するブキャナンは、最高裁が連邦領土における奴隷制度の合憲性について判断するのかどうかを知りたがった。そして旧知の友人であるジョン・カトロン判事に手紙を書き、いつ判決が下されるのかを尋ねる。カトロン判事は二月一四日の判事会議で最終決定をするが、ブキャナンの望んでいるような結果とはならないだろうとの返事を送った。

ところが二月一九日になるとカトロン判事は再びブキャナンに手紙を書き、最高裁は結局ミズーリの妥協について判断を行なうと報せる。最高裁の判事が前もって判決の内容を大統領にもらすのは、明らかに不適切である。現在ならそれだけで判決は無効になる。当時はその辺が、まだあいまいであったらしい。

いずれにしても最高裁は世論に押されて方針を変え、トーニー首席判事がミズーリの妥協の合憲性についてまで踏みこんだ法廷意見を起草することが決まった。しかし違憲判決を出す用意があるのは、相変わらず南部出身の五人だけである。北部出身の判事が加わらないと、最高裁の権威が損なわれる。そこでカトロン判事は、ペンシルヴァニア出身のロバート・グリア判事を説得するよう、ブキャナンに頼んだ。ブキャナン、グリア、そしてトーニー首席判事の三人がすべて、ペンシルヴァニア州のディッキンソン・カレッジ出身であったのは、偶然でないだろう。ブキャナンから手紙を受け取ったグリアは、結局五人の意見に同意した。

このことをすべて知ったうえでブキャナンは、三月四日大統領就任式に臨み演説を行ない、近く出る最高裁の判断に自分は喜んでしたがうと述べた。式の途中でブキャナン新大統領と、その宣誓を司ったトーニー首席判事が何ごとかことばを交わすのを見て、奴隷制度反対派は新大統領と最高裁判事のあいだに密約があったのではと疑った。

最高裁の判決は、大統領就任式のわずか二日後、一八五七年三月六日に下された。八〇歳を越えていたトーニー判事が、ほとんど聞き取れないような声で二時間かけて判決文を読み上げる。マーシャル判事が死んだあと、一八三六年にジャクソン大統領によって首席判事に任命されたメリーランド出身のトーニー判事は、このときすでに二〇年この仕事をつとめていた。六二年のあいだ連邦最高裁の首席判事の地位が、マーシャルとトーニーというたった二人の人物によって占められたというのは、最高裁判事の在任期間が比較的長いアメリカでもこのときだけである。トーニー判事の声は弱々しかったものの、奴隷をめぐる憲法問題のすべてに最終的決着をつけるという、強い意気ごみに満ちていた。

予想されたとおり、トーニー判事はスコットが依然として奴隷のままであるとの控訴裁の判決を支持した。スコットはそもそも連邦裁判所に訴訟を提起できない。なぜなら彼は、憲法が定める市民ではないからである。よって控訴裁判所が訴えを棄却したのは正しい。一八四六年から一一年訴訟を戦いつづけたスコットは、ついに自由の身になれなかった。

最高裁の出した結論は、州最高裁ならびに連邦控訴裁の結論と同じであったが、その理由を述べるのにトーニー判事は五五ページを費やす。奴隷制度にかかわる憲法上の問題を、一挙に片づけようとしたのである。

ドレッド・スコットはなぜ敗れたか

トーニー判事はスコットが市民でない理由を二つ挙げた。その第一は、彼が黒人であることである。アメリカ合衆国が誕生したとき、黒人は「一段低い劣った人間であり、優勢な（白色）人種に支配されるべき存在」であると考えられていた。「白人と一緒に政治的社会的関係を結ぶには、適さない人種」なのである。したがって自由であろうとなかろうと、合衆国を形成した人々のなかにそもそも入っていない。独立宣言が謳った平等であるべき人々の一部でもない。

「彼らはあまりにも劣っているので、白人が尊重すべき権利を一切有していない。黒人が奴隷の境涯に置かれるのは、彼ら自身のためにいいことなのである」

したがって合衆国建国の際、黒人が連邦憲法の認める各州の市民であったはずがない。無論各州がその後黒人に市民権を与えるのは勝手であり、そうした州もある。しかし合衆国憲法上、黒人は州の市民とは認められず、したがって市民間の州籍相違を根拠に連邦裁判所へ訴訟を提起することはできない。

トーニー判事が自由な身分の黒人でさえ憲法上市民ではないと判断したのには、理由があった。連邦裁判所への提訴資格は判事にとって本当は大した問題でない。憲法はその第四条二節一項で、「各州の市民は他州において、当該他州の市民が有するすべての特権と免責を享受すべし」と定めている。これは現代の国際通商法で自国民待遇と呼ばれる考え方と同じである。

たとえばイリノイ州の市民がニューヨーク州で活動するとき、法律上ニューヨーク州市民とまったく同じ扱いを受ける。イリノイ州市民だからといって差別されない。アメリカ合衆国が一つの国としてまとまるうえで、この原則の遵守は極めて重要であったが、南部にとっては問題があった。北部に住む自由な黒人が南部にやってきたとき、白人と同じに扱わねばならないのか。もしそうすれば、周りの奴隷は自分たちも自由になりたいと叛乱を起こしかねない。しかし他州の黒人市民を差別すれば、憲法違反になる。

この難問を解決するために、黒人はたとえ自由であっても合衆国憲法上市民でないという理屈を、トーニー判事は考えついた。黒人を市民として扱えば、自由に他の州へ行き来し、そこで居住し、言論を行ない、集会を開き、武器を携行することを認めねばならない。「そしてこれらすべてのことが、自由であるか奴隷であるかを問わず、同じ黒人の面前で行なわれれば、不満と抵抗が高まり、治安が損なわれるであろう」

南部出身の憲法起草者たちがそんなことを意図したとは、到底思えない。トーニー判事はこう述べて、合衆国憲法上黒人は市民と認められないと結論を下した。

スコットが市民でない二つ目の理由は、彼が奴隷であることである。奴隷のままであれば、市民であるはずがない。この問題に答えを出すのは、実は簡単であった。ストレイダー判決の先例にしたがえば、たとえスコットがイリノイ州とウィスコンシン領土で自由になったとしても、ミズーリに戻った時点でミズーリ州法が適用され、同法のもとで彼は依然として奴隷であったからである。トーニー判事はイリノイ州法の適用を無効とするについては、ストレイダー判決を踏襲した。しかしウィスコンシン領土での居住の効果については同判決に頼らず、スコットが奴隷でありつづけることの根拠を別に求める。

そもそも連邦議会は、領土に対して固有の権限を有していない。憲法第四条三節が定める「領土に関する規則制定の権利」は、憲法制定当時の一三州が連邦に割譲した土地の処分のみに関するもので、一般的な領土統治権ではない。憲法制定後支配下においた新しい領土に関しては、連邦政府はただ単に既存州とその住民の代理人として管理する権限のみを有する。したがって新しい領土に移り住む人々の権利を奪ったり、規制したりする権限はない。そのなかには合衆国領土に奴隷を自由に持ちこむ権利が含まれる。そして連邦議会が領土に関する規則を制定する権限を有さないのであれば、連邦議会が領土政府にその権限を委譲することはできないから、領土政府もまた奴隷を持ちこむ権利を奪うことはできない。

この考え方は、かつてカルフーン上院議員が唱えた共有財産理論に近い。トーニー判事は、領土の住民が奴隷制度の是非を決定するのだという、ダグラス上院議員の唱える人民主権理論をまっこうから否定した。

トーニー判事はさらに、連邦議会が合衆国領土で奴隷制度を禁止できない根拠を、憲法の修正第五条に求めた。同条は「何人《なんぴと》も法の適正手続（デュープロセス）によらずして、生命、自由、または財産を奪われることなし」と定めている。合衆国市民の財産を、ただ単に特定の領土に持ちこんだだけで奪う連邦法は、明らかにこのデュープロセス条項に反する。財産のなかには奴隷も入るから、北緯三六度三〇分より北の合衆国領土で奴隷制度を禁ずるミズーリの妥協を盛りこんだ連法法は、違憲である。そうであれば、ウィスコンシン領土での居住によってスコットは自由になったわけではなく、依然として奴隷であるから、本訴訟を提起することはできない。

スコットの身分を確定するために、トーニー判事はこれだけの議論を展開したわけではない。ひたすらミズーリの妥協を違憲と断定しようとして、スコットの訴えを利用したのである。しかもベンジャミン・カーティス判事とジョン・マクレーン判事が反対意見で指摘したとおり、トーニー判決には論理的矛盾がたくさんあった。たとえば憲法制定以前すでに自由な黒人へ市民権を与え、その行使を認めていた州があった。そうであれば、憲法制定時に彼らが憲法のもとで各州の市民であったはずがないというトーニー判事の解釈はくずれる。

しかしトーニー判事は論理的一貫性を犠牲にしても、当時の南部人が等しく抱いていた奴隷制度擁護の思いを判決の形で表した。その意味で、トーニー判決はきわめて政治的な意味をもっていた。そしてその政治性ゆえに、ドレッド・スコット事件の判決は奴隷制度についての最終的な憲法解釈とはならず、国論の分裂をかえって深めることとなる。

第11章　南北戦争への序曲

一八五七年三月に最高裁が下したドレッド・スコット事件判決は、南北戦争勃発のきっかけになったと言われる。確かに国論のさらなる分裂を招き、それが戦争につながったのは間違いない。アメリカ憲法史上もっとも重要な判決の一つと考えられ、今日に至るまで研究が続けられているのは、そのためである。

しかし本判決が、戦争を直接引き起こしたわけではない。開戦まではまだ四年あった。ただその四年のあいだに、将棋倒しの駒がいったん倒れ出すと止まらなくなるようにして、南部の連邦離脱と戦争が不可避となったのである。

判決が下ってから戦争が始まるまで、いったい何が起こったのか。

ドレッド・スコット事件判決に対する反応

当然のことながら、ドレッド・スコット事件判決は主に南部で歓迎され、北部で批判された。

南部の人々はこの判決によって、長年もめつづけた合衆国領土における奴隷の地位問題に決着がついたと喜んだ。ミズーリの妥協が違憲とされたことで、合衆国領土に安心して奴隷を持ちこめる。連邦政府と領土政府のいずれも、領土における奴隷保持を禁止できない以上、奴隷に対する財産権は安泰である。奴隷制度が憲法上明確な認知を得た意義は、大きい。それにこの判断を下したのは、合衆国最高裁判所である。たとえ結論に異議があっても、北部の反対派は最高裁の決定にしたがうべきだ。南部の人々は余裕をもってこう主張した。

他方北部の人々の多くにとって、この判決は受け入れがたいものだった。特に合衆国領土における奴隷制度の存在は違憲だと主張する共和党にとって、党是そのものを覆す判決内容は許せなかった。しかし彼らとて最高裁の判決をまっこうから否定するわけにいかない。そこで反対派はトーニー首席判事が著した判決中、ミズーリの妥協を違憲とし合衆国領土での奴隷制度を禁止する権限が連邦政府にはないという部分は、単なる傍論に過ぎないと主張する。傍論なら先例としての法的拘束力がない。

またこの判決は、最高裁判事とブキャナン大統領があらかじめ謀議をこらして下したものので、それゆえ違法だと論じた。判決が違法な手続によるものなら、無効だというのである。そして最高裁が一日も早く、この間違った判決を覆すよう求めた。

本判決を批判的にとらえたのは、共和党支持者だけではない。奴隷制度を認めるかどうかは、合衆国領土の住民自らが決めるべきことがらである、いずれにしても領土における奴隷制度の憲法上の位置づけは、最高裁の判断を待つべきだ。こう主張して問題の先送りをはかったダグラス連邦上院議員をはじめとする北部民主党は、本判決によって面目を失った。トーニー首席判事が連邦政府だけでなく領土政府もまた、奴隷制度の是非を決定する権限を有さないと判断したからである。

もしそうであれば、領土の住民は州に昇格するまで奴隷制度の是非を決定しえない。これは人民主権理論を根本から否定するものであった。ダグラスは一応最高裁の判決にしたがう立場を表明したが、自らが信じるこの理論を捨てようとはしなかった。そしてこの立場をめぐる北部民主党と南部民主党の対立が、やがて南北の分裂を決定的にする。

トーニー判決のうち奴隷制度に関する部分には反発が強かったが、黒人は合衆国市民と認めない、白人と同等ではないとする部分については、人種平等論を唱える一部の過激な奴隷反対運動家を除いて、北部にも支持する者が多かった。奴隷制度には反対でも、投票権をはじめ市民としてのさまざまな権利を黒人に与え対等に扱うつもりは、大方の北部人にもなかった。

むしろ本判決のあと、黒人の待遇が悪くなった北部の州もある。ニューヨーク州やオハイオ州では、黒人の血が混じった人々から選挙権を奪う法律が成立した。実際民主党は共和党が、「黒ん坊《ママ》と一緒に投票し、食事をし、眠り、結婚する」ことをめざしていると攻撃する。それに対して共和党は、奴隷制度に反対するのは、白人と黒人が平等であると認めるものではないとして応戦した。共和党の政治家アブラハム・リンカーンは、「自分が黒人女性を奴隷に持ちたくないからと言って、黒人女性を妻にしたいと望んでいるという議論は、飛躍している」と抗議する。

ドレッド・スコット事件判決に対して、このようにさまざまな意見が表明されたものの、それがすぐさま政治的な動きに結びつくことはなかった。民主党内の南北対立はしばらく顕在化せず、結束が保たれる。共和党の支持率が高まることもない。南北間の溝がさらに深まり風雲急を告げるのは、本判決に加えてカンザス領土の州昇格をめぐるもう一つの紛争が起こってからである。

ルコンプトン州憲法問題

既述のとおり、一八五四年に連邦領土となったカンザスでは、奴隷制度を認めるかどうかで内乱状態が続いていた。しかしドレッド・スコット事件の判決が下される一八五七年までには、奴隷制度反対派が住民の圧倒的多数を占めるようになる。そもそも領土全体で、奴隷の人口はわずか二〇〇人しかいなかった。

守勢に立たされた奴隷制度推進派は、自分たちが依然多数を占める領土議会で決議を行ない、奴隷州としての連邦加盟をめざして州憲法制定会議を召集した。反対派は、この動きが不正な手続によるものだとしてボイコットし、代表を送らない。この結果一八五七年の秋、領土の首都ルコンプトンで開かれた制定会議は推進派のみが出席して開かれ、州憲法草案を採択した。これがルコンプトン州憲法草案である。

憲法草案はおそらくドレッド・スコット事件判決の内容を受けて、「所有権はたとえ憲法によっても侵すことのできないものであり、奴隷に対する所有権は他のあらゆる財産権と同様神聖である」と宣言する。本来憲法案は住民の投票に付され、賛成多数によって批准され有効となる。しかしこの憲法草案に関して制定会議が住民の判断を求めたのは、州昇格後の奴隷増加を認めるかどうかだけであった。したがって住民がノーと投票しても、これまでに領土へ連れてこられた奴隷の地位は変わらない。そうした奴隷を両親として生まれた子供も奴隷として扱われる。そして制定後七年間は憲法改正ができない。そのうえ憲法批准についての住民投票を管理するのは、制定会議の役員すなわち推進派と定められている。これでは結果は最初からわかっていた。どう投票してもカンザスは奴隷州になってしまう。

反対派は住民投票もボイコットすることに決める。予想されたとおり一二月に行なわれた投票の結果は、イエスが六二二六票、ノーが五六九票であった。賛成票の多くに不正があったと言われる。

ところがこの間に、反対派が領土議会の多数を制してしまう。新しい議会は、ルコンプトン州憲法草案全体を住民投票に付することを決める。一八五八年一月、推進派が棄権したまま投票が行なわれ、結果は憲法批准賛成が一六二票、批准反対が一万二二六票であった。圧倒的多数が、州昇格後の奴隷制度維持を拒否したのである。

この事態に接して、ブキャナン大統領は一時逡巡したものの、結局推進派が採択したルコンプトン州憲法を支持することに決めた。そしてカンザス領土を奴隷州として連邦に加盟させるよう勧めるメッセージをつけて、同憲法を連邦議会に送付する。カンザス領土では、正統な領土政府に対して反対派が叛乱を起こしている。一月の住民投票は無効である。一二月の投票で批准された憲法を連邦政府が受け入れ州昇格を認めれば、治安が回復される。受け入れを拒否すれば、大きな災禍が引き起こされるだろう。大統領はこう述べて、はっきりと南部の立場に立った。

連邦議会は上院下院とも、民主党が多数を占めていた。しかも南部出身の議員が優勢であったから、州憲法の承認は間違いないものと思われた。ところがブキャナン政権の方針に正面からたてついたのが、同じ民主党のダグラス上院議員である。ダグラスが反対を表明したのは、彼の選挙区であるイリノイ州で、ルコンプトン州憲法に対する反発が極めて強かったためである。州内の新聞五六のうち実に五五紙が、この憲法に反対の社説を張った。ダグラスはこの年一八五八年の秋に選挙を控えていた。上院議員として再選を逃せば一八六〇年の大統領選挙に出馬できない。ルコンプトン州憲法を支持して政治生命を失ったら元も子もない。それにルコンプトン州憲法がカンザス領土住民の意向をまったく無視して採択されたこと自体、領土住民の意思を尊重する彼の人民主権理論の原則に反するものであった。

ブキャナンはダグラスの抵抗を深刻に受け止めた。そして全力で民主党内の反対派を締め上げる。特に共和党との議席数が拮抗《きっこう》していた下院では、連邦政府の公職である地方郵便局長の任命を取り消すなど、あらゆる政治的手段を用いてダグラス支持者を脅しつけた。

これに対しダグラスは、南部民主党が自分の政治生命を絶とうとしているものと確信して、ますます態度を硬化させる。ダグラスは一度ホワイトハウスでブキャナンと直接対決した。ブキャナンは言った。「ダグラス君、君にはかつて自党の政権に逆らって潰されなかった民主党員が一人もいないことを、覚えていてもらいたい」。これに対しダグラスは「大統領閣下、（強力な指導力を発揮した）ジャクソン将軍は、もう死んでしまっていないことを、あなたにこそ覚えておいてもらいたいものです」と返答したと言われる。

ルコンプトン州憲法をめぐる連邦議会の審議では、これまで何度となく行なわれた奴隷制度をめぐる論戦が繰り返された。カンザスの問題と直接関係がないものの、ドレッド・スコット事件の判決についても多くの言及がなされる。

たとえば共和党の有力な上院議員ウィリアム・スワードは、カンザスの州民にこの憲法を押しつけるのは、ドレッド・スコット事件判決を下した民主党の陰謀の一部だと主張した。これに対して南部の議員、たとえばジュダ・ベンジャミン上院議員は、憲法上、またコモンローの原則のもとで、奴隷に対する財産権は絶対だと反論する。南部からは、もしルコンプトン州憲法が否決されれば、連邦を脱退すべきだとの声が湧きおこった。サウスカロライナ出身のある議員は故郷の支持者から、「もしできるなら連邦を救ってほしい。しかしルコンプトン州憲法のもとでの連邦加盟がカンザスに認められないのなら、連邦が血にまみれ火に焼かれて崩れ落ちてもかまわない」という手紙を受け取った。

投票は一八五八年の三月末に行なわれた。予想どおり、上院はルコンプトン州憲法を承認したが、下院が否決する。両院のあいだで協議がなされ、結局四月になってウィリアム・イングリッシュ上院議員が妥協案を提出した。この法案によれば、ルコンプトン州憲法を承認してカンザス州の連邦加盟を認める。ただしカンザス住民にもう一度同意を求める。同意が得られなければ、カンザスは人口が九万人を超えるまで州昇格を認められない。つまり早く州に昇格したければ、住民も議会もこの憲法を承認しなさいということである。

さらなる政治的かけひきのあと、イングリッシュ法案は両院を通過した。しかしダグラスは、この法案にも反対票を投じる。賛成すれば政権の圧力に屈したとみなされる。それは選挙対策上まずい。そう考えての反対だったが、南部出身の民主党員の多くはダグラスが党を裏切ったととらえた。ちなみにカンザスの住民は、その後圧倒的多数で再びルコンプトン州憲法批准を拒否する。

リンカーン・ダグラス討論

一八五八年の春、ルコンプトン州憲法をめぐる連邦議会での戦いが終わると、連邦議会上院への再選をめざすダグラスはイリノイ州で行なわれる秋の選挙戦に向けて動きはじめる。民主党内で執行部と争っているとはいえ、ダグラスに対する人気は依然高かった。そして二年後に迫った大統領選挙の前哨戦として、この年のイリノイ州での選挙に全米の注目が集まった。

当時は憲法の規定にしたがって、三年に一度、各州の州議会が任期六年の連邦上院議員を一人選ぶことになっていた。州民は州議会議員候補へ投票し、州議会で多数を取った政党が自党の候補を連邦上院に送りこむ仕組みである。間接選挙ではあるものの、各党の上院議員候補は自ら州内を遊説して選挙運動を行なった。ダグラスも夏ごろから、準備にとりかかった。

ダグラスの対抗馬として共和党が指名した上院議員候補は、アブラハム・リンカーンという名の、イリノイ州スプリングフィールドに住むロイヤーである。イリノイ州議会下院議員を四期八年、同州選出の連邦議会下院議員を一期二年つとめ、五四年に一度、連邦上院議員をめざしたが敗れた。五六年に開かれた最初の共和党全国大会では党の副大統領候

アブラハム・リンカーン

補の一人になるが、指名を得られなかった。全国的な知名度はまだ低い。しかしドレッド・スコット事件判決とルコンプトン州憲法を契機に奴隷制度をめぐる論争がさらに活発化するなかで、イリノイ州の共和党は奴隷制度に一貫して反対するリンカーンを上院議員候補に選んだ。

共和党州大会で指名を受けたリンカーンは、「分断された家」という、聖書の『マルコによる福音書』から主題を取った受諾演説を行なう。

「『分断された家は立っていられない』といわれる。

わが国の半分が奴隷を認め、半分が奴隷を禁じる体制が永久に続くとは思えない。連邦が消滅することはないだろう、また家が倒れることはないだろう。しかしこの国が分断されたままではありえない。

国全体がどちらかの立場を取るしかない。

奴隷制度に反対する者たちがいつか廃止する方向に向かうか、支持する者たちがすべての州で合法とするか。どちらかしかない」

こう述べて選挙戦の火ぶたを切ったリンカーンは、ダグラスに公開討論を行なうよう申し出る。ダグラスがこれを受け、ロイヤー出身の二人の政治家は一八五八年の夏から秋にかけて、イリノイ州の七つの郡それぞれで対決することになった。娯楽の少なかった当時である。各討論会には近在から多数の人々が詰めかけた。最初の討論が行なわれたオタワでは、約一万人が徒歩、馬、馬車、特別列車で集まる。会場は立錐の余地もなく、聴衆は三時間立ちっぱなしであった。そのうえマイクもスピーカーもない。彼らは耳をそばだてて二人の演説を聞いた。

背が低く丸っこくて活動的なダグラスは、最新流行のファッションに身をかため、舞台のうえを跳ね回るようにして聴衆に語りかけた。対するリンカーンはやせぎすで背が高く、くたびれた背広の上下を身につけて、ゆっくりと静かに、しかし意外なほど甲高い声で話した。トレードマークとなった山高帽のなかには、手紙や請求書やメモ書きがいっぱい詰まっていたという。

ルコンプトン州憲法に強く反対したダグラスには、共和党員のなかにも支持者が増えつつあった。カンザスでの奴隷制度確立に反対して政権にたてつくダグラスは、自分たちの味方たりうると、多くの共和党員が感じたのである。この見方が広がれば、リンカーンは選挙に勝てない。そこで彼は、自分とダグラスの立場が依然として根本的に異なることを強調する作戦に出た。

問題は奴隷制度が、道徳的に正しいかどうかである。そもそも奴隷制度は、人は生まれながらに平等であるとする独立宣言の精神に反する。もちろんだからといって、すべての面において白人と同等に取り扱えというのではない。残念ながら黒人は白人より劣っている。しかし奴隷として彼らの身体的自由をしばるのは、最低限の平等原則にもとる。しかるにダグラスは、奴隷制度の是非は住民の意思しだいだという。奴隷制度を建国の理念から切り離すダグラスの立場は、間違っている。リンカーンはこう論じた。

リンカーンはさらに、ルコンプトン州憲法に反対する立場は見せかけであって、ダグラスは奴隷制度を全国に押しつける民主党の陰謀の一端をになっていると主張する。奴隷制度の是非は住民が決定すべきものだという主張によって、北部の人々の警戒感を解く。そのうえで民主党は次に何をするだろう。最高裁に第二のドレッド・スコット事件判決を下させ、奴隷制度をすべての州で合法とする。「ある朝目がさめると、最高裁がイリノイ州をも奴隷州にしてしまったことに気づくだろう」。そんな陰謀をたくらむダグラスを支持すべきだろうか。

これに対してダグラスは、奴隷制度を全国に押しつける陰謀などありえない。民主主義の本質は多数決による決定であって、憲法が許す範囲のなかで住民が奴隷制度の是非を決定する以外この問題を解決する方策はないし、連邦の統一を保つ道はない。道徳云々の問題ではない。リンカーンが奴隷賛成と奴隷反対の立場とは共存しえないと言うのは、まちがっている。合衆国は常にそうした対立を内包して存続してきたのだし、これからもそうである。真の問題は奴隷制度の善悪ではなく、連邦の存続である。こう主張した。

リンカーンはまた、フリーポートで行なわれた二回目の討論で、ドレッド・スコット事件判決を支持しながら人民主権論を主張するダグラスの矛盾をついた。「合衆国領土の住民は州憲法採択以前に、合法的に奴隷を排除できるのか」。ダグラスにこう質問したのである。ドレッド・スコット事件判決はノーと言った。ダグラスは最高裁判決にしたがうと繰り返し述べていた。それなのに、あなたは判決後も依然人民主権理論を唱えている。矛盾しないか。

これに対してもダグラスは、最高裁判決にしたがうのは国民として当然の義務だけれども、最高裁は領土政府が奴隷制度を禁止できるかどうかについて、まだ判断していないと反論した。この点についてのトーニー判事の見解は傍論に過ぎない。しかし最高裁が領土における奴隷制度の憲法上の位置について将来いかなる判断を下そうとも、実際問題として領土の住民は奴隷制度を拒否することができる。なぜなら領土政府の法律にもとづく警察による取締りなしに、奴隷制度は一日として存続しえないからだ。もし奴隷制度に反対であれば、領土の住民は領土議会の議員を通じて、奴隷制度を維持できなくするような敵対的法律を制定すればいい。ダグラスはこうして最高裁の判決と自らの理論は矛盾しないと言い張った。

この立場は、これまでの人民主権理論に修正を加えたフリーポート原則として知られるようになる。リンカーンは、ダグラスが判決前にはこの問題は司法が取り扱うべきものだと主張していたのに、いったん判決が下ると領土議会が司法の判断を無視できると言う。それはおかしいと、さらに噛みついた。

リンカーンは次のジョーンズボロでの討論で、もし奴隷所有者である領土住民が奴隷に対する財産権保護のための法律制定を連邦議会に求めたら、そのような法案に賛成票を投じるのかと、迫った。これに対してダグラスは、連邦議会が領土における奴隷制度の問題に介入すべきでないとの原則を繰り返し、そのような法案には賛成しないと明言した。

こうしてリンカーンとダグラスはきわめて中身の濃い討論を七回行ない、その内容は新聞を通じて全国に報道された。リンカーンはもはや単なる新人ではなく、全国的に知名度が高い有力政治家として認知される。一方南部の人々は、これら討論でのダグラス発言を聞いて、ドレッド・スコット事件判決の内容を公然と無視するこの政治家はもはや自分たちの支持に値しないと確信した。

第12章　連邦分裂と南北開戦

一八五八年の選挙結果と南部の態度硬化

リンカーンがダグラスと初めて直接対決した一八五八年の選挙は、二年後の大統領選挙前哨戦として全米で注目された。激しい選挙戦の末に、イリノイ州議会選挙では民主党が僅差で両院の多数を維持し、その結果五九年一月にダグラスが連邦上院議員に再選される。対立候補リンカーンは、国政の舞台に進出することができなかった。同時に行なわれた同州選出の連邦下院議員選挙でも、九議席のうち五議席を民主党が獲得し、多数を維持した。イリノイ州では、まだダグラスに率いられる民主党の力が強かった。

しかし北部全体では、民主党は大敗を喫した。北部出身の民主党員が占めていた連邦下院の五三の議席は、この選挙で三一に減少した。とりわけカンザス領土のルコンプトン州憲法に賛成した議員二六人のうち、二三人が再選をめざしたものの、六人しか当選しなかった。反対した議員一一人のほうは、七人が再選をめざし、そのうち六人が当選する。引退した反対派議員四人は、同じく反対派の新人にとって代わられた。再選をめざした反対派民主党議員の九割近くが当選したのに、賛成派民主党議員は三割以下しか当選しなかったことになる。北部の人々はルコンプトン州憲法とそれを支持したブキャナン政権に、はっきりとノーの意思表示をした。

一八五八年の選挙結果は、二つのことを意味していた。一つはルコンプトン州憲法をめぐって民主党が大きく二つに割れたこと。立場の違いは必ずしもすべて南北間の対立で説明できるものでなかったが、それでも地域的要素は大きかった。

もう一つは、北部における民主党の全般的な退潮である。特に北部主要州でこの傾向は顕著であり、このままでは一八六〇年の大統領選挙で共和党候補に敗れるおそれがあった。

この事態を受けて、南部の態度はますますかたくなになる。急激に人口が増加する北部は、やがて連邦議会で多数を占め、憲法を改正して奴隷制度を全面的に禁止するだろう。彼らの目から見れば、フリーポート原則をかかげドレッド・スコット事件判決で認められた奴隷制度の憲法上の不可侵性を無視したダグラスは、もともと民主党の仲間であっただけに許せなかった。

一方北部の人々の多くは、リンカーンが主張するとおり、南部が奴隷制度を国中に押しつけようとしていると疑った。民主党と共和党の対立に変化はなかったが、これまで共和党に対抗して共に戦ってきた南北の民主党が分裂一歩手前となり、しかも民主党の基盤が北部で崩れはじめたため、南北の対立は一層鮮明になった。

一時和解のうわさが流れたものの、ブキャナン大統領をはじめとする民主党の指導部は、選挙後ダグラスに対する敵意を和らげようとしなかった。ダグラスは、それまで一一年間保持してきた上院領土委員会委員長の職を解かれる。民主党の議員はワシントンにもどったダグラスを無視した。ダグラス夫妻が舞踏会を開き一二〇〇名の客を招待したとき、出席した閣僚は一人もいなかった。ダグラスを決闘に誘い出そうとする試みさえあった。

一八五九年二月、ミシシッピー州選出のアルバート・ブラウン上院議員は、ダグラスを激しく攻撃し、連邦領土における奴隷保護法の制定を求める。奴隷に対する財産権を守るのにドレッド・スコット事件判決では十分でないというのなら、連邦法を制定して保護してほしい。もし連邦議会がそれさえできないというのなら、自分は南部諸州が連邦から離脱することを勧める。ブラウン議員はそう主張した。

当然ながらダグラスは、この動きに強く反対した。連邦領土における奴隷財産権は、他の財産権と同じように尊重される。それ以上でもそれ以下でもない。領土政府が奴隷に対して有する権限の範囲は、（ドレッド・スコット事件判決によってもまだ結論が出ておらず、したがって）司法が判断する問題である。連邦議会が直接領土における奴隷保護法を制定するのは領土不干渉の原則に反すると、以前からの主張を繰り返した。そして「領土政府による財産権規制に干渉するいかなる連邦法案にも、自分は反対票を投じる」と述べる。

ダグラスはさらにこの年の九月、自ら筆を執って連邦領土における奴隷問題についての論文を執筆し、『ハーパーズ・マガジン』という雑誌に寄稿した。この論文のなかでダグラスは、奴隷の是非を決める領土政府の権限は連邦憲法に由来するものであり、連邦議会が左右できるものではないと主張する。

これに対してブキャナン政権の司法長官をはじめ、南部民主党の側から数多くの反論が寄せられた。リンカーンもオハイオ州のスピーチでダグラスの論文を批評し、これまで「何回も説明されてきた説明を説明した説明」だと、からかう。

奴隷保護法の是非をめぐる論争を通じて、ダグラスと南部民主党員はドレッド・スコット事件判決の解釈を争っていた。南部民主党の側から見れば、領土政府が奴隷に対する財産権を侵害できないとの結論を、判決は明確に打ち出している。そのことを否定して、領土政府が奴隷の是非を決定する憲法上の権利さえ有すると主張するダグラスは、領土における奴隷制度が違憲だと断定する共和党とおなじぐらい許しがたい。南部民主党は、奴隷保護法が成立するとは必ずしも考えていなかった。むしろこの法案の提出によってダグラスの立場を一層明らかにし、民主党の大統領候補として受けいれがたいことを示そうとしたようである。もしそうであれば、南部民主党の主要な敵はもはや共和党ではなく、ダグラスとその仲間たちであった。

考えてみれば、南部民主党がこれまで長年にわたって奴隷制度に関する譲歩を北部から引き出せたのは、北部民主党と組むことによって国政の場で過半数を確保し、ホワイトハウスと連邦議会を自らの支配下に置いたからである。その状態を続けるには、北部民主党との協力維持が不可欠であった。

その北部民主党と完全にたもとを分かつ戦略は、冷静に考えれば自殺行為に等しい。事実そういう意見も、南部民主党内部にあった。しかしドレッド・スコット事件で勝利を収めたにもかかわらずカンザスで奴隷制度が否定された苦い経験が、そして同じ党のダグラスが判決を無視し人民主権理論に固執したことに対する怒りが、彼らの多くに民主党をあえて割る選択を取らせた。

ハーパーズ・フェリー襲撃事件

この頃、南北間の緊張を一挙に高めたのが、一八五九年一〇月に起こった、ジョン・ブラウンによるヴァージニア州ハーパーズ・フェリーの連邦武器庫襲撃事件である。ブラウンは三年前の一八五六年、二つの領土政府間で対立が続くカンザスはポタワトミー・クリークで、四人の息子をふくむ仲間と一緒に奴隷を所有する白人の住居を襲撃し、五人の開拓民を惨殺していた。奴隷制度の強い反対論者ではあったものの、放浪者、馬どろぼう、詐欺師などの履歴があり、数回破産するなど、まともな精神の持ち主ではなかったようである。祖母はじめ、親戚にも精神異常者が多かった。ポタワトミー・クリークの事件では、何人かの犠牲者が斧でばらばらにされた。

そのブラウンが、再び事件を引き起こした。彼は黒人を含む一八人の支持者を引きつれて、ワシントンからポトマック川を遡った山間の小さな町にある連邦武器庫を襲撃した。夜警を押さえこみ、人質をとって立てこもる。近くのライフル工場も占拠した。連邦武器庫を押さえれば、周囲の奴隷が蜂起する。そうしたら黒人共和国をヴァージニアの山のなかに打ちたて、南部に攻めこむ。そう夢想していたらしい。

しかし奴隷の決起は起こらず、ブラウンの叛乱はワシントンから派遣された連邦陸軍の兵士によって簡単に鎮圧されてしまう。ブラウンは決起から二日後、ボルティモア・オハイオ鉄道の機関庫で逮捕された。そしてヴァージニア州裁判所で叛乱、共同謀議、殺人の罪で起訴され有罪となり、絞首刑に処される。

精神に異常をきたした者の過激な犯罪でしかなかったにもかかわらず、北部の奴隷反対派はこの事件を熱狂的に取り上げ、ブラウンを英雄扱いした。ラルフ・ワルドー・エマーソンやヘンリー・デイヴィッド・ソローといったニューイングランドの文人が、カンザスでの事件以後ブラウンに支持を与え、そのうちの幾人かはハーパーズ・フェリー襲撃のための資金提供さえも行なった。ソローはブラウンの処刑をキリストの処刑になぞらえ、エマーソンは彼を殉教者と呼ぶ。

南部の人々にしてみれば、北部はここまでして奴隷制度をつぶそうとするのかとさえ感じられる。この事件の報復として南部に滞在中の北部人が多数逮捕され、暴力を振るわれ、追放された。ブラウンの仲間だと疑われ、リンチにあった者もいる。もう北部とはやっていけない。一部の州では連邦からの離脱が真剣に語られはじめた。

一八六〇年の大統領選挙

緊迫した雰囲気のなかで、一八六〇年四月、サウスカロライナ州チャールストンで民主党の全国大会が開かれた。同党の大統領候補を決定するためである。ダグラスは北部民主党の強い支持を得ており、党大会で過半数の支持を確実にしていた。しかし、大会ルールの定めにより、候補指名には三分の二の多数が必要である。したがって南部民主党の一部から支持を得なければ、指名を受けるのは難しい。

この状況下で、南部民主党はダグラス指名にことごとくさからい、彼に立候補を辞退させる戦術に出る。一方ダグラス陣営は、南部の主張に妥協をせず強い立場を取って南部の一部代表を退場させれば、指名に必要な三分の二の票が獲得できるかもしれないと考えた。

党大会は、まず決議案の起草を開始する。各州の代表からなる決議案起草委員会は、領土政府の奴隷規制権を否定し、連邦奴隷保護法を必要に応じて制定することを呼びかける多数案を採択した。また一八五六年の党大会決議案をそのまま採用し、領土における奴隷問題へ連邦は干渉すべきではなく司法にゆだねるべきだという少数案も同時に採択する。

ダグラスの人民主権理論とフリーポート原則は少数案に入っていなかった。南部の代議員を刺激するのを避けたのである。

二つの案のうち、党大会は少数案を選んだ。南部へのさらなる妥協として、領土における奴隷問題を司法にゆだねるという一項は削られる。ダグラス派としては最大限の譲歩をしたつもりであったが、多数案を拒否した事実は変わらなかった。投票が終了して結果が出ると、アラバマ州の代議員が大会から退場する。ミシシッピー、ルイジアナ、サウスカロライナ、フロリダ、テキサス、アーカンソーの各州代議員が、これに続いた。さらに翌日、ジョージア州の代議員が退場した。このため党大会は大統領候補の指名ができず、あらためて六月にボルティモアで党大会を開催することになる。しかし結局妥協はならず、ボルティモアでの党大会初日に南部の代議員は席次を不満として退場してしまった。

衝撃を受けたものの、残った各州代表はダグラスを大統領候補に指名する。退場した南部民主党の代議員は、同じボルティモアの別の場所で「真の」党全国大会を開催し、ブキャナン政権の副大統領、ケンタッキー出身のジョン・ブレッキンリッジを大統領候補に指名した。

この間、五月なかばに開催された共和党の全国大会は、大方の予想を裏切って穏健派のリンカーンを大統領候補に指名した。その一週間後、立憲統一党と自ら名乗る南北融和派が、テネシー州出身のジョン・ベルを大統領候補に指名し、「憲法と連邦統一と法の遵守」を党是にかかげた。

大統領選挙は一一月に行なわれた。民主党が分裂した以上、人口の多い北部と西部を支持基盤とし、高関税、西部開拓者への土地の無償分配、大陸横断鉄道建設への連邦補助、(労働力確保のための)無制限の移民受け入れなど、魅力的な政策を掲げる共和党候補の勝利は目にみえていた。リンカーンは投票総数の過半数こそ獲得できなかったものの、選挙人総数の過半数を獲得し、当選する。総得票数はリンカーンが一九〇万票、ダグラスが一四〇万票、ブレッキンリッジが八五万票、ベルが六〇万票、選挙人獲得数はそれぞれ、一八〇、一二、七二、三九であった。

こうして民主党は分裂し、南部人が何よりも恐れていた共和党の大統領が誕生する。

連邦分裂を回避するために

大統領選挙の結果が明らかになると、南部の連邦離脱の可能性がにわかに現実味を増した。すでに一八六〇年二月、アラバマ州議会は、もし共和党候補が大統領に選ばれたなら連邦を脱退するとの決議を採択していた。選挙直後に州議会が呼びかけて開催されたサウスカロライナの州民代表大会は、一二月二〇日、全員一致で連邦脱退を議決する。翌六一年の二月一日までに、ミシシッピー、ルイジアナ、アラバマ、フロリダ、テキサス、ジョージアの各州が、これに続いた。

しかし、南部にもまだ連邦分裂を防ごうとする動きはあった。そもそも連邦離脱の動きは、これが初めてではない。一八一二年に起こった米英戦争の際には、戦争に反対する連邦党がコネティカット州ハートフォードで党大会を開き、そのうちの過激派がニューイングランド諸州の連邦離脱を提案したことがある。また一八三二年から三三年にかけて、サウスカロライナ州は連邦関税法を無効と宣言して関税の徴収を禁止し、連邦政府が関税法を強制的に施行しようとすれば連邦離脱も辞さないと宣言した。その後も南北間で問題が発生するたびに、南部の一部過激派は連邦離脱の可能性を持ち出す。しかしそのつど妥協が成立し、実現しなかった。したがって北部の人々は今回も脅しにすぎず、妥協は可能だと考えた。

一二月四日、連邦下院は各州から一人ずつ代表を出して三三人委員会を結成、妥協の道を探りはじめる。二日後、上院も同じ目的のために一三人委員会を結成した。後者ではケンタッキー州選出のジョン・クリッテンデン上院議員が、憲法修正案を提出した。ミズーリの妥協で定めた北緯三六度三〇分の線をそのまま西へ太平洋まで伸ばし、その北側では奴隷制度を禁止し、南側では認めるという内容である。その他にもコロンビア特別区での奴隷制度廃止の禁止、州際奴隷売買の連邦法による制限の禁止、逃亡奴隷捕獲を妨げられた持ち主への賠償などが含まれていた。さらに、これらの憲法修正条項ならびに(奴隷の人数を議員定数算出に含める)五分の三条項と逃亡奴隷条項については、修正を永久に禁止する。さらに合法的に存在する州の奴隷制度を、将来憲法修正によって廃止ないしは干渉することも禁止する。そう提案された。

連邦脱退の合憲性

この憲法修正案は、しかし結局委員会で否決され、また上院本会議でも否決される。さらにヴァージニア州議会の呼びかけに二一州が応じて、一八六一年二月四日、ワシントンで和平会議が開かれたが、連邦脱退を表明した七州はもはや代表を送らない。和平会議はクリッテンデン修正案を一部変更した案を採択するものの、連邦議会はこの案も否決した。いずれも共和党が強硬に反対したためである。リンカーンもミズーリの妥協を西に延長する案について、まったく譲ろうとしなかった。

修正案は実質的にドレッド・スコット事件判決の効力を、西部連邦領土の三分の二で無効とするに等しかったから、その意味では奴隷反対派への大きな譲歩である。しかし共和党の立場からすれば、残りの領土で奴隷制度を連邦憲法によって保障するのは党是そのものを否定するに等しく、受け入れられなかった。妥協の道はこれでほぼ完全に閉ざされた。

ワシントンでの和平会議が開かれた二月四日、連邦脱退を表明した七つの州はアラバマ州モンゴメリーに集まり、南部連合政府の創設を協議しはじめた。まもなく暫定的に憲法を採択し議会を開催して、大統領と副大統領を任命する。三月一一日には、正式に憲法を制定した。

南部連合憲法は、合衆国憲法とよく似ていた。ただ、その前文は合衆国憲法の「我ら合衆国市民は憲法を採択する」という表現をとらず、「我ら南部連合各州の市民は、主権を有する各州を通じて、憲法を制定する」としていた。これは合衆国がそもそも主権を有する州の連合であって人々が直接創設した国家ではないという、彼らの憲法観を反映したものである。

七州は連邦からの脱退を、この見方にしたがって憲法上正当化しうると考える。連合を結成して合衆国を創設した各州は、それぞれ絶対の主権を保持した。憲法は主権を有する州同士が結んだ契約であり、条約である。したがって他州が契約を履行しない場合には、契約を破棄して合衆国から離脱できる。

そもそも憲法を制定して合衆国が誕生したとき、北部諸州は奴隷制度を保護すると約束した。にもかかわらず北部諸州は逃亡奴隷法の執行を妨げ、奴隷反対運動を許容し、連邦領土で奴隷制度を廃止しようとした。またドレッド・スコット事件判決を無視し、南部諸州市民の財産権を侵害し、ハーパーズ・フェリー事件などで奴隷制度を直《じか》に攻撃した。これらは明確な契約違反であり、合衆国からの離脱を正当化する。

南部連合の大統領に就任したジェファソン・デイヴィスはさらに、憲法上連邦は州に対して強制力を有しないこと、また憲法を批准したヴァージニア、ニューヨーク、マサチューセッツ各州の憲法会議での合意に、「人々が（連邦に）委譲した権限は、いつでも取り返すことができる」とあるのを、連邦離脱が合法であることのもう一つの根拠とした。

これに対して、三月四日、新大統領に就任したリンカーンは、就任演説のなかで南部諸州には連邦脱退の権限がないと主張した。合衆国は、州同士の契約としての性格を有する憲法によって誕生したものではない。そもそも合衆国は、憲法より古い。一七七四年、第一回の大陸会議で採択された植民地間の盟約、二年後の独立宣言、そして連合規約を通じて成長し、憲法によってより確固とした連合になったものである。合衆国は永遠の命を有する存在であり、いつでも破棄できる契約にもとづく連合ではない。なぜなら合衆国は人々、リンカーンにとっては「主人」が集まって直接創設した国だからである。であるならば、州は勝手に連邦を脱退できない。連邦離脱を表明した各州の決議は無効である。合衆国の官憲に対する武力による反抗は、叛乱もしくは革命を構成する。

リンカーンは北部に対する南部のさまざまな不満に触れて、少数派の憲法上の権利は守らねばならないことを確認した。ただし政治問題は基本的に多数決によって決定されるべきであり、（ドレッド・スコット事件判決のように）政府のかかわる国政上の重要な問題に最高裁が一方的な結論を出すのは、民主主義に反する。もしそのようなことが許されれば、国政は少数の最高裁判事によって左右されてしまう。多数決原理のもとでは、少数派は多数の決めたことにしたがわねばならない。もし少数派がしたがわなければ、それは無政府状態を意味する。憲法によって制限を受け、抑制され、人々の意見や感情の変化に応じて容易に変化する多数こそ、真の意味での主権保持者である。

リンカーンはさらに連邦を脱退した七つの州に対して、直接の武力攻撃はしない、またこれら諸州に対する大統領としての権限行使も慎重に行なうと、約束した。そして脱退によって得られるものはなにもない、七つの州は再び合衆国へ戻るようにと呼びかけて、演説を終えた。

けれども七州は合衆国に戻らなかった。そして自分たちの州内にある連邦の要塞、武器庫、その他連邦財産を接収しはじめる。リンカーンはこれにあえて抵抗しなかったが、チャールストン港内にある連邦軍の要塞、フォート・サムターだけは手放そうとしなかった。リンカーンがサウスカロライナ州の知事に、フォート・サムターへの補給を行なうと通知した直後の四月一二日、南部連合の軍は要塞に向かって砲撃を開始する。

これを機会に、これまで逡巡していたヴァージニア、テネシー、ノースカロライナ、アーカンソーの四州が、ほどなく連邦を離脱する。リンカーンは叛乱を鎮圧するよう軍隊に命じた。南北戦争が始まった。

第13章　南北戦争と憲法

合衆国史上もっとも大きな事件は何かと聞かれたら、多くのアメリカ人が南北戦争と答えるだろう。世界史を変えた二度の世界大戦より、この国の人々にとっては南北戦争のほうが重要だ。それは一つには、遠いヨーロッパやアジアで戦われた大戦とちがい、自分たちの国土が、野や山が、戦場になったからである。そのうえ戦死戦病死を含めて約六三万人が死亡、約四〇万人が負傷するという、当時としては例のない激しい戦いであった。死者の数は、第二次世界大戦で死んだアメリカ兵の総数、約四〇万より多い。家が焼かれ、鉄道が破壊され、特に南部は壊滅的な損害を受けた。戦争の傷跡から南部が立ち直るには、その後一世紀近い年月を要する。世界最初の総力戦といわれるゆえんである。戦いの記憶は親から子、さらに孫へと伝えられ、今も語り継がれる。

南北戦争は合衆国憲法の歴史にとっても大きな転換点であった。それまで弱体であった連邦政府、特に行政府の力が、戦争をきっかけとして一時的とはいえ格段に強くなる。それだけではない。連邦政府は戦争遂行のため、ときに合憲性がかなり疑わしい政策をも強引に実行した。相対的に州の権限は弱まる。戦争後事態が旧に復すると、連邦政府はそれほど表に出なくなるが、憲法上連邦と州の関係は再びもとに戻らなかった。二〇世紀のなかば頂点に達する連邦政府、特に大統領の権限拡大は、南北戦争に始まると言っていいだろう。

いったいこの戦争は憲法の何を変えたのだろうか。

開戦とリンカーンの対応

一八六一年四月一二日、サウスカロライナ州チャールストン港外にある連邦の要塞フォート・サムターが南軍によって砲撃され南北間の戦争が始まると、リンカーン大統領は迅速に行動を起こした。これまで一度も行政の長を経験したことのない新人政治家は、大方の予想をうらぎり、次々に対応策を打ち出す。

大統領は南部の叛乱を鎮圧するために、まず四月一五日、北部各州から七万五〇〇〇人の民兵を募る。当時、連邦正規軍は約一万三〇〇〇人。大規模な叛乱に対応できるような人数ではない。したがって新たに兵隊を集め、常備軍を補う必要があった。憲法は各州の民兵を召集し、連邦軍に組みこむ権限を連邦政府に与えている。大統領はこの権限を用い、総計七万五〇〇〇人の兵士を動員するよう各州に要請した。さらに民兵だけでは足りないとわかると、五月には連邦軍への志願兵を四万二〇〇〇人募集する。また、陸海正規軍の人数を大幅に増やした。兵士の給料を支払い戦費をまかなうため、二億五〇〇〇万ドルの政府債務保証を用意する。その他にも南部の港を封鎖し、人身保護令状の発出を一部の地域で一時的に停止するなど、緊急措置を講じた。

軍隊の召集、南部港湾の封鎖、人身保護令状停止などは、本来連邦議会の承認を必要とする事項である。ところが戦いが始まったとき、議会はたまたま休会中であった。リンカーン大統領はそこで、臨時議会の召集を求める。ただ、その日付を七月四日と定めた。緊急事態であるにもかかわらず、大統領が三ヶ月間も臨時議会を開かなかったのはなぜか、よくわからない。一つにはごく短期間で叛乱を鎮圧できると楽観視していたらしい。そうであればとりあえず大統領の権限でもって緊急の対応を行ない、のちに追認を求めればいい。こう考えた。ところが武力紛争は短期間で終わらず、四年も続くことになる。

七月になってワシントンへ帰ってきた議員たちは、開戦後大統領が単独で講じたさまざまな措置を非難した。これに対し大統領は、自分の取った措置は憲法上正当だと主張する。問われているのは合衆国の運命だけではない。この戦いは「憲法にもとづく共和制、つまり民主主義」が国内の一部不平分子によって破壊され、その結果自由な政府が地球上から姿を消すのを許すのかという大きな問いを、人類全体に突きつけている。「政府というものが、人民の自由を守るために強すぎてはいけないということがあるだろうか。あるいは存続するには弱すぎるということが許されるだろうか」。そんなことはない。政府は破壊のために用いられる武力に、保存のための武力をもって対処せねばならない。厳密に合法的かどうかはともかく、開戦のときに取った行動は人民の要求と公共の必要性にもとづいた正当なものである。こんな風に述べた。

結局議会は、大統領が単独で軍隊を編成したことを事後的に承認する。ただ南部港湾の封鎖と人身保護令状停止についてはは明確な承認を与えなかったため、それらの措置についての合憲性には疑問が残った。しかし大統領自身は、自らが取った措置はすべて合憲だと信じていた。翌年議会に送った教書のなかで、開戦のとき自分は「議会があらかじめ認めた手段や手続のみを用いることによって合衆国が滅びるのをみすみす許すのか、あるいは叛乱への対処のために憲法から与えられた（と彼が信じる）より広い権限にもとづいて現在の世代とその子孫のために合衆国を救うか、という選択に直面した」と記す。後者の途を選ぶことは、いくつかの点で超法規的であったかもしれない。しかしそれでもなお、憲法の本来の意図と憲法が与える広範な権限にもとづいて自分は行動し、その結果連邦は救われた。その限りにおいて合憲であると主張した。

南部港湾の封鎖と戦争の定義

リンカーン大統領は開戦後の四月一九日と二七日に南部諸州の港湾封鎖を宣言し、実力で実施するよう海軍に命じた。対象は南部の艦船だけでない。封鎖線を破って南部の港へ入出港しようとする中立国の商船も、合衆国海軍艦艇の臨検を受け、入出港しないように警告を受ける。それでも封鎖線の突破を試みると捕獲され、もよりの北部の港へ回航のうえ海事裁判所の審判を経て、船積荷とも競売にかけられ、売り払われる。売上金は連邦政府の国庫に収められる。農業を主体とし工業が未発達な南部経済は、農産物、特に綿花をヨーロッパへ輸出することで成り立っていた。また武器・弾薬を含め、必要な工業製品の多くは輸入に頼っていた。商船が南部の港に寄港できず輸出入が止まれば、南部の戦争遂行能力はやがて失われる。そのためには港湾の封鎖がもっとも効果的であった。第二次世界大戦中、連合国海軍が日本に対して取ったのと同じ方法である。

しかしこの施策は、さまざまな法的問題をはらんでいた。国際法上、敵の港の封鎖宣言は、実質上宣戦布告を意味する。ところが憲法上、宣戦布告の権利は議会のみが有している。したがって議会の承認なしに大統領が封鎖宣言を行なうのは、違憲の疑いがあった。それだけではない。そもそもリンカーンは南部との武力紛争を、あくまでも叛乱の鎮圧だと主張していた。戦争でなく単なる国内の叛乱鎮圧ならば、国際法上封鎖宣言に効力はない。こうして南部の港の封鎖は、この戦いが憲法上また国際法上戦争であるかどうかという問題を提起した。

そもそも南北間の武力衝突をいかに定義するかについて、北部と南部の見解は完全に異なる。そしてそれには理由があった。

既述のとおり、南部は連邦からの離脱を、主権を有する州がもつ当然の権利と考えた。したがってこの戦いは、連邦政府と南部連合という二つの国家間の戦争に他ならない。南部連合は国家として、北部からの侵略を防ぐための交戦権を有する。南部連合の兵士たちは正式の軍隊として戦っているのであって、彼らは戦時国際法の保護を受ける。特に北部の軍隊に捕縛された場合には、戦争捕虜としての待遇を受ける権利がある。

当然ながら、南部連合は自分たちを独立した別個の正統な国家として承認するよう、ヨーロッパ諸国に盛んに働きかけた。国際法上、北部に対して対等な地位を求めたからだけではない。総合的国力において北部に劣る南部が戦争に勝つためには、ヨーロッパ諸国、特に英国の支持と介入が不可欠であった。

反対に、リンカーンはじめ北部の指導者にとって、南部諸州による連邦離脱は憲法上許されない行為であった。「いわゆる」南部連合が南部諸州において連邦法の施行を拒否し、連邦政府に武力で抵抗するのは、叛乱にしか過ぎない。この見方にしたがって、北部はこの武力紛争を国際法上の戦争とは認めなかった。南部連合は単なる叛徒の集まりであって、正統な国家ではない。叛乱を起こした当事者たちは、反逆罪で処罰すべき対象である。この主張を貫徹し、南部への支持と援助さらには介入を防ぐため、ヨーロッパ各国による南部連合承認をあらゆる手段によって阻止しようとつとめる。諸外国が南部連合に交戦権を与えるのにも、強硬に抗議した。現在の中華人民共和国が、台湾を国家と認める国際社会のあらゆる動きへ敏感に反応し抵抗するのと似ている。

しかし実際問題として、北部の立場はそれほど明確でありえなかった。そもそもただの叛乱と呼ぶには、南部の抵抗は本格的で規模が大きすぎる。これだけ大規模な武力衝突は、だれの目にも戦争にしか映らない。また南軍の兵士をつかまえるその端から、反逆罪の容疑で裁判にかけ処刑するわけにもいかない。そうするには叛徒の数が多すぎたし、南軍が報復として北軍の兵士を同様に処刑するおそれがあった。したがって、捕縛した南軍兵士は戦争捕虜として処遇せざるをえない。各国が南部連合の交戦権を認め、そのように遇するのも、結局暗黙のうちに認めた。こうして北部は、理論上はこの武力紛争を単なる叛乱ととらえ、実際には南軍の交戦権を自身も認め通常の戦争として戦ったのである。南部諸港の封鎖も、南部連合を敵国と認めるに等しい行為であった。

プライズ事件判決と司法による戦争の認定

武力紛争に関する北部の二重基準は、このように最初から矛盾をはらんでいた。南部との戦いは戦争ではなく、あくまで叛乱鎮圧のためだと言いながら、大統領は必要に迫られ議会による宣戦布告なしで南部港湾の封鎖を実行した。それでも封鎖宣言は効力を発するのか。この問題は結局裁判所で争われることになる。

訴えを起こしたのは、南部の港を出港した途端に連邦海軍の臨検を受け、捕獲され、戦利品として船や積荷を没収された何隻かの商船と積荷の持ち主である。海事裁判所に提起されたため海事法の伝統にしたがい当事者は形のうえですべて、エイミー・ワーウィック、クレンショー、ハイアワサ、ブリリアンスと、船の名前になっている。これらの事件がまとめて審理されたため、プライズ事件、すなわち戦利品事件と呼ばれた。

原告は没収された船と積荷を所有者である自分たちに返却するよう、連邦政府に求めた。議会の宣戦布告がないままに始まった以上、南北間の武力紛争は戦争ではない。国際法上も戦争であるとは認められない。したがってリンカーン大統領には、封鎖を宣言して商船を臨検・捕獲し没収のうえ競売にかける権限はない。これが彼らの主張である。

これに対して最高裁判所は一八六三年、捕獲と没収は正当だと判断して、五対四の票決で原告の訴えをしりぞけた。

確かに大統領は憲法上、宣戦布告を行なう権限を有していない。しかし行政府の長として法を執行する責任があり、国軍の最高指揮官として陸海軍ならびに民兵を用い、外国の侵略に対処し叛乱を鎮圧する権限を有す。議会からの特別な授権を待つことなく、武力には武力をもって対処するのが義務である。大統領がこの義務を果たすにあたり、武力による抵抗の程度や内戦の規模を考えて相手方に交戦権を与えるべきかどうかは、大統領自身が判断すべき問題である。当法廷はその決定にしたがわざるをえない。そもそも封鎖宣言そのものが、戦争状態が存在することの公式で決定的な証拠に他ならない。だからこそ、本政策は実行されたのである。法廷意見を記したグリア判事はこのように述べて、大統領の取った措置を正当であるとした。

一方、反対意見を著したネルソン判事は、大統領には封鎖を実行する権限はないと主張する。実質的な意味で、この武力紛争が戦争であることはまちがいない。しかしそのことは本質とは関係がない。問題は連邦法上、国際法上、そして憲法上、この戦いが戦争であるかどうかである。確かに大統領は憲法のもとで、急迫不正の侵略や叛乱に独自に対処する権限を有している。しかし憲法上、宣戦を布告したり戦争状態を認定したりはできない。この権限はもっぱら議会に属する。議会の承認なしに戦争状態を認定し封鎖を実行するのは、違憲である。こう述べた。

プライズ事件は、最高裁が戦時における大統領の権限をほぼ制限なしで認めたこと、また法廷が戦争状態の有無について判断したことで、後世知られるようになった。近年でも朝鮮戦争、ベトナム戦争、湾岸戦争、アフガン・イラク戦争など、大統領が広範な戦争権限を主張するたびに必ず引用される。

治安維持と人身保護令状の停止

開戦後リンカーンが直面したもう一つの問題は、戦時中の治安維持である。他の多くの戦争においてと同様、それは有事において市民の権利がどこまで守られるべきかという難しい問題と、直接かかわっていた。

もちろんこの武力紛争を叛乱の鎮圧ととらえる北部の見方にしたがえば、戦争そのものが治安回復の試みであった。憲法第三条三節は、合衆国に対し戦争をしかけ、敵に荷担し、または敵を支援する行為を反逆と定義する。南部の叛乱はまさにこの定義にあてはまるから、叛徒は捕らえて裁判にかけ反逆罪で処罰するのが筋であった。

しかし既述のとおり、実際問題として北部に対して銃を取った何百万人もの南部の人々を反逆罪に問うのは、不可能であった。第一、南部では連邦司法が機能していないのである。結局南北戦争の期間中、この罪で処刑された人間はいない。そして戦争に敗れたあとも、南部の指導者は一人も反逆罪で処罰されなかった。

ところでメリーランドやオハイオなど、南北の境に位置する連邦にとどまったいくつかの州では南部連合への同情が強く、連邦政府の戦争政策は不人気であった。これらの地域では盛んに戦争反対の運動が繰り広げられる。連邦の政策に反対する演説が行なわれる。パンフレットが出版される。ケンタッキー州は民兵の拠出を拒否し、事実上中立政策を取ろうとさえした。さらに一部の住民は兵役を拒否し、兵隊の募集を妨害し、連邦軍の行動を妨げる。スパイ活動や破壊活動に走るものさえいた。

南部の人々や兵士に対して反逆罪を適用できない以上、このような北部の不平分子を反逆罪で裁くわけにはいかなかった。その代わり、リンカーン大統領は戦争遂行を妨害する動きを除去するために、疑わしい人物を片っ端から軍に逮捕させ予防的に拘禁する手段に出た。こうして捕らえられた人物は、本来なら憲法や刑事訴訟法が定める手続にしたがって法廷で裁判を受け、身の潔白を主張することができる。また人身保護令状の発出を裁判所に求め、とりあえず釈放される手段がある。

だが拘禁の目的が、南部に同情的な人物や戦争に反対する人物による妨害・破壊活動の未然防止にある以上、釈放しては意味がない。そこで大統領は最初一部の地域で、のちには場所を問わず、人身保護令状を停止したのである。平時であれば疑いなく人権侵害であるこの行為を、大統領は緊急事態を理由に正当化した。

確かに憲法第一条九節二項は、叛乱あるいは侵略の発生により公共の安全確保が必要なときにかぎり、人身保護令状を停止できると規定している。しかしこの条項は、だれが人身保護令状を停止できるのか、規定していない。大統領は単独でこの措置を取れるのだろうか。

この問題も、具体的な事件を通じて法廷で争われた。メリーランド州の有力者ジョン・メリーマンは、鉄道橋梁の爆破にかかわったとして軍に逮捕される。裁判にかけられることもなく無期限に拘禁が続いたので、メリーマンはボルティモアの連邦控訴裁判所判事を兼ねていた最高裁のトーニー首席判事に人身保護令状の発出を求めた。トーニー判事はメリーマンの父親と大学の同級生であった。メリーマンを釈放せよとトーニー判事が出した人身保護令状を、軍司令官は無視する。そこで判事は、軍司令官が人身保護令状を無視するのは違憲だとの判決文を書いて発表した。

人身保護令状停止に関する憲法の規定は、連邦議会の権限の一つとして設けられたものである。したがってその停止は議会のみが行なうべきものであって、大統領(あるいはその代理人である軍司令官)が単独で停止するのは、司法権の侵害である。判事はこう述べた。

これに対して、リンカーン大統領は一八六一年七月、議会への教書のなかで反論した。司法は組織的な叛乱に十分対応できない。したがって公共の治安にとって危険な人物を逮捕し拘禁するのは、憲法上法律を確実に施行し秩序を保つことを義務づけられている大統領の仕事である。

憲法は叛乱の際、人身保護令状を停止するのはだれかを明確に規定していない。であれば危機の際に大統領が裁量によってそれを行なうのは、許されるべきである。そもそも南部は連邦法の施行に公然と抵抗している。人身保護令状の停止が違法だとしても、すべての法律のうちたった一つを破るのをためらうことによって、連邦そのものを消滅させていいのだろうか。大統領はこう主張した。

このほかにもリンカーン大統領は南北戦争の全期間を通じ、それ以前には考えられないような強い権限を発揮して、数々の政策を実行する。たとえば民兵や連邦軍への志願兵では北軍の戦力が不足だと判断するや、米国史上初めて徴兵制を布《し》いて健康な成年男子を強制的に戦場へ送りこんだ。この措置は全国的に不評で、とくにニューヨークでは数日にわたって暴動が起きた。アイルランド系移民の黒人に対する偏見が重なり、多数の黒人が殺害される。連邦政府は一時徴兵を中止し、連邦軍を送りこんで鎮圧せねばならなかった。

また所得税を導入し、グリーンバックと呼ばれる紙幣を大量に発行する。戒厳令がしかれていない地域でも、民間人を軍事法廷で裁いた。さらに軍事上の必要と称して、占領した南部の奴隷解放を宣言する。有名なリンカーンの奴隷解放宣言である。大統領はこれらの措置を、多くの場合議会の承認なしで行なった。そして憲法上の根拠を、広範であいまいな大統領の戦争権限に置いた。戦時における大統領の権限拡大は、その後二度にわたる世界大戦や冷戦時代にも見られる。ウィルソンやローズヴェルト、トルーマンといった大統領は、リンカーンの先例を踏襲したのである。

ただし、そうは言っても、まだ一九世紀のなかばである。戦場以外では戦争中も選挙は滞りなく行なわれ、戦争反対派の候補も自由に選挙運動ができた。通常の法廷は十分機能していた。物価の統制はなかったし、配給も行なわれなかった。そういう意味で、民主主義は機能しつづけたのであり、二〇世紀の戦争で見られる全国隅々まで連邦政府の統制の網が張りめぐらされるような事態からは、まだまだ遠かった。

それでもなお、連邦政府、特に大統領の権限拡大によって、憲法上戦争開始後のアメリカ合衆国は戦前とはまったく違う国となる。戦前唱えられ広く信じられた、合衆国は主権を有する州の自由な連合であり連邦政府は弱い存在であるという理論と現実は、リンカーン大統領の戦争政策遂行によって完全に打ち破られる。そして北部の勝利が目前に迫ると、連邦が主権をもつ独立の存在であり連邦からの離脱が不可能であることを疑う者は、もはやいなかった。ここに初めて、アメリカ合衆国は一つの国家になったとさえ言えよう。

戦いの帰趨がようやく見えはじめた一八六三年、リンカーン大統領はもっとも激しい戦闘が行なわれ南北両軍合わせて二万人近い戦死者を出したゲティスバーグで演説する。

「八七年の昔、われらの父祖はこの大陸に、自由を基調とし、人は生まれながらに平等であるとの理念を旨とする、新しい国家を打ち建てた。

今われらは、大きな内戦を戦っている。内戦はこうして生まれた新しい国家が、いやそもそも自由と平等を旨とする国家なるものが、いったい長く存続しうるものかどうかを試している」

ここゲティスバーグの戦場で命を落とした兵士たちに、永遠の眠りの場を捧げるため、われらは集う。

「ここでわれらが述べることを、人々は気にも留めまい。長く記憶もすまい。しかし勇者たちがここで行なったことを、世界は決して忘れない」

生き残ったわれらは、戦いで命を落としたものがやり残した仕事を、成し遂げねばならない。

「名誉の戦死を遂げた者たちが、最後の力をふりしぼって果たそうとした使命を、われらは一層の献身をもって果たさんとす。

そして、ここに決意を新たにせん。勇者たちの死を無駄にはせぬと。神のもとでこの国は新しい自由の生命を授かると。人民の人民による人民のための政治は、決してこの地球上から消え去ることはないと」

ゲティスバーグ演説は、正統性の基盤を州ではなく人民に直接おいたアメリカ合衆国という政治体制が、この戦争を生き長らえたことを確認し、来るべき戦後の新たな出発を宣言するものであった。

その間、北軍の総司令官ユリシーズ・グラントとウィリアム・シャーマンの両将軍は、南部の都市と農業地帯を徹底的に破壊しながら南軍を追いつめる。南軍の総司令官ロバート・E・リー将軍がついに降伏し戦争が終わったのは、一八六五年四月のことである。リンカーン大統領は疲労困憊して、この四年間で驚くほど老けこんだ。南北の兵士たちも疲れきっていた。にもかかわらず、彼らはすぐに再び立ち上がって、困難な戦後処理にあたらねばならない。

第14章　戦争の終結と南部再建の始まり

南北戦争の終結

一八六五年四月九日、ヴァージニア州南西部ブルーリッジ山系に近いアポマトックス・コートハウスという小さな村で、南軍の総司令官ロバート・E・リー将軍は、北軍の総司令官ユリシーズ・グラント将軍に降伏した。マクレーンという民間人の家を急遽《きゅうきょ》借りて二人の将軍は対面し、降服文書に署名した。リー将軍は、農繁期が近づいているので南軍の兵士たちが馬を連れて故郷へ帰ることを許してほしいと申し入れ、グラント将軍はこれを快く受け入れたという。

四年にわたって激しく戦われた内戦は、こうしてようやく終わりを告げる。しかしその傷跡は深く、南北間の和解は容易でなかった。そして何よりこの戦争の後始末をどうつけるかについて、明確な絵はまだだれにも描けていなかったのである。

北部にとって戦争のそもそもの目的は、合衆国の統一維持にあった。アブラハム・リンカーン大統領は、開戦後あるジャーナリストにあてた手紙のなかで、「もし奴隷制度の維持によって連邦の統一が保てるのならば、そうする。奴隷解放によって連邦統一が保てるなら、そうする。奴隷を一部解放し、一部をそのままにすることによって目的が達せられるなら、そうする」と述べたことがある。奴隷問題は戦争勃発の大きな原因であったけれど、南部の奴隷解放が戦争目的であったわけではない。

しかしいくさが続くあいだに当初の戦争目的が変更されることは、他の戦争でもままあり珍しくない。最初数ヶ月で終わると考えられていた南北戦争が長期化し莫大な犠牲を出すと、単に連邦の統一維持という目標だけで北軍の士気を維持するのは難しくなる。もっと明確な戦争の大義が必要となった。そしてその大義を与えたのが、奴隷制度の廃止と奴隷の解放という新たな目的である。南部は自分たちの奴隷制度を守るために連邦を離脱した。奴隷制度こそは戦争勃発の原因である。ならばわれわれは奴隷制度廃止のために戦う。そういう議論が強まった。

けれどもよく考えてみれば、奴隷制度を廃止しただけでは、ことはすまない。解放した奴隷をどう取り扱うのか。戦争に負けた南部で彼らが正しく処遇されるようにするため、連邦政府はどこまで介入すべきか。そのためにはどのような法律が必要か。憲法を改正せねばならないのか。連邦と州の関係は変わるのか。大統領と議会の権限はどうなるのか。最高裁はどう判断するのか。こうしたあらゆる問題を片づけるのが、戦後処理の課題となる。

戦いに負け北軍に占領された南部にとって、それは北部による価値観の押しつけを意味した。太平洋戦争に負けてアメリカに占領された日本と同じように、南部は北部が提示した条件を結局は受け入れて連邦に復帰する。しかし占領軍が去ったあとには、ほぼ元の体制に戻り、その後長く独自の価値観を変えようとしない。南部が本当に変化するには、その後一〇〇年近い長い歳月を必要とした。そういうわけで南北戦争後のアメリカ憲法史は、異なった価値観を抱く南北間の妥協で成立したアメリカ合衆国という国のかたちをめぐる、論争の続きなのである。

奴隷解放と修正第一三条

南北戦争中、奴隷の解放が最初に政治的な問題となったのは、開戦の年一八六一年である。ミズーリ州に進出した北軍のジョン・フレモント将軍が、自らの占領地で奴隷解放の命令を下す。リンカーン大統領はしかしこれを認めなかった。行政府には単独で奴隷を解放する権限がない。議会の承認を得なければ無効だとして、命令を取り消させた。

そもそも戦争開始以前、一部の奴隷反対運動家を除けば北部の大部分は南部の奴隷制度に干渉するつもりがなかった。奴隷制度をめぐる戦前の論争は、主として新しい合衆国領土における奴隷制度の是非と、北部への奴隷制度押しつけにかかわるものである。南部が自分たちの州内で奴隷制度を存続させることそのものに、それほど抵抗はなかった。リンカーン大統領自身も強硬な奴隷制廃止論者ではなく、南部が連邦にとどまるのであれば憲法を改正して南部における奴隷制度の不可侵性を保障してもよいとさえ考えていた。一八六一年六月には議会が決議を通し、戦争の目的は連邦統一の維持にあり南部を侵略し服従を強いるのが目的ではないと、わざわざ宣言している。

ところが戦争が始まって一年経つと、大統領は考えを変える。フレモント将軍の解放令を無効としておきながら、アンティータムの激戦で勝利を収め戦況がやや好転しはじめた一八六二年九月二二日に予備の、そして一八六三年一月一日に正式な奴隷解放宣言を発した。同日現在まだ叛乱が続いている一〇の州において、すべての奴隷は解放される。そして陸海軍を含む合衆国行政府は、解放された奴隷の自由を承認し保護するものである。これ以後、北軍は奴隷解放を錦の御旗として戦いを続け、リンカーン大統領は奴隷を解放した偉大な人物として歴史に記憶される。

けれどもこの奴隷解放宣言には、もっと現実的な意味があった。戦争に勝つためには南部を弱体化せねばならない。北軍の勝利が解放を意味すると知った南部の奴隷が所有者である白人の言うことを聞かなくなれば、それは南部の戦力低下につながる。北軍は同じ論理で、占領地で解放した奴隷を兵士として採用した。黒人兵士は北軍の一員として勇敢に戦う。

さらに外交上の考慮がある。南部連合はイギリスとフランスの国家承認を得ようと懸命であった。北部としては、それをなんとしてでも阻止せねばならない。イギリス政府は気質的には貴族的な南部に親近感を抱いていたし、南部はイギリスの繊維産業にとって重要な綿花の産地でもあった。しかし英仏とも奴隷制度に嫌悪感を示していたので、奴隷解放宣言は両国に南部連合を国家として承認させないための戦略として効果的であった。

このように現実的な性質を有しているがゆえに、北部にとどまった南北の境に位置する奴隷州、すなわちミズーリ、ケンタッキー、メリーランド、デラウェアには、奴隷解放宣言は適用されなかった。大統領は宣言適用がこれらの州の住民を南部側へさらに追いやるのを恐れたのである。南部連合の一部ではありながら、すでに北軍の占領下にあったテネシー州ならびにヴァージニアとルイジアナの一部も適用を除外された。

要するに、この宣言による奴隷解放は戦争に勝つための手段であって、目的ではない。大統領はそれゆえに、奴隷解放の憲法上の根拠を広範な戦争権限に求めた。これまでにも述べたように、南北戦争という国家存亡の危機にあたって、大統領は戦争権限を根拠にほぼなんでもできるという立場を取った。奴隷解放も、その権限のもとで可能だというわけである。

奴隷解放を南部弱体化の手段として用いようとしたのは、連邦議会も同じである。すでに一八六二年前半、議会は北軍軍人による逃亡奴隷の返還を禁じ、合衆国領土での奴隷保有を禁じ、さらにコロンビア特別区で奴隷制度を廃止する法律を通す。ただし北部に忠誠を誓う奴隷所有者には対価が支払われた。領土における奴隷制度禁止は違憲だとするドレッド・スコット事件判決は、完全に無視された。同じ年の七月に議会を通過した没収法も、叛乱に加わっている人物が所有する奴隷は、北軍に捕らえられたあるいは北軍側に投降した時点ですべて解放されると規定した。

しかし奴隷解放宣言が戦争に勝利するための手段であったとしても、宣言はすぐにひとり歩きを始める。ほどなく奴隷解放そのものが戦争の目的として受け入れられるようになった。手段のもつ倫理性とわかりやすさが、それを目的そのものに転換する。

ただし奴隷制度廃止の恒久化を望むのであれば、リンカーン大統領の宣言や議会が通した部分的な法律では不十分であった。第一に適用の範囲が限定されている。南部のすべてで奴隷が自由になるわけではなかった。第二に憲法上の根拠があやふやだった。戦争権限だとしたら、戦争後は正当化が難しい。大統領と議会のどちらにこの権限があるのかも、はっきりしない。戦争が終わったら宣言は効力を失い、奴隷制度は元のとおりになるのだろうか。南部諸州はそれを歓迎しただろうが、北部にとってはなんのために戦ったのかわからなくなる。

こうした問題を一挙に解決するには、憲法を改正するしかない。戦争が長期化するにしたがって奴隷制度の廃止を本気で考えるようになったリンカーン大統領は、一八六四年二月、共和党議員に指示し連邦議会へ修正第一三条の草案を提出させた。「奴隷制度ならびに非自発的な苦役（強制労働）は（中略）、合衆国ならびにその管轄権が及ぶ地域では、これを禁ずる」という内容の同修正案は、同年四月に上院で可決される。しかし下院での審議は難航した。一一月の大統領選挙でリンカーンが再選されたあと、翌一八六五年一月に三分の二の賛成を得てようやく可決、正式に提案される。そして戦争が終了しリンカーン大統領が暗殺されたあとの一八六五年一二月、全州の四分の三の賛成をもって批准され、効力を発する。修正第一三条の制定に渾身の力をふりしぼった大統領は、ついにその結果を見ることがなかった。

批准を迫られた南部諸州は当初抵抗したものの、ミシシッピー州を除いて結局批准に応じる。一八〇四年に修正第一二条が成立してから約六〇年ぶりのこの憲法改正は、奴隷制度を一挙に廃止した点において、またその第二節が立法を通じてこの修正条項を執行する権限を連邦議会に与えた点においても、画期的である。個人の自由に関しては、これまで州が専一に規制権限を有していた。修正第一三条によって連邦政府はこの州の権限を飛び越え、州によるあるいは他の個人による侵害に対し、個人の自由を直接国民に保障する力を初めて与えられたのである。しかしそのことが何を意味し、議会が何をなしうるのかは、この時点ではまだはっきりしない。

南部再建計画

さて戦いが終わってとりあえず最大の問題は、一度連邦を離脱した南部諸州をどう取り扱うかであった。既述のとおり、リンカーン大統領以下北部の指導者は、戦争以前から終始南部の連邦離脱はありえないという立場を取った。もしそうであるなら南部は戦前と同様、いまだに連邦の一員である。戦争を通じて北部からの独立を試みた南部は、負けたとたんにこの理論にしがみつく。戦前と変わらない地位にあるのだから、連邦議会での議席を取り戻すのを即座に許し、そのまま国政に参加させてほしい。そう頼んだ。

これに対し、北部には大きく分けて二つの立場があった。できるだけ早く南部諸州を元どおりの地位に戻そうとする融和的な意見と、北部に逆らった南部を十分矯正しなければ連邦への復帰を認めないという強硬な意見とである。

前者の代表はリンカーン大統領である。二期目の大統領就任演説で、大統領は戦後南部に対しなんら恨みをもたず接することを説いた。

「何人《なんぴと》にも悪意を抱かず、すべての人に善意で接しよう。神の教えにしたがって、正義を固く信じつつ、やり残した仕事を片づけよう。国民の傷をいやし、戦いに参加した兵士を、残された妻を、孤児を、なぐさめよう。われわれ自身のあいだで、また諸外国とのあいだに公正で永遠の平和を築き享受するために、できることすべてをなそう」

ちなみに、一九四五年九月二日、東京湾に浮かぶ戦艦ミズーリ艦上の降伏文書調印式典でダグラス・マッカーサー陸軍元帥が行なった短い演説は、ゲティスバーグと二期目の就任式におけるリンカーンの演説を多分に意識し、表現や構成を借りたものだった。南北戦争後の連邦軍による南部再建と、太平洋戦争後の連合軍による日本占領と改革には、興味深い類似点がいくつもある。

いずれにしてもリンカーン大統領は、いったん連邦を離脱した南部諸州を比較的寛大な条件で連邦に復帰させるつもりであった。一八六三年に発布された恩赦再建宣言は、連邦への忠誠を誓う南部人に恩赦を与え、一八六〇年時点での選挙権所有者の一〇パーセントにあたる人数が忠誠を誓えば新しい州政府の形成を許すと定める。そのほかには奴隷解放宣言の遵守だけが条件とされた。残念ながら、リンカーン大統領は戦争終結直後、ワシントンのフォード劇場で暗殺される。もし彼が生き長らえたら、戦後の南部再建は違った展開を見せただろうと考える人は多い。

リンカーン暗殺を受けて、テネシー州選出の上院議員から副大統領になったアンドリュー・ジョンソンが大統領に就任した。ノースカロライナ州の貧しい家庭に生まれ、仕立屋に奉公へ出て身を起こし、結婚してから妻に読み書きを習って苦労の末政治家になった。民主党に属する南部人ではあったものの、自らの経歴ゆえに南部の大地主を敵視しており、南北戦争勃発の際は北部にとどまる。それでもこの政治家は自らも奴隷を所有するなど南部の気質を色濃くもち、南部の改革には不熱心であった。

ジョンソン大統領は南部再建に関して、リンカーンの立場を踏襲する。一定の条件を満たせば、大統領の権限で連邦への復帰を認めるというものである。しかし、そのくせのある人柄、妥協をしない頑固な性質、政治家としての人気のなさから、彼の政策はうまくいかない。リンカーンと違って、ジョンソンは黒人を毛嫌いしていた。それゆえに黒人の権利保護に熱心な共和党内の過激派が勢いを増す議会と、ことごとく衝突する。

これに対して共和党の一部は、いったん叛旗を翻した以上南部は国際法上の敵であり、連邦政府は南部を占領し改革する権限をもつと主張した。また別の一派は、南部は叛乱によって州としての権利を失い、連邦領土としての地位しか有さない、したがって連邦政府には南部諸州を直接統治する権限があると主張した。

南部再建をめぐる論争は、これ以後南部に対しておおむね融和的なジョンソン大統領と、叛乱を起こした者たちを無条件で許すわけにはいかないとする議会多数派の戦いとして推移する。それは北部と南部のあいだの争いである以上に、連邦政府内での行政府と立法府のあいだの権力争いであった。

ジョンソン大統領はまず一八六五年五月、連邦政府への忠誠を誓うことを条件として、叛乱に加わった南部人の大多数に恩赦を与えた。そして南部各州で州憲法制定会議を開かせる。各会議は一部を除いてそれぞれ連邦離脱を無効とし、奴隷制度を廃止した。さらに知事、議員、判事の選出方法を定める。そのうえで召集された新しい議会は修正第一三条を批准し、連邦上院議員を選出した。また連邦下院議員の選挙も行なわれた。こうして南部諸州は、連邦議会への復帰をいつでもできる状態に置かれる。

反発したのは連邦議会である。こうして選ばれた南部選出の議員のなかには、叛乱の指導者が多数加わっていた。またこれら新しい南部の州政府は、新たにブラックコードと呼ばれる黒人統制のための法律を制定して、奴隷解放による社会上経済上の変化をできるかぎり少なくしようとする。南部諸州は確かに奴隷制度を廃止した。黒人は財産を所有し、訴訟を提起することが許された。州によっては陪審員に加わることもできるようになった。しかしたとえば特定の職業へ従事するには許可を要し、定住しない者には罰金を科し、学校やその他公共の場では白人から隔離しと、黒人を元の農場にしばりつけ自由にさせないのが、これらブラックコードの主たる目的だった。一番厳しいミシシッピー州のブラックコードは、黒人の土地所有を禁じる。ただでさえ経済的自立が難しい解放奴隷は、法的にも自由を束縛されつづけた。こうした施策を許したまま南部の代表を連邦議会に再び迎えるのは、多くの共和党議員にとって耐えがたかった。

この事態に接して、一八六五年一二月に再開した連邦議会はいくつかの対抗措置を取る。第一に、南部諸州が選んだ議員に登院を許さない。第二に、南部再建に関する両院合同委員会を通じて、南部黒人の権利を守る施策を講じた。すなわち解放奴隷局法と、一八六六年公民権法の制定である。

解放奴隷局の任務は、戦争中軍が南部の占領地域で解放された奴隷に関して果たした役割を引き継ぐものである。南部に進駐した北軍は、解放奴隷を軍人として採用し、難民キャンプに収容し、農園での賃金労働につかせるなどして、保護した。この制度を利用して、議会は戦争が終わったあとも、引き続き軍の力で南部の黒人を守ろうとした。彼らに食糧、住居、仕事、交通手段、さらに南部人から没収した土地を与える。しかも解放奴隷の権利を侵害したものは軍事裁判所や解放奴隷局において、軍法のもとで裁く。

ジョンソン大統領は、この法律は違憲だとして、可決された法案に対し拒否権を発動する。軍が平時に、州内の治安に関することがらについて口を出す権限はない、同法は州固有の権利侵害だというのである。しかし議会はジョンソン大統領の拒否権行使を三分の二の多数でくつがえし、強引に制定した。その後も解放奴隷局と地元の治安当局との争いは絶えなかった。

一方、一八六六年公民権法は、解放された奴隷の権利をより明確にするものであった。同法は、合衆国内で生まれた又は合衆国に帰化したものは、原則としてすべて合衆国市民であると規定した。そしてさらに、合衆国市民は「人種、肌の色、過去の隷属状態（奴隷であったことを指す）」にかかわらず、すべての州で「契約を結び遵守させ、訴訟を提起し、訴訟の当事者となり、証拠を提出し、相続し、売買」するなどの権利を有し、「白人市民と同様に、身体と財産の安全のために、すべての法ならびに手続の保護を受ける」と定めた。さらに本法が定める権利の侵害を犯罪とし、被害者が合衆国裁判所へ訴え出る権利を与えた。

この法律に関しても合憲性が問われた。公民権はそもそも州法が守るべきものである。それを連邦法で直接保護するのは間違っている。特に私人による公民権の侵害を連邦裁判所が直接裁くことは許されない。ジョンソン大統領は、こうした根拠で本法案にも拒否権を発動したが、一八六六年四月、同じように議会によってくつがえされる。

修正第一四条と南部の批准拒否

一八六六年公民権法の提案者は、その憲法上の根拠を修正第一三条に置いた。奴隷制度と非自発的苦役の禁止は、解放された黒人の保護を当然にして含むというのが、その解釈である。しかし共和党議員のなかに、それでは憲法上の根拠が薄弱だという意見を抱くものがいた。そこで提案されたのが、新しい憲法修正条項、すなわち修正第一四条である。同修正の第一節は、一八六六年公民権法の第一条とほぼ同じ文言で始まる。すなわち、「合衆国内で生まれた又は合衆国に帰化したすべての人は、(中略) 合衆国市民であり、同時に居住する州の市民である」。この規定によって、黒人にも市民権が与えられることが明確になった。ドレッド・スコット事件判決の内容は明確に否定された。

第一節は続けて、

「州は、合衆国市民の特権あるいは免責を制約するいかなる法律をも、制定もしくは執行してはならない。いかなる州も、法のデュープロセスによらなければ、人の生命、自由、または財産を奪ってはならない。法の平等な保護を（中略）だれに対しても否定してはならない」

と定めた。文言から明らかなように、この節は私人の行為ではなく州の行為を規制する形を取っている。一八六六年公民権法とそこが違う。したがって、一八六六年公民権法にもとづき、連邦政府が州を飛び越え直接私人の行為を規制する可能性はふさがれた。しかしこれらの規定が実際に何を意味するかは、いまだ明確でなかった。これ以降の憲法史は、その解釈をめぐって展開するといっても差し支えないのだが、それはまたあとで述べることにしよう。

実はこの修正第一四条が成立した当時には、その第二節のほうが大きな意味をもっていた。同節は連邦下院の議員数を、各州の人口総数にもとづいて定めるとした。したがって、憲法制定以来の五分の三条項（自由人の数に奴隷人口の五分の三を加えて議員定数の配分を計算する規定）は、廃された。しかし同時に、同人口総数から（叛乱に加わった以外の理由で）選挙権を否定された人の数を引くという文言がつけ加えられる。いったい、これは何を意味したのだろうか。

北部の立場からすると、南部の解放奴隷人口すべてを下院議員数の計算にそのまま用いると、南部選出の議員が連邦下院で多数を占める恐れがあった。黒人にまったく選挙権を与えようとしない南部が、連邦議会を牛耳るのは許せない。実際には北部でも黒人に選挙権を与える州はごく限られていたのだが、そもそも北部各州では黒人の絶対数が少ない。したがって選挙権が与えられていない黒人の数を人口総数から引いて議員数を計算しても、北部諸州の選出議員数はほとんど変わらないから、あまり痛くない。痛みを感じるのは南部である。議員数を増やしたかったら、黒人に選挙権を与えよ。共和党の面々は、自分たちの州で黒人に選挙権を与えるべきかどうかの問題は後回しにして、南部にこう迫った。ちなみに第三節は、合衆国憲法への忠誠を誓いながら叛乱に（つまり南北戦争に）参加した者が州と連邦の公職につくのを禁じたが、連邦議会は三分の二の多数でこの制限を取り消すことができた。

修正第一四条草案は、一八六六年六月一三日に上下両院を通過する。議会の共和党穏健派は、この修正批准を南部諸州の連邦議会復帰の条件にしようと考えた。ジョンソン大統領が編成を許した元南部連合諸州政府が修正第一四条を批准し、解放奴隷の公民権を保護し、彼らに選挙権を与えるなら、連邦議会へ戻るのを許そう。この考え方に沿って一八六六年七月、早速テネシー州が修正第一四条を批准し、連邦議会への復帰を許された。

しかし旧南部連合に属したその他一〇州は、本修正の批准をかたくなに拒む。彼らは、一八六六年秋の中間選挙でジョンソン大統領派が勝利を収めれば、批准をしなくても連邦議会への復帰が可能になると読んだのである。そのためにはもう少し粘る必要がある。

ところが秋の選挙で勝利を収めたのは、反ジョンソン派であった。南部は大きな計算違いをしたことになる。しかも、北部の世論は南部の頑迷さに対してますます批判的になりつつあった。その結果、共和党内の過激派と穏健派が反ジョンソンの立場を共有して接近しはじめる。そして南部に対してより厳しい再建計画を採用することで合意した。すなわち南部諸州をあらためて軍の占領下に置く、一八六七年軍事再建法の制定である。こうして南部諸州の連邦復帰はさらに大幅に遅れる。

第15章　南部占領と改革の終了

南部改革の試みと挫折

一八六七年三月以降議会を通過した一連の軍事再建法のもと、共和党主導の連邦議会はその後約一〇年のあいだ南部の改革を試みる。それは米国史上初めての一大社会改革事業であり、合衆国憲法史上例を見ない連邦政府による州政治への直接介入でもあった。

これに対して南部は頑強に抵抗を続けた。あらゆる手段を用いて、押しつけられた改革を反古にしようと試みた。しかも新しく権力を握ったものたちの目に余る腐敗もあって、改革はなかなか実を結ばない。

結局北部は南部再建の困難さに疲れきって、一八七六年完全に南部から撤退し、介入をやめてしまう。

南北戦争後の北部による南部再建の試みはこうして終わった。奴隷は解放されたし一部の改革が実現したものの、南部はその保守的な性格を変えることなく、以後独自の道を歩む。南部が再び改革の嵐にさらされるのは、戦争からほぼ一〇〇年経った二〇世紀半ばになってからである。

軍事再建法の成立と南部占領

軍事再建法は共和党過激派の主張を大幅に取り入れた、これまでにない大胆な南部改革の設計図であった。同法はまず、南部を再び連邦軍の占領下に置く。すでに修正第一四条を批准して連邦議会に復帰したテネシー州を除く南部一〇州を五つの軍管区に分け、それぞれに司令官を配置して占領行政にあたらせた。

各司令官は司法、行政の全権を握る。憲法制定会議を開かせ、新しい州憲法を採択させる。その際黒人に選挙権を与え、南部連合の旧指導者を追放する。そのうえで新政府を樹立させ、修正第一四条を批准させる。南部諸州はこれによって初めて連邦への復帰が許され、軍事占領が終結する。自ら改革に乗り出さないのなら、強制的に変革させるという仕組みである。特に黒人へ選挙権を与えることによって彼らの地位を向上させるため、軍は投票者の登録を実施し、選挙手続を監督した。

南部の白人多数は、当初この押しつけの改革に精一杯の抵抗を示した。彼らが投票をボイコットしたため、軍事再建法が新しい州憲法批准に必要と定める登録済み選挙権保持者の過半数に満たず、新憲法がなかなか発効しない。憲法が発効しない以上新政府は誕生せず、修正第一四条の批准も完了しない。軍事再建法を改正し、投票数の過半による批准を可能にしてはじめて、ノースカロライナなど七つの州がそれぞれ新憲法を制定できた。これらの州が引き続き新しい政府を樹立し、修正第一四条を批准して連邦に復帰したのは、ようやく翌一八六八年になってからのことである。ほかの三州の連邦復帰には、さらに二年を要する（七州のうちジョージアは、連邦復帰が認められたあと黒人議員の登院を拒否したため再び追放され、一八七〇年に再復帰した）。

占領軍の監督のもとで発足したこれら共和党系南部新政府を担ったのは、大きく分けて三つの種類の人間であった。第一は、新しい州憲法のもとで初めて選挙権ならびに被選挙権を得た黒人である。アラバマなど五つの州で、黒人は投票権保持者の過半数を占めた。第二は、新政府に忠誠を誓った南部の白人。戦前に南部の政治を牛耳った大荘園主に代わり、それまで政治的影響力を有さなかった小規模農民や商工業者が多かった。そして最後が北部からやってきた白人である。そのなかには軍人、教師、ロイヤー、連邦政府の役人、そして戦後の混乱に乗じて一攫千金をもくろんだ商人など、いろいろな人がいた。

保守的な南部の白人は、これらの新しい権力者を毛嫌いする。これまで奴隷として使用してきた黒人を、対等な権利を有する人間であるとは絶対に認めなかったし、新体制を支持した白人は「スカラワッグス」と呼んで軽蔑した。信用できない、小ざかしいやつという意味のことばだそうである。また北部からやってきた白人は「カーペットバガー」、つまり絨毯生地でできたカバンを担ぎ南部へ一時的にやってきた、よそものとみなした。

南部の人々はこの占領期を、今でも最悪の時代として記憶している。実際不正や汚職が絶えなかったらしい。わずか数年前まで奴隷の境遇にあった黒人たちは、州議会議員に選出されても行政府の役職についても、多くの場合建設的な役割を果たせず、一部白人につけこまれ利用されるだけであった。北部から来た白人のなかには、金を稼ぐだけが目的の品性に欠けるものが多かった。議員はお手盛りで自分たちの給与を大幅に増額し、無駄な支出を繰り返す。この時代、北部でも政治家の汚職は少しも珍しくなかったのだが、南部人は無能で腐敗したいわゆる「ニグロ政権」を軽蔑した。優れた黒人指導者がいなかったわけではない。北部からやってきた白人のなかにも立派な人間はいた。それでも戦争に負けた南部人には、何もかもが苦々しく思えたようである。

しかし一方で、理想主義的な施策も行なわれる。南部諸州の新憲法は、北部に比べ遅れていた公立学校制度を設立し、あるいは拡大した。貧困者や身障者のための施設を設けた。税制や刑事司法制度を改革し、女性の権利を拡大し、選挙区の区割りを改定した。当時としては進歩的な内容である。

解放奴隷局は南部全体で約四三〇〇もの学校を設け、多数の若い白人独身婦人を北部から呼び寄せて、解放されたばかりの黒人に読み書きを教えさせた。二五万人もの解放奴隷が、老いも若きも彼女たちから文字を習う。戦後の混乱期、習慣も価値観も異なる南部に乗りこんで黒人の教育にあたったこれらの若い女性は、勇敢であった。それは戦後改革の意欲に燃えて日本にやってきた一部の占領軍行政官や、一九六〇年代南部へ繰り出した理想主義的な公民権運動の白人闘士たちを思い起こさせる。

ジョンソン大統領の弾劾裁判

軍事再建法が成立して南部の占領が始まったあとも、アンドリュー・ジョンソン大統領と連邦議会の対立は続いた。大統領は共和党過激派に近い司令官を首にしたり、新政府に忠誠を誓う南部人の過去を問わぬように命令したりして、議会主導の南部改革を妨げようとする。南部占領にあたるのは軍人である。大統領は軍の最高指揮官として自らが有する人事権や命令権を軍人に向かって行使し、議会の政策に抵抗した。これに対し議会は新しい法律を通して、大統領の権限を制限する。そしてできれば大統領を辞任に追いこむべく、画策した。

ちなみに、一八六七年の四月末から六月初めまで、福澤諭吉は幕府軍艦受取使節団の一員としてワシントンに滞在した。使節団の一行は、一度ホワイトハウスでジョンソン大統領と面会している。また夕方散歩中の大統領にばったり出会ったりもした。大統領と議会のあいだで、憲法の解釈にまでかかわる大きな政争が起こりつつあったのを、福澤先生が理解していたという記録はない。

大統領と議会はこの年の夏、決定的に対立する。議会休会中大統領は、かねてから共和党過激派に立場が近いエドウィン・スタントン陸軍長官を罷免し、北軍の英雄グラント将軍を暫定的に後任として任命したのである。再開した議会は、この人事の承認を拒否した。グラントはこれを聞いて自発的に退く。次の大統領就任をねらって、議会寄りの立場を取ったのだといわれる。怒った大統領は後任にロレンツォ・トマス将軍を任命するが、スタントンは陸軍省に立てこもって動く気配がなかった。

この事件は、議会共和党の過激派に大統領弾劾の口実を与えた。ジョンソンの手をしばるため一八六七年春すでに議会が制定していた役職任期法という新しい法律は、大統領は議会の承認なしに下僚を罷免し後任を任命してはならないと定めていた。スタントンの罷免とトマスの任命はまさにこれにあたる。制定法違反は弾劾の十分な根拠となる。議会の反ジョンソン派はこう判断して、弾劾の手続に入った。

合衆国憲法は、弾劾について定める。まず第二条四節が、「大統領、副大統領、そしてすべての合衆国文官は、反逆罪、汚職、その他重罪および軽罪で弾劾され有罪となった場合、解任される」と規定する。弾劾の手続は、第一条二節と三節に記されている。弾劾手続を開始するのは、連邦議会下院である。下院が過半数の投票により弾劾決議を可決すると、引き続き上院が弾劾裁判を行なう。弾劾の対象が大統領である場合には、合衆国最高裁首席判事が弾劾裁判の長をつとめる。出席上院議員の三分の二以上の賛成によって、下院が提出した弾劾条項のうちの一つでも可決されると、有罪が確定し、大統領は解任される。簡単に言えば、下院が検察官の役割を、上院議員全員が裁判官もしくは陪審員の役割を果たすのである。

憲法上、大統領は四年の任期を保障されているから、大統領を強制的にやめさせる道は弾劾しかない。けれども、建国以来ジョンソン大統領に対して手続が始まるまで、弾劾裁判にかけられた大統領はいなかった。ちなみにこれから約一〇〇年後、ウォーターゲート事件の際にニクソン大統領の弾劾手続が始まり、下院司法委員会が弾劾決議を可決したものの大統領が自発的に辞任したため、下院による弾劾、上院による弾劾裁判には至らなかった。またそれから約二五年後、セクシュアル・ハラスメントに関する偽証疑惑で下院がビル・クリントン大統領の弾劾を決定、上院で弾劾裁判が行なわれたが、三分の二の多数が得られず、大統領は無罪となる。

ジョンソン大統領の弾劾手続に戻ると、連邦議会下院は、一八六八年二月二四日、憲法に定める「任期中に重罪および軽罪を犯した」かどで、大統領の弾劾を行なうことを投票で決定した。続けて三月二日と三日に、一一条からなる弾劾条項を可決する。これら弾劾条項は、大統領が役職任期法に違反したことをとがめるだけでなく、その第一〇条は大統領が議会を侮辱し、軽蔑し、敵対し、非難しようとしたこと、また第一一条は軍事再建法の施行を妨害したことを、別途訴因に挙げた。

上院での弾劾裁判は、三月三〇日に始まる。トーニーの後任であるサーモン・チェース連邦最高裁首席判事が取りしきった。最初に問題となったのは、この裁判が司法手続なのか、政治手続なのかという点である。大統領の代理人は、司法手続そのものであり、したがって連邦証拠法と罪刑法定主義が適用されると主張する。つまり普通の裁判と同じ手続と基準でもって、弾劾裁判は行なわれねばならない。一方弾劾を行なう下院の代表は、これは政治的手続であるから、通常の証拠法にとらわれる必要はなく、政治的判断で有罪にできると主張した。結局、証拠法など手続に関しては、チェース首席判事が判断することで妥協が成立する。弾劾裁判は訴訟手続法にのっとって行なうことになった。

次に大統領の代理人は、役職任期法そのものの違反容疑について、同法は同一の大統領が任命した下僚にのみ適用されるものであり、リンカーン大統領に任命されたスタントン長官の罷免は技術的に違反を構成しないと主張した。さらにそもそも大統領は無制限の解任権を有しているのであって、議会がそれを制限するのは違憲だと論じた。これに対して下院の代表は、役職任期法の内容は議会による憲法解釈を表明するものであって、大統領の解任権に関するこれまでの解釈や慣行とは関係なく有効であると主張する。これは、議会が憲法解釈の最終的権限を有するという、かつてない強い議論である。

こうして一ヶ月以上双方の主張がなされたうえで、上院は五月一六日、まず弾劾条項の第一一条について決を取る。すなわちジョンソン大統領が軍事再建法の施行妨害をしたこの是非を問うたのである。投票結果は有罪三五票、無罪一九票で、有罪に必要な三分の二の過半数に一票足りなかった。続いて、五月二六日、役職任期法違反そのものについて決を取る。投票数はまったく同じであり、ジョンソン大統領は無罪となった。

アメリカ憲政史上初めての大統領弾劾裁判は、こうして終わる。ジョンソン大統領が人気のない大統領であり、議会では反ジョンソン派が圧倒的な力をもっていたにもかかわらず、結果は無罪であった。役職任期法がそもそもジョンソン大統領の力をそぐために通された特殊な法律であったこと(したがってその違反だけで大統領を解任するのには、やや無理があると感じられたこと)。弾劾手続が始まったあとジョンソン大統領が軍事再建法への態度をかなり軟化させたために、政治的な危機が去ったこと。それが、この結果をもたらした主な理由であった。

憲法史をふりかえると、ジェファソン大統領の時代、共和党と連邦党の対立に発する政治的思惑から弾劾裁判にかけられたサミュエル・チェース最高裁判事が、結局無罪となった。今また、ジョンソン大統領も無罪と判断される。これ以後、最高裁判事の弾劾裁判は一度も行なわれていないし、大統領が弾劾手続によって解任されたこともない。

一時的な勢いで議会は大統領解任をめざしたものの、政治的な理由で議会が自由に大統領や最高裁判事を解任できるということになれば、合衆国憲法の定める三権分立ならびに抑制と均衡の原則が失われる。おそらくはそうした恐れを抱いたがゆえに上院議員の一部が有罪の票を投ずるのを思いとどまり、大統領としては無能であったジョンソンの政治生命をかろうじて救ったように思われる。もしジョンソン大統領が解任されていたら、実質上議会多数派が大統領を代えうることになり、アメリカは議院内閣制に近い体制になっていた。合衆国憲法は、時にぎりぎりのところで危機を乗り越える。

修正第一五条と一八七六年の大統領選挙

弾劾裁判をかろうじて乗り切ったものの、ジョンソン大統領の政治生命はこれで終わったのも同然であった。一八六八年秋の大統領選挙には、平和の回復を公約に掲げた北軍の英雄グラント将軍が共和党から立候補し、当選する。グラント大統領は二期八年をつとめたものの、期待に反して政治的には無能であり、その政権は汚職にまみれた惨憺《さんたん》たるものであった。南北戦争の国難にあたってアブラハム・リンカーンという稀有の政治家を指導者にあおいだ合衆国は、いったん危機が去ると驚くほど凡庸な大統領を選出する。民主主義の宿命であろうか。

この時期、憲法史上重要なできごとは、修正第一五条の成立である。一八六九年に連邦議会で提案され、一八七〇年に各州の批准を終えて発効した。修正第一五条一節は、

「合衆国市民の投票権は、人種、肌の色、以前の隷属状態（奴隷であったこと）を理由に、合衆国あるいはいずれの州によっても、否定もしくは制限されない」

と定める。さらに同条二節は、議会が立法によってこの修正条項を施行すると規定した。これまで住民に投票権を与えるかどうかは各州の専管事項であったから、連邦議会が国民の選挙権について直接定めるのは、画期的である。しかし同規定は、人種を理由に投票権上の差別をすることを州に対して禁止するものであり、州の権限を乗り越えて平等な選挙権を個人に付与するものではなかった。

修正第一五条は、軍事再建法のもとで南部の黒人に与えられた選挙権の確立と固定を目的にしていた。南部の各州政府が黒人に選挙権を与えたのは、連邦軍の占領下にあったためであり、それが連邦復帰の条件であったからである。守旧派の政権が復活すれば、州憲法の改正によって黒人の選挙権は再び否定されてしまうかもしれない。それを予防するために、黒人の投票権を連邦憲法上の権利とする。修正第一五条の背景には、そうした考慮があった。

けれどもそれだけが、この新しい修正条項採択の理由ではなかった。もう少し現実的な考慮もあったらしい。一八六八年の選挙において、グラント候補の得票数は総投票数の約五二パーセントと、共和党と民主党の票差が再びかなり接近していた。このままでは、いつか共和党が行政府と立法府を民主党に明け渡さねばならない時の来る恐れがある。それを防ぐには、共和党に対する黒人の支持を確実にするしかない。当時、軍事再建法のもとで南部に黒人への選挙権付与を義務づけながら、北部ではほとんどの州が依然として黒人に選挙権を与えていなかった。この状況を憲法によって変更し黒人選挙権を全国的に確立することが、共和党の長期戦略にかなうと考えられたようである。

しかし修正第一五条が成立しても、南部での黒人の選挙権行使に対する妨害はやまなかった。むしろこれ以後次第に妨害が激しくなる。黒人に選挙権を与え自分たちの共同体の意思決定に対等な立場で参画させるのは、南部の多くの白人にとって受け入れがたかった。したがって彼らは新政権に協力する白人や新しく投票を行なうようになった黒人に、あらゆる嫌がらせを行なう。

一八六五年に発足したクー・クラックス・クラン（KKK）は、戦死した南軍軍人を思い起こさせる不気味な白い頭巾をかぶり馬にまたがって、黒人の投票者や新政権の支持者を脅かした。ときには暗殺さえする。KKKは一八六八年軍当局によって解散させられたが、その後非合法組織として存続し、南部の黒人迫害を続けた。

この事態に対処するため、連邦政府は一八七一年にクー・クラックス・クラン法を制定した。州政府を飛び越えて直接KKKの取り締まりにつとめたものの、その勢いは衰えない。軍事占領下の南部では、選挙のたびに共和党の州知事が連邦軍を呼びこんで投票者を守らねばならなかった。

投票妨害は、私的な手段によるものだけではなかった。保守的な州政府が復活すると、投票税の徴収や識字テストの実施、あるいは白人だけの予備選挙といった手段によって、黒人の投票権行使をますます制限する。南部の白人のなかにも字の読めない者は多かったのだが、彼らは一八六一年に選挙権を有していたことを理由に、識字テストを免除された(いわゆるグランドファザー条項)。

それでも一八七〇年代、一八八〇年代には、黒人は細々と投票を続け、州政府の役職にもつく。保守派の南部州政府は、見下した形ではあるものの黒人に一定の政治的権利を与えつづけた。しかし一八九〇年になると、さまざまな理由によって南部で黒人が投票することは事実上まったく不可能となる。投票権を取り返す長年の運動が実り、南部でもほぼ差別なしに黒人が投票できるようになるには、一九六五年の連邦投票権法成立まで待たねばならない。

南部の黒人を保護するための最後の試みは、一八七五年公民権法の制定である。提案者は一生涯黒人の地位向上につとめた、マサチューセッツ州選出のチャールズ・サムナー上院議員であった。戦争前、議会開会中、南部選出の議員につえで思い切り殴打され重傷を負った経歴がある。南部改革への情熱がかなりさめていた議会で制定は難しいと思われたが、サムナー議員の死去をきっかけに、この法案は可決される。審議の過程でずいぶん骨抜きにされたものの、同法は旅館、交通機関、その他公共の場での人種による差別を禁じた。法律行為や政治参加にかかわる平等だけでなく、日常生活上の差別を直接禁じる点で、この法律は画期的な内容であった。同様の内容を含む一九六四年公民権法の先がけをなす。

しかしあとに述べるとおり、この法律は本来州法によって規制されるべき私人による差別を連邦法が直接禁止するものであるとして、最高裁が違憲判決を下す。サムナーの遺志は、結局実現しなかった。

こうして北部の押しつけによる南部の改革は、なかなか実効が上がらない。疲労感が蓄積し、改革への情熱はさめはじめた。一八七三年には深刻な恐慌が全国を襲い、南部改革のために必要な連邦政府の財政負担が重く感じられるようになる。南部再建に精力を費やすより、それ自体さまざまな問題を抱えた北部の社会改革に専念すべきだ。そういった新しい考えが次第に広がり、南部との和解をめざす動きが現れる。

一八七二年には、修正第一四条三節第二文の規定にしたがい、戦争中、南部連合に与《くみ》した者ほとんどすべてに無条件で公職復帰を許す法律が、議会を通過した。一八七五年までには、サウスカロライナ、フロリダ、ルイジアナを除く南部八州で、民主党政権が成立する。実質的に南部は共和党の支配を離れ、民主党の手に戻りつつあった。

とどめは、一八七六年の大統領選挙であった。この年の選挙は最後まで接戦が続き、民主党のサミュエル・ティルデン候補と共和党のルザフォード・ヘイズ候補の勝敗がフロリダなど四つの州で明らかにならない。ちょうどブッシュとゴアの両候補が争った二〇〇〇年の大統領選挙と、同じような状況になったのである。これら四つの州では、ティルデン支持派とヘイズ支持派が選挙人の名簿を別々に用意し、結局各州がそれぞれ二つずつ連邦議会に提出する。

こうした事態にあたって、どのように大統領を選ぶか、当時ははっきりとした決まりがなかった。困った議会は特別選挙委員会を設立し、判断をあおいだ。委員一五人のうち、五人は下院議員、五人は上院議員、残りの四人は最高裁の判事から選ばれる。七人が共和党、七人が民主党という内訳で、四人の最高裁判事委員が一五人目の委員として中立的なもう一人の判事を選ぶことになっていた。

ところが最初に予定されていた五人目の最高裁判事が急遽上院議員に推挙されたために、熱心な共和党員であるもう一人の最高裁判事が代わりに選ばれる。委員会は八対七の投票で四つの州すべてについて共和党支持の選挙人選出を宣言し、その結果へイズ候補の勝利が確定した。大統領就任式前日のことである。

当然のことながら、民主党はこの選挙結果に大きな不満を表明した。手続が公正でないというのである。選挙戦を通じてかなりの不正が行なわれたし、暴力沙汰もあった。しかし民主党は、結局選挙結果を受け入れる。受け入れる見返りに、北部は南部にこれ以上介入しないことを約束しろ。そういう取引が成立した。南部の改革に疲れ果てた共和党にとって、それは悪い条件ではなかった。

へイズ新大統領は就任直後に、依然として共和党が支配していた南部の州から連邦軍を引き揚げる。これらの州では、すぐに民主党が実権を握った。共和党は北部での活動に集中し、南部民主党は北部からの介入を受けることなしに、彼らの体制を一〇〇年以上にわたって維持する。

野心的な南部再建計画は、こうして終了した。これ以後、南部黒人の状況は長いあいだ忘れ去られる。

第16章 南北戦争後の最高裁

南北戦争終結から約五年のあいだに合衆国憲法は画期的な変化を遂げる。この短い期間に三つの重要な修正条項が憲法に書き加えられた。それぞれが戦前の憲法秩序を大きく変更するものである。これらの憲法修正条項ならびにそれを根拠に制定された多くの新法にもとづき、連邦議会は南部の徹底的な改革を試みた。

この時期、合衆国最高裁はあまり存在感を示さない。議会との関係をはかりながら取り上げるべき事件を慎重に選ぶ。重要な政治問題には必ず口をはさんだ戦前の最高裁と対照的である。

しかし改革の嵐が下火になり共和党と民主党の力が拮抗する一八七〇年代になると、最高裁は再び重要な判決を下しはじめる。ゆっくりとしかし着実に最高裁は息を吹き返し、やがてまた戦前にも増して国政の方向を左右するようになる。

最高裁の弱体化

アメリカ憲法史を通じて最高裁はしばしばその影響力を失い、はなはだしいときには存亡の危機に瀕した。たとえばマーシャル首席判事の時代、旧共和党のジェファソン政権と対立し、サミュエル・チェース判事の弾劾裁判をかろうじて切り抜けねばならなかった。またジャクソン大統領は、チェロキー・インディアンに関する判決を完全に無視した。ジャクソン大統領はさらに、合衆国銀行の合憲性に関する最高裁の判例を否定して、同銀行の免許更新を拒否する。あとに述べるように、二〇世紀に入ってからも、自らのニューディール政策を実施する法律を繰り返し違憲と判断する保守派の判事に業を煮やしたフランクリン・ローズヴェルト大統領が、最高裁判事定員の大幅な増加をはかった。

南北戦争中から戦後にかけての時期も、最高裁にとって影響力低下を余儀なくされる時代であった。これにはいくつか理由がある。

一つはドレッド・スコット事件判決の後遺症である。国論を二分する奴隷制度の問題に最終的な決着をつけようとしてトーニー首席判事が下したこの判決は、南北の対立をかえってあおり、戦争勃発の一つのきっかけとさえなってしまう。合衆国領土における奴隷制度の禁止は違憲だとする相当無理のある本判決によって、南部出身の判事が多数を占める最高裁は北部世論を敵に回し信用を失った。

トーニー判事は開戦後もその地位にとどまりワシントンを去ろうとしなかったが、親南部の姿勢を公然と維持したこともあって完全に孤立する。彼が発出した人身保護令状をリンカーン大統領が無視したメリーマン事件は、憲法の原則を貫こうとしたこの年老いた判事が無力であることを示した。戦局が南部連合にとって次第に絶望的となりつつあった一八六四年一〇月、トーニー判事は八七年の長い生涯をさびしく閉じた。この判事が残したドレッド・スコット事件判決の後遺症を乗り越え最高裁が再び国民の信任を得るには、それから十数年かかる。

もう一つは南北戦争とその後の混乱という、危機の時代の性格である。そもそも司法による問題解決は平時にこそふさわしい。考える時間があり差し迫った危険がないときでなければ、強制力を有しない裁判所の判決は解決策として有効でありにくい。いったん戦争が始まって、リンカーン大統領が徴兵、没収、人身保護令状停止、奴隷解放といった憲法上疑義のある政策を次々に実行しても、司法はほとんど介入しようとしなかった。違憲判決を下しても戦時にはそれを担保する実力が自分たちにないことを、判事たちはよく理解していたのであろう。連邦軍による占領という、戦時に準じた手段を用いた戦後の南部再建政策実施にあたっても、最高裁はなかなか口を出さなかった。

第三に、最高裁におけるリーダーシップの欠如がある。一九世紀の初頭から約六〇年にわたって最高裁をリードしたのは、二人の首席判事であった。マーシャルとトーニーという、憲法解釈においても政治的影響力においても他を圧倒するこの二人がいてこそ、最高裁はたびたびの危機をかわして生きのびる。トーニー判事はドレッド・スコット事件判決で最後につまずいたものの、それ以前の働きについては今でも一流の判事として評価が高い。

トーニー判事の死去にともなってリンカーン大統領が首席判事に任命したのは、オハイオ州出身の政治家でリンカーン政権の財務長官をつとめたサーモン・チェースである。このときから約三〇年前、オハイオ州シンシナチを訪れたフランスの貴族トクヴィルが、当時まだ二〇歳を少し過ぎたばかりの地元の若きロイヤー、チェースに会っている。トクヴィルがうわさに聞いたところでは、チェースはワシントンでなかなか司法試験に合格せず、そのころロイヤー不足に悩んでいた西の辺境オハイオへ行って働くことを約束して、なんとか資格を与えられた。ワシントンではものにならなかったのである。法律家としての能力に疑問があり、しかも大統領就任への野心を有していたため判断のぶれるチェース判事は、戦後の最高裁を引っ張っていく器ではなかった。

ミリガン事件と南部再建策

それでも南北戦争中と戦後では、最高裁の積極性にかなり顕著な差があった。たとえば軍事法廷で民間人を裁くことの合憲性をめぐって争われた二つの事件を見ると、そのことがはっきりする。

一つは戦争中のヴァランディガム事件である。一八六三年、オハイオ州の市民クレメント・ヴァランディガムが、ある政治集会でこの戦争は「邪悪で、残酷で、不必要」なものだと発言し、リンカーン政権への抵抗を呼びかける。前年の一八六二年、リンカーン大統領は戦場から遠く通常の法廷が機能している地域でも戦争遂行を妨害する市民を逮捕して裁く権限を、軍司令官たちに与えていた。この命令にもとづきヴァランディガムは軍に逮捕され軍事法廷で裁かれて、戦争が続くあいだ軍の施設で拘禁されることになった。リンカーン大統領はこの処置がやや厳しすぎると感じたのか、彼を釈放し南部に追放する。しかしその間ヴァランディガムは、シンシナチの連邦巡回裁判所に人身保護令状の発出を求め、拒否された。さらに最高裁に対して審理を要求したものの、最高裁は訴訟法上の技術的な理由でこの事件を取り上げなかった。

もう一つはミリガン事件である。インディアナ州に住み戦争に反対する北部民主党員ランブデン・ミリガンは、北軍の捕虜となった南部連合軍の兵士を仲間と共同で逃亡させ、インディアナ、オハイオ、イリノイ三州の政府を武力で転覆しようとはかった罪を問われて軍に逮捕される。軍事法廷で裁かれ絞首刑を宣告された。そして人身保護令状の発出をインディアナポリスの連邦巡回裁判所に求め、拒否される。ここまではヴァランディガム事件とまったく同じ展開である。しかしそのあとが違った。最高裁は戦争終結後の一八六六年四月、五対四の投票でミリガンの主張を認める判決を下す。戦場から遠く一般の裁判所が機能している地域で、民間人を軍事法廷で軍法にもとづき裁くのは、憲法修正第六条の保障する公開の場で陪審裁判を受ける権利を侵す、したがって違憲だとの理由である。

似たような経緯をたどった二つの事件について、最高裁はなぜ異なる対応を示したのだろうか。一つには両者のあいだに技術的な差があったらしい。ヴァランディガム事件の審理を拒否しミリガン事件の審理だけを行なうことを正当化する、訴訟手続上の理由があったようである。しかしもう一つの違いは、両者とも戦争中に起こった事件であったものの、ミリガン事件の判決だけが戦後に下された点にある。最高裁は戦争が終わった以上、戦中よりも大胆な違憲判決を下してもかまわないと考えた。そんなふうに解釈できる。

忠誠宣誓に関する判例と南部再建策

戦争終結後、最高裁はこのほかにもいくつか違憲判決を下している。一八六七年一月の忠誠宣誓に関する判決である。

忠誠宣誓というのは、選挙で投票する、選挙を監督する、公職につく、政府と取引をする、法廷で弁護士として活動するなど、公的活動を行なう条件として政府への忠誠を正式に誓うことである。将来にわたって合衆国憲法を支持し遵守することを誓うだけではない。自ら進んで合衆国に対して弓を引き、弓を引く者を援助したことが過去に一度もなく、合衆国に敵対的な政府で役職につきそのような政府を支持したこともないと、宣誓せねばならなかった。連邦政府はこの忠誠宣誓を自らの公務員にも課したが、旧南部連合の役人、軍人、支持者を新しい南部の体制から締め出すための手段として広く用いた。

最高裁は、こうした宣誓を強いるのは違憲だとの判決を下す。まずカミングズ対ミズーリ事件では、選挙の投票者ならびに候補者、牧師、弁護士などに忠誠宣誓を強いる一八六五年のミズーリ州憲法を違憲とした。またガーランド事件では、連邦裁判所で弁論を行なう弁護士に忠誠宣誓をさせる一八六五年連邦審査法を、違憲とする。どちらも、弁護士など特定の人物だけを対象に立法を行なうのは私権剝奪法(ビル・オブ・アテインダー)を禁じる憲法第一条一〇節一項の規定に反し、また行なわれたときには違法でなかった行為をあとになって罰するのは、同じく憲法第一条一〇節一項が定める遡及処罰禁止の原則に反するというのが、その理由である。

議会は、忠誠宣誓に関する二つの判決を完全に無視した。忠誠宣誓の規定は判決が出たあと、あらためて軍事再建法のなかに明文で規定される。そして南部再建の試みが続くあいだずっと、南部人に対して途切れることなく要求された。

ミリガン判決と忠誠宣誓に関する二つの判決は、一連の軍事再建法制定以前に下されたものであって、議会主導による南部再建政策の合憲性を直接問うたものではない。実際に、最高裁判事の一人はある私信のなかで、ミリガン判決は軍事再建法の合憲性には関係がないと述べている。しかし軍事再建法が南部の改革を軍による南部占領を通して行ない、また奴隷の身分から解放された黒人を迫害する南部民間人は軍事法廷で裁くと予定している以上、この判決は反対派にとって朗報であった。彼らは最高裁がミリガン判決を先例として、戦争が終わったにもかかわらず民間人を軍事法廷で裁く権限を与える軍事再建法を違憲無効とするのを、期待したのである。同様に、議会から無視されたとはいえ、最高裁が南部再建策の手段の一つである忠誠宣誓を違憲としたことも、反対派を勇気づけた。

最高裁のやや積極的な一連の判断を受け、南部の一部州は軍事再建法の合憲性そのものを争う訴訟を起こす。まず一八六七年四月、ジョンソン大統領によって承認されたミシシッピー州の政府代表が大統領に対し、軍事再建法による軍政移管を差し止めるよう求める訴えを最高裁に直接提起した。同法にもとづいて連邦政府が自ら選んだ新政府を州に押しつけるのは州の主権を侵すものだというのが、彼らの主張である。

これに対し最高裁は全員一致で同州の訴えを退けた。軍事再建法の施行は高度な政治的判断をともなうものであり、司法の判断になじまない。司法による差止命令は立法と行政の領域に不当に踏みこむこととなるため、三権分立の原則を侵すと判断した。

翌一八六八年二月、今度はジョージア州がミシシッピー州と一緒に、スタントン陸軍長官を相手取って訴えを起こした。同州も自分たちの政権について連邦議会から指図を受けるいわれはないと主張し、軍事再建法の施行を差し止めるよう求めた。最高裁はこの事件についても、高度に政治的な問題であることを理由に審理を拒否する。

マクカードル事件と議会の干渉

軍事再建法に反対する勢力は、それでもあきらめない。より直接にその合憲性を試す機会が、同じく一八六八年二月、マクカードル事件の裁判で訪れる。ウィリアム・マクカードルは連邦軍の占領下にあるミシシッピー州の新聞記者であった。南部占領を指揮する連邦軍の将軍たちは「みな評判が悪く、臆病で、どうしようもない悪者であり、頭を丸めて、耳をちょん切って、おでこに烙印を捺《お》して、牢屋に放りこんでしまうべきだ」と述べる記事を自分の新聞に書いて逮捕された。軍事法廷で裁かれ、五年の刑を宣告される。そしてミリガンと同様、連邦巡回裁判所に人身保護令状の発出を求めた。軍による民間人の逮捕と裁判を認める軍事再建法は違憲だと主張したのである。

連邦巡回裁判所は人身保護令状の発出を拒否した。しかしマクカードルは、身柄の拘束が憲法もしくは連邦法に違反する疑いがある場合、巡回裁判所から最高裁への権利上告を許すと定める一八六七年人身保護法にもとづいて、上告した。そしてこれを最高裁が取り上げ、口頭弁論が行なわれる。

こうした一連の動きを不快としたのは、議会共和党の指導者たちである。彼らは最高裁が違憲判決を下せないようにするため、いくつか策を講じる。まず一八六八年一月に、議会の制定した法律を最高裁が違憲無効とするには判事の三分の二の賛成を必要とするという法案を提出し、下院がこれを可決した。しかし上院の賛成が得られず、法律とはならなかった。軍事再建法に関してのみ最高裁の管轄権を否定する法案も提出されたが、これも議会を通過しない。

最後に、一八六八年三月、一八六七年人身保護法を修正し同法のもとでなされる上告を審理する権限を最高裁から奪う法案が、ジョンソン大統領の拒否権発動を乗り越えて可決成立する。最高裁はこの法律制定を待って、一八六八年四月、新法のもとではマクカードルの上告に対して管轄権をもたないという結論を下す。最高裁はこうして軍事再建法の合憲性につき判断を下すのを避けた。

最高裁が議会の圧力に屈してマクカードル事件の審理をしなかったのかどうかは、学者のあいだでもいろいろ議論がある。ちょうどこのころ、連邦議会はジョンソン大統領の弾劾裁判を行なっていた。上院でこの裁判を取りしきったのは、最高裁のチェース首席判事である。もし軍事再建法を違憲とした場合、議会が大統領の次に最高裁判事の弾劾を試みるのではと恐れたとしても、不思議ではない。

共和党が圧倒的多数を占める議会は、その気になれば最高裁の権限を縮小する憲法修正を提言できた。そこまで行かずとも、最高裁の管轄権や判事の定員を法律によって変更するのは容易である。議会との力関係において、このときの最高裁はまったく弱体であり、そのためにマクカードル事件の審理を避けたのだと考える人は多い。

しかし、いやそうではない、最高裁は純粋に技術的な理由でマクカードル事件の審理を拒否したのであって、議会の圧力に屈したのではないと主張する学者もいる。その証拠として挙げられるのが、一八六九年一〇月に下されたヤーガー事件の判決である。エドワード・ヤーガーはミシシッピー州ジャクソン市の市長を殺害した容疑で軍に逮捕され、軍事裁判所で裁かれて有罪の宣告を受けた。ヴァランディガムやミリガン、そしてマクカードルと同じように、彼もまた軍事裁判は違憲であるとして連邦巡回裁判所に人身保護令状を求める。巡回裁がこれを拒否したとき、最高裁は上告を取り上げることに同意した。マクカードル事件のときとは異なり、一七八九年司法権法のもとでそれが可能だとしたのである。この事件はグラント政権が和解にもちこんだので、軍事再建法の合憲性について判断は下されなかった。しかし最高裁は必要ならそれを行なったはずだというのが、ヤーガー事件を引く学者たちの主張である。

この時期、最高裁が政府からの政治的圧力に直面したのは、これだけではない。一連の法定通貨事件の判決がある。一八七〇年、最高裁はヘップバーン対グリズウォルド事件の判決で、連邦政府による兌換《だかん》性のない紙幣発行を違憲とした。憲法はその第二条八節で、通貨の鋳造権を連邦議会に与えている。これは文字どおり、金属製の貨幣を鋳造する権限であり、連邦政府は兌換性のない紙幣を通貨として発行する権限は与えられていないというのが定説であった。

ところが南北戦争中、リンカーン政権は戦費調達の必要に迫られて大量の紙幣を法貨として発行する。その額は四億五〇〇〇万ドルに上った。これらの紙幣は緑色をしていたために、グリーンバックと呼ばれる。連邦政府が発行した紙幣とはいえ、グリーンバックはインフレを引き起こすなど評判がよくなかった。そしてこの紙幣発行は憲法に違反し法貨としての価値がないとして、一部の債権者が同紙幣による債務返済の受取りを拒否したため、訴訟が起きる。

初めてこの問題が最高裁にまで上がってきたのは、戦争中の一八六三年であった。ただしこのときには最高裁は技術的な理由で審理を拒否する。ヴァランディガム事件の場合と同様、戦争遂行のために必要な措置についての憲法判断を避けたようだ。しかし戦争が終結すると、もはやそのためらいはなくなった。

ヘップバーン対グリズウォルド事件の判決文を書いたのは、チェース首席判事である。実はリンカーン大統領は、チェースがグリーンバックを合憲と判断するものと期待して、彼を最高裁首席判事に任命したらしい。なぜならチェースはリンカーン政権で財務長官をつとめた人物であり、グリーンバックを発行したのは彼自身だったからである。ところがチェースは期待を裏切り違憲判決を下す。この判決は公然と大統領の地位をねらっていたチェースが変節した結果だとうわさされた。

このとき、最高裁の判事定員は七名だった。ジョンソン大統領が自分に立場が近い判事を任命しないように、議会は法律を通して定員を七人に絞っていた。しかしその後グラント大統領が就任すると議会は再度法律を通し、定員を九人に増やした。ヘップバーン事件の判決が下されたその日、グラント大統領はこの法律にもとづきジョセフ・ブラッドレーとウィリアム・ストロングという、グリーンバックの合憲性を支持する共和党の判事二人を任命する。そして定員が増えた最高裁は、翌年グリーンバックを合憲とする判決を新たに下した。最高裁はわずか半年で、自らの判決をくつがえしたことになる。民主党は、大統領が新たな判事の任命によって判決を左右したと非難した。

南北戦争後の連邦制度

このように南北戦争終了後、最高裁は議会との力関係をはかりながら慎重に判決を下しはじめる。その背景には、州権を主張する南部が戦争に敗れた結果、連邦議会がこれまでにない力を蓄えた事実がある。新しい修正条項が加えられた以外憲法そのものは変わらなかったものの、連邦と州の力関係は明らかに変化し連邦議会は大統領や最高裁に対して優勢であった。

このことは最高裁自身が、よく理解していた。連邦議会を中心とした戦後の新しい憲法秩序をこの裁判所がもっともよく表現したのは、一八六九年のテキサス対ホワイトという事件の判例であろう。

テキサス州は戦前、いくらかの連邦政府国債を保有していた。これらの国債を南部連合に加盟した州政府が被告ホワイトほかへ売却してしまう。国債の満期が来たとき、戦後に成立した新州政府が、叛乱政府による国債の売却は無効であり所有権はいまだに自分たちにあると主張し、ホワイトへの支払差止めを求めて争った事件である。

最高裁はまず、新州政府に訴訟を提起する資格があるのかどうか判断せねばならなかった。それはすなわち、戦争が州の地位と連邦の仕組みにどのような影響を与えたかの判断にほかならない。

判決文を著したチェース首席判事は、合衆国が「破壊できない州からなる破壊しえない連合国家である」と、最初に述べる。いったんテキサスが連邦に加盟した以上、離脱は不可能である。

そもそも憲法はその前文によれば、「より完全な連合を結成するため」に制定された。ところで憲法以前に存在した連合規約そのものが、連合は「永遠」に存在すると規定している。であれば、憲法のもとで結成された「より完全な連合」が、「永遠」の命を有していないはずがない。したがって違法な連邦離脱によって連邦の一員であるテキサス州の存在がなくなったわけでも、あるいは合衆国の一州としてのテキサス州の義務や権利がなくなったわけでもない。こうしてチェース判事は、州が合衆国を離脱することは憲法上ありえないという、リンカーン大統領の理論を確認した。

しかしながら、テキサス州が南部連合に加盟して連邦政府に対し違法な叛乱を起こしたのも事実である。したがって連邦の一州としてのテキサスとその人民の権利は一時的に停止されており、テキサス州民は正統な政府をもたない。それでは誰が新しい正統な州政府を樹立し承認する権限を有するのか。それは連邦政府である。

最初は軍最高指揮官としての大統領が、占領地域で軍政を敷く権限を有する。しかしその権限はあくまでも一時的なもので、本来は連邦議会に属する。そして議会が有するこの権限は、憲法第四条四節の、「合衆国は各州に共和政体を保障する」という規定にもとづいており、高度に政治的な性質のものである。

チェース首席判事は、この判決が軍事再建法の合憲性を判断するものではないと述べた。しかし実質的には、戦後議会が試みた南部再建政策が憲法上正当化しうることを確認する結果となった。すなわち南部各州に権力の空白ができたとき、それを埋めるのは独自の存在を有する連邦政府であり、それ以外にありえない。

州は連邦から独立して存在するものではない。テキサス対ホワイト事件判決で示されたこの見方は、連邦制度に関する戦後の新しい憲法解釈であった。この新たな秩序のなかで、連邦と州の関係はどうあるべきか、最高裁の新しい役割はなんであるのか。それが憲法史の次なる課題となる。

第17章　最高裁と新しい憲法修正条項

南北戦争後の混乱がひとまず落ち着いたところで、合衆国最高裁が直面したもっとも重要な課題は、新しい憲法修正条項の解釈である。戦後相次いで制定された第一三、一四、一五の三つの修正条項は、アメリカ合衆国の憲法秩序を大きく変えた。これらの修正条項にもとづいて連邦議会は新しい法律を制定し、南部の改革再建に取り組む。特に奴隷の地位から解放された黒人の地位向上をめざした。

けれども三つの憲法修正条項が実際に何を意味しているのか、それほど明確であったわけではない。さまざまな立場の議員が討論の末互いに妥協しあって起草したものであるから、あいまいな部分が多かった。

ふりかえってみれば当初の憲法条項の多くも、実際の事件に即して最高裁が下した判決を通じ、その意味が少しずつ確定した。三つの修正条項も、戦後しばらく経ってから提起された現実の訴訟を最高裁が審理し、各条項を適用し解釈して、より明確な位置づけがなされた。

新しい修正条項は、本来いずれも解放された奴隷の地位と権利を定めたものである。しかし文言上は、黒人だけを対象にした形にはなっていない。したがって制定者が各条項の適用範囲をどこまでと意図したのかが、解釈上の争いの一つとなる。

特に修正第一四条一節に含まれる法の適正手続（デュープロセス）条項と平等保護条項はのちに広く解釈され、一九世紀末から今日まで憲法解釈に関する議論の中心的地位を占めることとなる。ただしとりあえずは、最高裁が三つの修正条項を通じて南北戦争後の黒人の地位につき判断を重ねていく、その過程を探ろう。

スローターハウス（食肉解体処理場）事件

最高裁が初めて修正第一四条の解釈を行なったのは、同修正制定から五年後の一八七三年である。修正第一三条に照らし、一八六六年公民権法やその他の南部再建に関する法律を合憲とする判決が下級審によってすでにいくつか下されていたが、最高裁はまだ何も判断を示していなかった。ちなみにこの訴訟は、黒人の権利そのものには何も関係がない。

事件は、ルイジアナ州議会がニューオーリンズ市における食肉解体処理について新しい法律を制定したことに始まる。新法はクレセント市食肉荷揚解体会社という企業に、食肉解体処理の独占権を二五年間与えた。同社はニューオーリンズ市を流れるミシシッピー川下流沿いに、大規模な処理場を建設することを約束する。他の業者は適正な料金を払うことによって同処理場に家畜をもちこみ解体処理する権利を与えられたが、自前の処理場をもつことは禁じられた。

新法の目的は人口密集地域から食肉解体処理場を隔離し、市民の健康と安全を確保することだと説明された。しかしこの法律を制定したのは、南北戦争後北部の圧力のもとで選ばれた新しい州議会である。解放された黒人奴隷や、北部支持の南部人、北部からやってきた人士などから議員が選ばれており、腐敗のうわさが絶えなかった。実際、知事、議員、州政府の役人、新聞記者にまで、この会社から多額の賄賂が贈られたらしい。

憤慨した地元の業者たちは、南北戦争の勃発とともに最高裁判事の職を辞したジョン・キャンベルを雇って、この法律の合憲性を問う訴訟を次々に提起した。当時この人は、「神様、キャンベルさま」といわれたほど評判の弁護士であったという。彼は新法がこれら他の業者の職を奪うものであり、修正第一四条に違反すると主張する。

一方被告独占企業の代理人は、修正第一四条の制定にかかわった元上院議員のマシュー・カーペンターである。訴訟は一括して上訴され、一八七三年に連邦最高裁が判断を下した。結果は被告の勝訴、すなわちルイジアナ州法は合憲だというものである。最高裁の判断は五対四の僅差であった。

法廷意見を著したサミュエル・ミラー判事は、まず州議会には州民の健康と安全を保護するためにさまざまな法律を制定する権限があることを確認する。食肉解体処理の場所を定めるのも、この権限の一部である。特定の一社に独占権を与えることの是非には議論があるかもしれないが、他の業者はこの会社にもちこめば適正な料金で解体処理ができ食肉を販売できるのだから、別に職業選択の自由が奪われるわけではない。州民の健康促進という目的に照らして、食肉解体処理の場を一ヶ所に集中させるという手段は適切かつ効果的である。

したがって、この法律が無効であるとすれば、それは連邦憲法に違反している場合だけである。原告は他の業者が自前の処理場をもてないのは、修正第一三条が禁じる非自発的な苦役にあたり、また修正第一四条が禁じる合衆国市民の特権と免責の制約、法のデュープロセスによらない財産権の侵害、さらに法の下での平等保護の否定にあたると主張する。

これら修正条項が解放された奴隷の自由確立を念頭に置いて制定されたのは、明らかである。ただし対象が黒人だけに限られないことは認めよう。しかしそれでも、修正第一三条が想定したのは、南北戦争以前に広く存在した奴隷制度とそれに準ずる非自発的な苦役である。他の業者が自前の処理場をもてないからといって、それが修正第一三条の禁じる非自発的な苦役にあたるとはいえない。したがって同修正の違反はない。

次にミラー判事は、修正第一四条一節が掲げる新しい市民権の定義を分析する。すなわち「合衆国内で生まれた又は合衆国に帰化したすべての人は、（中略）合衆国市民であり、同時に居住する州の市民である」という部分である。

ドレッド・スコット事件の判決は、アフリカ系の人々には憲法上市民権がないとした。修正第一四条一節の文言は同判決の否定と黒人への市民権付与を、主たる目的とする。ところで文言は合衆国の市民と州の市民を区別している。そこで修正第一四条一節の次の項を見ると、「州は、合衆国市民の特権あるいは免責を制約するいかなる法律をも、制定もしくは執行してはならない」と書いてある。原告は職業選択の自由がこの特権の一部であり、それを奪う州法は違憲だと主張するが、本当だろうか。それならばなぜ、「州の市民」という言葉を二項ではわざわざ除去したのだろうか。除去は意図的であるとしか解釈できない。

ここで保護されるのは合衆国市民の特権と免責であって、州市民の有するより広い特権や免責ではない。前者に含まれるのは、たとえば連邦政府に対して直接請願を行なう権利、公海上や外国で連邦政府の保護を受ける権利などである。職業選択を自由に行なう権利があるとすれば、それは州市民としての権利であって、修正第一四条が保護するものではない。

ミラー判事はさらに、先例に照らして職業選択の自由否定は法のデュープロセスなしの財産権侵害にはあたらないこと、また平等保護条項は黒人に対する差別撤廃をめざしたものであり本件には適用されないことを述べて、原告の主張をことごとく退けた。

こうしてニューオーリンズ市の食肉解体処理業者同士の争いは終わった。しかしこの判決は、その後の修正第一四条の有用性に大きな影響を及ぼす。なぜなら同修正が真っ先に保護の対象とした「市民の特権と免責」という概念が、連邦政府自身が与える特権と免責という狭い範囲に限定されてしまったからである。

したがってこれ以後、本来この条項が保護の対象として想定していた黒人は、特権・免責条項を根拠に、市民として有する権利の侵害とそれからの救済を主張できなくなった。議会の同条項制定に関する記録は、修正第一四条の制定者がミラー判事よりもっと広い解釈をおそらくは意図していたことを示していた。にもかかわらず、本判決はそうした解釈を否定した。

ミラー判事は、連邦と州から構成される連邦制度が骨抜きになるのを恐れて、このような限定的解釈をしたように思われる。本来州が州法にもとづいて守るべき市民の権利を、修正第一四条の下で連邦政府が自らの法律によって直接保護するようになれば、州の立法権は意味がなくなる。また同修正にもとづいて州法の合憲性を連邦最高裁がいちいち判断するようになれば、最高裁は州議会の立法活動を監視する機関になってしまう。そうなれば連邦と州の関係が根本的に変化する。そんな結果を修正第一四条の制定者が意図したはずはない。判事はそう結論づけたのである。

公民権事件

修正第一四条の限定的解釈は、一八八三年の公民権事件判決でも見られた。既述のとおり、解放された奴隷の権利を守るため南北戦争後に制定された数多くの法律のうちで、最後を飾るのは一八七五年公民権法であった。この法律は第一条で、すべての人は、宿屋、公共交通機関、劇場その他公共の娯楽施設で、人種、肌の色、かつて奴隷であったかどうかにかかわらず、平等な待遇を受ける権利があると定めた。また第二条で、本法違反を軽罪として罰し、差別的待遇を受けた個人が訴訟を通じて罰金を徴収するのを認めた。

有名な奴隷解放運動家であったチャールズ・サムナー上院議員の熱意に動かされて制定されたこの法律は、実際にはほとんど施行されなかったらしい。同法の規定に反して宿屋、公共交通機関、娯楽施設から締め出された黒人が、カリフォルニアなど五州の連邦地区裁判所で訴訟を提起する。これらの訴訟が一つにまとめられ上告されて、最高裁の審理に付されることとなった。

法廷意見を著したジョセフ・ブラッドレー判事は、一八七五年公民権法は違憲であるとの判決を下す。修正第一四条が禁じるのは州による行為（ステート・アクション）であって、私人による他の私人の権利侵害は対象ではない。後者は州の立法や判決にもとづいていなければ、ただの私的な不法行為もしくは犯罪であって、州法のもとで救済を求めるべきものである。ここで問題となっているのは、純粋に私的で州が関与していない行為である。

にもかかわらず、一八七五年法はそれを連邦法で直接禁じたうえに、連邦司法を通じた救済を認めている。これは修正第一四条が意図したものではなく、したがって違憲である。

ブラッドレー判事はさらに修正第一三条も、一八七五年法を正当化しないとの判断を示した。修正第一四条と違って、修正第一三条は確かに連邦法によって直接私人の行為を規制するのを認めている。しかしそれは同修正条項が禁じる奴隷や非自発的な苦役、あるいはそれを象徴もしくはそれに付随する状況が存在する場合のみである。宿屋での宿泊、交通機関の利用、娯楽施設への入場拒否は、奴隷や非自発的苦役を象徴もしくは付随する取扱いとはいえない。南北戦争前にも自由な黒人はいて、彼らもまたこれらの場所で入場を拒否された。しかしだからといって、それを基本的な権利の侵害であるとは受け止めなかったではないか。私人による単なる差別は、修正第一三条の禁ずる取扱いあるいは状況ではない。

この判決も、修正第一三条、修正第一四条にもとづく黒人の権利保護の範囲を狭めるものであった。特に修正第一四条が州による行為のみを禁止するものであり、私人による差別行為を連邦政府が直接規制することを許さないとする憲法解釈は、当時他の判決でも示され、その後今日までおおむね正しいものとして認められている。市民の権利を連邦政府が直接保護規制することを許せば、独立した州の存在を前提とする連邦制度そのものが崩壊し、アメリカ合衆国が連邦と州からなる複合国家ではなく、単一政府の国家になってしまう。その恐れがここでも表明された。

ブラッドレー判事自身判決文のなかで、このような連邦法による規制を許せば「いったいどこでとどまるのか、わからなくなる。連邦議会は、生命、自由、財産にかかわるあらゆる権利を保護するための法律を、同じ権限によって制定しようとするだろう」と述べて、警戒感を表した。

これに対して反対意見を著したジョン・マーシャル・ハーラン判事は、交通機関たとえば鉄道は私企業が運営するものであっても、公共の用に満遍なく供されるべきものであると先例が広く認めており、したがって黒人にも等しく利用する権利があること。またイギリスの裁判所が下した判例までさかのぼってみても、宿屋の主人には客がだれであるかを問わず宿泊させる義務があること。さらに娯楽施設は許可を得て営業するものであって、その限りにおいて門戸を平等に開かねばならないこと。まとめて言えば、宿屋の主人、鉄道会社、娯楽施設管理者、そのすべてが公共的性格を有しており、州の規則に服する義務がある。その限りにおいて彼らは州の代理人であると考えられるため、修正第一四条の求めるステート・アクションの要件を十分満たす。連邦法による規制は合憲だと反論した。

二〇世紀に入ると、一部の最高裁判事がハーラン判事の示した論理を受け継ぎ、ステート・アクションの意味を拡大解釈して南部の私人による黒人差別を規制しようとする。しかしその道のりは、長く困難なものであった。二〇世紀の半ばを過ぎても、南部の多くの州ではレストランやホテルで、劇場や公園で、黒人の立ち入りが禁じられる。私人による差別が法律上禁止され解消されるのは、一九六四年公民権法の成立を待たねばならない。

人種差別の変遷

スローターハウス事件と公民権事件の二つの判決は、どちらも新しい修正条項を狭く解釈した点において、共和党が取り組んだ戦後の南部再建と解放奴隷の権利確立に逆行するものであった。けれども最高裁が改革の流れに単独で逆らったのでは、必ずしもない。共和党が南部再建に熱心であった戦後の一時期、最高裁は行政府と立法府の政策に表立って口出しするのを避けていたが、一八七三年にスローターハウス事件の判決が出たとき、南部再建の勢いはすでに失われつつあった。翌一八七四年の中間選挙では、共和党が初めて大幅に議席を失う。一八八三年に公民権事件の判決が下ったときには、南部再建は完全に過去のできごととなっていた。最高裁による新しい修正条項の限定的な解釈は、黒人の権利確立がうまくいかなかった現実を追認したものといえるだろう。

ただし、一八七七年の春に南部から最後の連邦軍が撤退し、北部主導による南部再建政策に終止符が打たれてからも、黒人を取り巻く環境はそれほど急に悪くならない。黒人は引き続き選挙権を行使しつづける。都市の市街電車では、白人と黒人の相乗りが普通であった。特に白人と黒人の共存が顕著だったのはニューオーリンズで、両者が一緒に野球や拳闘の試合を楽しみ、組合や労働者の会合を組織した。人種を越えた売買春も普通であったらしい。ニューオーリンズを除く南部の公立学校では人種別学が一般的であったが、北部諸州では南北戦争後に公立学校での人種共学が次々に実現している。

実際一八八〇年代に、最高裁は黒人の投票権を守る判決、あるいは黒人を陪審から締め出す州法を違憲とする判決を、いくつか下している。たとえば一八八四年のヤーボロー事件などで、黒人の投票を妨害する私人や州の役人の行為を、修正第一五条にもとづいて禁止した。また一八八〇年のストローダー対ウェストヴァージニア州事件では、白人のみの陪審によって黒人の殺人事件容疑者に対し下された有罪評決を、無効とした。「陪審員は、二一歳以上の白人州市民から構成されるものとする」と規定する州法は、法の下の平等を定めた修正第一四条に反するというのが、その理由である。

これらの判決をよく読めば、最高裁の判事が黒人を対等な存在と考えていたわけでは必ずしもないことがわかる。ストローダー事件では、黒人と白人の価値観が違うがゆえに、黒人は仲間の黒人が加わった陪審員に裁かれる権利があるとされた。それでも法律の下でのあからさまな差別に対しては、新しい修正条項にもとづいて、ときに違憲判決が下った。

ところがこの事態は一八九〇年代に入ると突然変わる。南部ではニューオーリンズでさえ人種間の交流がほとんど見られなくなった。そのほかの地域では、黒人は白人の活動領域から完全に締め出され隔離される。さらに黒人は、投票税、識字テスト、白人だけの予備選挙などの手段によって、選挙権の行使を完全に妨げられた。北部でも人種共学は次第に数を減じ、人種別学が一般的になった。最高裁も一八九八年のウィリアムズ対ミシシッピー事件などで、識字テストや投票税の実施が修正第一五条に違反しないとの判決を下す。そうした手段が実際に黒人を選挙から締め出す結果をもたらしたとしても、その意図が人種にもとづいたものであると証明されないかぎり、違憲とはならないというのである。

なぜこうした変化が急に起こったかについては、いろいろな説がある。一つには、黒人の地位向上に関する北部人の熱意が失われた。その背景には共和党が北部での地歩を固めたため、南部黒人への依存を必要としなくなった事情がある。また、奴隷制度廃止運動に携わった世代の人々が、このころまでに老いて姿を消した。ハワイ、プエルトリコ、フィリピンなどの併合によって、これら新しい領土の住民の取扱いを考えねばならず、黒人問題で悩む南部人への共感が生まれた。同じように、南欧、東欧からのカソリック教徒やユダヤ人を中心とする移民の流入が脅威と感じられた。さらには産業化をきっかけとする南部から北部への黒人移入にともない、北部諸都市に黒人地区が生まれ白人との摩擦を生んだなどの環境変化がある。

もう一つはポピュリズムの影響である。鉄道資本に対する農民層の不満がつのり、ポピュリスト運動となって政治的発言力を増加させた。そして彼ら貧しい白人と労働者として虐げられる黒人が連合を組む可能性が、現実のものとなる。そのような事態を恐れた富裕な白人層が、両者を離反させるために人種の差異を強調する作戦に出た。また都市化が進み農村共同体の分解が進むにつれ、人々は自分たちの社会的地位があいまいになり不安を感じた。人種隔離は、そうした不安を解消し社会的序列を確立する一つの手段であった。黒人は社会不安のはけ口となる。黒人に対するリンチが劇的に増えたのも、この時代の特徴であった。

そして最後にはダーウィニズム、より正確に言えばダーウィンの考え方を借りた、あるいは都合よく使ったハーバート・スペンサーの社会進化論の影響がある。一九世紀最後の一〇年から二〇世紀半ばまでの約五〇年間は、世界中の人々が人種というものを強く意識した時代であった。適者生存という自然界の法則が人間社会にも適用され、優秀な人種すなわち白人が生き残り世界を支配するということがまじめに信じられた。この考え方に立てば、黒人は白人と一緒には生活できない劣った人種であり、隔離しておくしかない。優秀な人種という考え方は、のちにナチスの勃興を生み、ユダヤ人の大量殺戮《さつりく》につながる。

プレッシー対ファーガソン事件

こうした背景のなかで下されたのが、一八九六年のプレッシー対ファーガソン事件の判決である。ルイジアナ州法は、鉄道会社に白人と黒人の車両を別々に設けることを義務づけ、白人専用の車両に黒人が乗ることを禁じていた。ホーマー・プレッシーはルイジアナ州に住む八分の一黒人の血が混ざった男性である。ある日、ニューオーリンズの駅から列車に乗りこんだところ、ここは白人専用の車両だから黒人用の車両に移るようにと車掌に命じられた。プレッシーが拒否したため、強制的に車両から降ろされ州法違反で起訴される。これに対してプレッシーは、同州法が法の下の平等を定めた修正第一四条に違反するとして連邦最高裁まで上訴して争った。

この事件、実はわざと逮捕をさせるように仕組んだ、やらせであったといわれる。差別を嫌うニューオーリンズの黒人、特に混血の人々が、故意に事件を起こして訴訟にもちこんだ。だから外見上ほとんど白人と区別がつかないプレッシーが混血とわかって（あるいは自ら名乗って）逮捕されたのである。鉄道会社も、黒人のために別の車両を用意するのは費用がよけいにかかるので、できれば黒人専用車両を廃止したかった。歴史的な憲法訴訟は作られた事件であることが、しばしばある。

当事者の意図にかかわらず、法廷意見を著したヘンリー・ブラウン判事はルイジアナ州法が合憲だとする判決を下した。修正第一四条が人種間の平等をめざしたものであることは明らかである。しかし両人種を強制的に一緒にすることを意図したものとは思えない。白人と黒人を隔離する法律の制定は（取扱いが同じであるかぎり）どちらかの人種が劣ることを意味するものではなく、州の権限内である。たとえば公立学校での人種別学は、北部の諸州でも認められている。

被告の弁護人は、それではたとえば髪の色で乗る車両を分けたり、白人と黒人が道路の反対側を歩くことを要求したりする法律も許されるのかと問うが、それは極端な例である。この法律は、慣習や伝統に照らして合理的であるがゆえに正当な州の権限の行使とみなされ、修正第一四条には違反しない。

それにもし黒人が別の車両に乗せられることによって劣等感を抱くとしたら、それはそう感じる者の勝手な思いこみである。また人種間の融合は自然な親近感と自発的な交際によってしか実現できないものであり、法律による強制は違いを際立たせ事態を悪化させるだけである。

これに対してハーラン判事は「合衆国憲法はカラーブラインド」、すなわち憲法は肌の色に関係なく適用されるべきものだとして、強いことばで反対意見を述べた。確かに今のところ白人はすべての面で黒人に勝っている。けれども憲法と法律に関するかぎり、この国に優勢で支配的な市民階級は存在せず、階級による差別はない。公民権はすべての市民が平等に享受すべきものである。白人と黒人の運命は分かちがたく結びついており、人種間の敵対意識が法律の名のもとに植えつけられるのは、両者いずれのためにもならない。

人種間の安寧と秩序は、すべての市民に対し公民としての自由と法の下の平等を無条件に保障することで達成される。しかるに、黒人が同じ車両に乗りこむことを許さないこのルイジアナ州法ほど、人種間の敵対意識をあおり信頼関係を損ねるものがあるだろうか。

なぜならこの法律は本当のところ、有色人種が劣等であって白人とは一緒に座れないことを前提に制定されているからである。これは憲法の保障する公民権の享受を黒人に対してのみ否定するものであり、修正第一四条に違反する。

けれどもハーラン判事に同意する判事は、ほかに一人もいなかった。彼は時代のはるか先を行っていた。この判決によって「セパレート・バット・イクォール」、すなわち「隔離すれども平等」という原則が確立される。そしてその後半世紀以上にわたり、南部社会は黒人を白人の活動領域から最高裁による憲法解釈にもとづき公然と締め出すこととなる。当時、この結果はあまりにも当然であったらしい。新聞は一紙として事件の判決について報道しなかったという。結局のところ歴史に残るプレッシー事件判決もまた、最高裁が社会的現実を後追いしたものに過ぎなかった。ハーラン判事の反対意見が最高裁によって正式に見直され採用されるのは、二〇世紀半ばになってからである。

第18章　アメリカの発展と憲法問題

南北戦争後のめざましい発展

南北戦争が終わって平和が到来すると、アメリカはめざましい発展を遂げはじめた。せき止められていた水が一気に流れ出したような勢いで、鉄道が敷かれ、人が移動し、産業が興る。これほどの速度で社会が動いたことは、世界史上例がないであろう。

たとえば鉄道である。南北戦争が終わったとき、アメリカの鉄道の総延長は三万五〇〇〇マイルであった。平和が到来すると同時に建設ラッシュが起こり、一八六九年には大陸横断鉄道が開通する。一八八〇年代の終わりに総延長は一六万六〇〇〇マイルに達し、世紀の終わりまでに二〇万マイルを超える。これはロシアを含むヨーロッパの鉄道の総延長より長かった。

こうして張りめぐらされた鉄道網を伝わって、人々が国中に散らばり、人口が増えた。一八六〇年、アメリカの人口は三一〇〇万人より少し多いほどの数であったのに、一九〇〇年には七五〇〇万人を超え、さらにその後の一〇年間で九二〇〇万人に達する。急激な人口増加をもたらしたのはなんといっても移民である。一八六〇年から一九〇〇年までの四〇年間に一四〇〇万人がアメリカに移住した。さらにその後の一五年間で一四五〇万人が新大陸の土を踏む。一九世紀には主にイギリス、アイルランド、ドイツ、スカンジナビアの人々が、二〇世紀に入るとさらに東ヨーロッパや南ヨーロッパからスラブ人、ユダヤ人、イタリア人などが、新天地での成功を夢見て船でたどり着いた。

これらの新しいアメリカ人は、都市に住みつく傾向があった。人口八〇〇〇人以上の町に住む人の全人口に占める割合は一七九〇年に三パーセントだったのが、一九世紀の終わりには三分の一に達する。一八〇〇年にこの規模の町は全米で八つしかなかったのに、一八九〇年には四四八を数えた。そのうち人口一〇万を超える都市が二六あった。こうした都市には電灯が灯り、市街電車が走り、工場では音を立てて機械がうなっていた。

移民によって供給される豊富な労働力とアメリカ大陸の豊かな資源を用いて、産業もめざましい発展を遂げる。一八六七年にアメリカの鉄鋼生産は一六四三トンに過ぎなかったのが、三〇年後の一八九七年には七〇〇万トンに達していた。一八五九年から一九一四年のあいだに工業製品の生産量は約一八倍まで増加し、第一次大戦が終わる一九一九年までには三三倍に達する。一八四〇年にアメリカ合衆国は世界で五番目の工業国であったのが、一八九四年にはすでに世界一となっていた。カーネギー、モルガン、ロックフェラーなどの人物が、鉄、鉄道、石油といった分野で巨万の富を築き、合併や吸収を通じて経済と金融に対する支配力を高めていく。

こうして一九世紀末のアメリカは、今日われわれが親しんでいるアメリカの性格を如実に現しはじめる。『アメリカ人の歴史』を著したポール・ジョンソンの描写を借りれば、それは「巨大で活気に満ち、限りなく多様で、あらゆる肌の色、人種であふれており、異様に物質的でありながら圧倒的に理想主義的であり、常に進化を求め、前進し、競い合い、人の話をさえぎり、うるさくて、懐疑的で、正しいことをやりたがり、善良でありたいと願い、金儲けに熱心で、みんな幸せになりたい」、そんな社会であったのである。

めまぐるしい変化のなかで最高裁もまた、新しい憲法問題に直面する。この時代、社会変革に対応する政府の役割について、大きく分けて二つの対立する考え方があった。

一つは急激な社会の変化に取り残されがちな弱者を救済するために、さまざまな規制措置を講じて福祉社会を実現すべきだという進歩的な思想である。たとえば鉄道会社が課す高い運賃に制限を設けたり、工場労働者の最低賃金や労働時間を定めたりする動きが活発になる。所得税を導入して富める者から貧しい者への所得移転をはかるのもそうである。世紀末にはヨーロッパでの社会主義運動に影響され、労働者と資本家の対立が激化した。

もう一つは産業の発達のためには政府による規制は好ましくないという、古典的な資本主義の考え方である。市場における自由な競争を通じて、もっとも力のあるものが生き残る。それが社会全体にとっても好ましい。財産権や契約の自由は神聖であり、政府が介入すべきではない。レッセフェール（自由放任）の考え方が保守派の信条となり、進歩派と真っ向からぶつかった。

大きな政府対小さな政府。規制対放任。平等対自由。こうした社会思想上の対立から、最高裁の判事たちも自由ではない。そして連邦と州の対立という大きな憲法問題が南北戦争の終了とともにひとまず片づくと、最高裁はいったい政府がどこまで市場に介入し、企業の活動を規制すべきであるかという問題に取り組みはじめる。

けれどもこの新しい憲法問題の発展を追う前に、そもそも合衆国憲法が私人や企業の経済活動を、また政府によるそれへの介入を、どのようにとらえていたのか、時代をさかのぼって復習したいと思う。

契約条項と初期のアメリカ経済

合衆国憲法によって誕生した連邦政府は、限られた権限しか有しない。修正第一〇条が示すとおり、憲法第一条八節に連邦政府のものとして列挙された権限以外は州と人民が保持するというのが、基本的な考え方である。したがって憲法に反しないかぎりにおいて、各州は州民の安全、健康、福祉などを増進するために自由に法律を制定し、規制することができる。この権限を一般に、州のポリスパワーと呼ぶ。

ただし、一七八七年に憲法制定会議を開き合衆国憲法を起草した一つの目的は、独立後目に余った各州議会の衆愚的立法活動を抑えることにあった。したがって憲法第一条一〇節一項には、州が行なってはならない禁止事項が列挙されている。そのなかの一つが、州は「契約の権利義務を損なうような法律を制定してはならない」と規定する、いわゆる契約条項である。これは憲法制定当時、州議会が新たに法律を通して借金を棒引きにするなど、契約にもとづく商取引の基本的秩序をないがしろにする傾向が多々見られたからである。契約締結によっていったん確定した権利関係は、みだりに変更すべきでない。契約条項は、こうした一八世紀の古典的な契約観にもとづいた規定であった。

契約条項の意味を解釈したもっとも有名な判例は、ダートマス・カレッジ対ウッドワードという一八一九年の事件である。ニューハンプシャーのダートマス・カレッジは、革命前の一七六九年、イギリス国王ジョージ三世の勅許によって創立された。のちにイェール大学で歴史学教授となった朝河貫一が留学したことでも知られる、由緒ある大学である。勅許状は一二人の理事からなる理事会に学校の経営を「永久に」任せ、理事会に欠員が生じた場合は残りの理事が協議して任命すると定めていた。

一八一六年、民主党系のニューハンプシャー州知事と州議会は、新法を制定してダートマス・カレッジの名称をダートマス・ユニヴァーシティに変更する。そして理事会の定員を一二人から二一人に増やし、連邦党系の旧理事を追放して大学を州の支配下に置こうとした。これに対し、旧理事会のメンバーが州を相手取って州裁判所に訴えを起こす。州最高裁が訴えを却下したため、事件は連邦最高裁に上告された。

これを受けた最高裁ではジョン・マーシャル首席判事が、ニューハンプシャー州の法律は連邦憲法の契約条項に反するとして旧理事会の訴えを認める法廷意見を著した。勅許は、国王（革命後は州）と理事会そして学校とのあいだの契約であり、ニューハンプシャー州の法律はこの契約の権利義務を損なうゆえに違憲である。判事は私人間の契約だけでなく、国王や州が与えた学校や企業の設立許可なども契約とみなし、それをみだりに奪うのは、たとえ公益のためでも認めないとしたのである。

この判決は大学に関するものであるものの、アメリカ合衆国全体の発展を願い私人の経済活動に州が介入するのを嫌うマーシャル判事の考え方をよく表している。いったん営業許可を与えた以上、州は企業の活動にむやみに口を出すべきではない。契約上確定した権利を保護し商取引の安定をはかる。所有権を守る。政府はそれだけを行なうべきである。企業が政府の規制を受けず自由に活動することによってこそ、国全体の経済は発展する。それがマーシャル判事など建国初期の連邦派の経済観であった。

マーシャル判事の考え方は、契約条項に関するもう一つの有名な判例によって真っ向から挑戦を受ける。一八三七年、ロジャー・トーニー首席判事が下したチャールズリバー・ブリッジ対ウォーレン・ブリッジ事件の判決である。

一六五〇年、マサチューセッツ植民地議会はハーヴァード大学に、チャールズ川をはさんで対岸同士のボストンとチャールズタウンのあいだに渡し舟を運航する許可を与える。独立後の一七八五年、州議会はチャールズリバー・ブリッジ会社の設立を認め、渡し舟が運航されている場所で新たに橋をかけるのを許した。同社はこの橋で四〇年間通行料を徴収できる。この間、ハーヴァード大学には同社から年間二〇〇ポンドが支払われる。四〇年後には橋は州に引き渡される。これが許可の内容である。チャールズリバー・ブリッジは一七八六年に開通し、一七九二年には橋の営業許可期間が七〇年に延長された。

ところが橋が開通して約四〇年後の一八二八年になって、マサチューセッツ州議会は新たな企業の設立を認可する。そしてチャールズリバー・ブリッジからほんの三〇〇メートルほど離れたところで、ウォーレン・ブリッジという別の橋の建設を許した。新しい会社は投資資金を回収し次第、橋を州に引き渡す取決めになっていた。このままでは古い橋を通る人がいなくなってしまう。こう恐れたチャールズリバー・ブリッジ会社は、新しい橋の建設を差し止めるよう求めて一八二九年、州の裁判所に訴えを起こす。

原告は次のように主張した。ハーヴァード大学から引き継いだ、もしくは一七八五年と一七九二年に得た橋の建設と営業の認可は、会社と州とのあいだの契約である。州が被告企業に与えた新たな許可は、他の企業に無料で渡れる橋を建設させないという本契約の黙示の規定に違反するものであり、憲法の契約条項に反するゆえに無効である。

ダートマス・カレッジ事件の先例によるかぎり、原告の主張に分があるように見える。しかし連邦最高裁への上告を受けたトーニー首席判事は原告の訴えを退け、新しい橋の側に軍配を上げた。判事はまず、州政府はそもそも州民の幸福と繁栄を増進するために創設されたものであるから、その目的を実現するための権限を十分備えていなければならないとして、州が本来有する規制権限、すなわちポリスパワーの優越を説いた。そのうえで、古い橋に黙示の独占権を認めることは州民の福祉に反すると主張する。

「もしこのような黙示の独占権を認めれば、眠っていた古い有料道路がむくむくと起き出すだろう。そして本法廷に対して、運河や鉄道の建設を差し止めるように要求するだろう。そうなれば、新しい交通手段への投資が危殆《きたい》に瀕してしまう」

国の発展は遅れ交通の発達が妨げられる。このような公益に反する権利は認められない。したがってマサチューセッツ州が新しい橋の建設を認可するのは、契約条項に反しない。

これに対して、反対意見を著したストーリー判事は、こう反論する。確かに経済は発展させねばならないし、新しい交通手段は採用すべきである。しかしもし州政府が新しい橋の建設を許さぬことを約束しなかったら、原告はそもそもチャールズリバー・ブリッジを川にかけただろうか。答えはノーである。健全な商活動には契約の条項が遵守されるという確実性と予測可能性が必要だ。それなくして経済は発展しない。

「もし政府が橋、有料道路、運河、そして鉄道を市民に建設させ公共の用に供したいと望むなら、財産権は保障され、利益が見こめ、事業がうまくいった場合、政府に取り上げられるようなことはないという約束が必要である」

それに反するような州の立法は憲法の契約条項に反し、違憲である。

この事件はチャールズ川にかかる橋に関する争いに過ぎない。しかしトーニー判事とストーリー判事のそれぞれの意見は、技術の進歩や経済の発展にともなって政府はどのような役割を果たすべきか、公共の利益と私の利益はどこで線を引くのか、さらに司法は憲法に照らしてそれをどう解釈すべきであるかという問題を先取りしたものとして、興味深い。この問題はやがて一九世紀末から二〇世紀初頭にかけて、最高裁の中心課題として現れる。

州際通商条項と共通市場の確立

ダートマス・カレッジ事件で見られるように、マーシャル首席判事は州が私人の経済活動に介入することを嫌い、契約条項を用いて、ときにそのような州の法律を無効にした。しかしチャールズリバー・ブリッジ事件でトーニー首席判事が示したとおり、州がもともと有するポリスパワーの行使を、連邦憲法を根拠として抑制するのは容易でなかった。ただし憲法にはもう一つ、経済活動への州の介入を防ぐための武器が用意されていた。いわゆる通商条項である。憲法第一条八節三項は、連邦議会に与えられた権限の一つとして、「外国との通商、州間の通商、およびインディアン諸部族との通商を規制する権限」

を挙げている。独立後全国共通の通商政策がないため、各州が輸入品に対してばらばらに関税をかけるなど、州と州のあいだで通商摩擦が起きていた。この条項はそれを防ぐため、連邦政府が規制を行なうと定めたものである。ただしこの条項のうち、特に「州間の通商」という文言（のちに「州際通商」とも呼ばれる）が何を意味するのか、はっきりしなかった。この点について最高裁が判断を示したのが、一八二四年に下された有名なギボンズ対オグデン事件の判決である。

蒸気船の発明家として知られるニューヨーク市民のロバート・フルトンは、友人のロバート・リビングストンと一緒に、一八〇八年ニューヨーク州議会から同州の水域で蒸気船を運航する独占的免許を得る。

一八三一年にニューヨークを訪れたフランスの思想家トクヴィルとギュスターヴ・ドゥ・ボーモンは、このリビングストン一家に世話になり、フルトンの美人の娘にも会っている。そしてハドソン川を州都アルバニーまで、蒸気船「ノースアメリカ」でさかのぼる。そのあと五大湖でも蒸気船に乗ったし、オハイオ川とミシシッピー川も蒸気船で下り、詳細な記録を残している。一九世紀初頭のアメリカで、フルトンの発明した蒸気船が交通手段として瞬く間に全国へ広まったようすが、よくわかる。

それはともかく、リビングストンとフルトンからこの独占的免許の一部を譲渡されたアーロン・オグデンという男が、ニューヨークからハドソン川を渡ってニュージャージーに至るフェリーの運航を始めた。ところがまもなくトマス・ギボンズという人物が連邦法にもとづいて別途免許を獲得し、競合するフェリーの運航を開始する。

オグデンはギボンズのフェリー運航が州から得た独占権を侵害すると主張して、ニューヨークの州裁判所に訴えを起こす。一審も二審も原告の主張を認めたが、州裁判所からの上告を取り上げた連邦最高裁のマーシャル首席判事は、ニューヨーク州の独占権そのものが連邦憲法の通商条項に反するとの理由で、被告勝訴の判決を下した。

マーシャル判事は、まず「通商」の意味を広く解釈する。「通商」は単に物品の売買だけでなく、あらゆる商業上の「交流」を意味する。したがって商取引も含まれれば、フェリーの運航も入る。

つぎに「州間の」通商とはどういう意味だろうか。明らかに一つ以上の州にかかわる通商である。したがって、「完全に一州内部で、個人と個人、あるいは地域と地域のあいだで行なわれ、他州に及ばない、あるいは他州に影響を与えない通商」は、州間の通商ではない。しかしニューヨークとニュージャージーのあいだのフェリー運航は明らかに州間の通商である。したがって、本航路のフェリー運航を規制する権限は、連邦政府に属する。

ところで、ギボンズは連邦法にもとづいてフェリーを運航している。すなわち、すでに本航路は連邦法によって規制されているのである。そうであれば、オグデンのフェリー運航を許可したニューヨーク州法は、ギボンズによる同じ航路でのフェリー運航を規制する連邦法と重複衝突するゆえに、連邦憲法の通商条項に違反し違憲無効である。

こうしてマーシャル判事は、通商条項を用いて州と州のあいだの通商に関する連邦政府の専一的な通商規制権限を確立した。これによって全米が一つの共通市場として機能するようになり、規模の経済を享受したアメリカ合衆国の将来の繁栄が約束されたのである。その意味で、この判決は画期的な意味を有していた。

ただしギボンズ事件の判決が、通商規制に関する連邦政府と州政府の役割分担をすべて明確にしたわけではない。連邦が規制をしていない州際通商は、州が規制をしてかまわないのか。完全に州内の通商とは何か。州際通商に影響を与える通商以外の活動は、連邦による規制が許されるのか。州の規制はどうか。このあとも最高裁はさまざまな判決を通じて、こうした通商条項に関する具体的問題の解釈を続ける。そして一九三〇年代後半、通商条項の解釈をめぐって、最高裁は議会ならびに大統領と真正面から衝突することになる。

新しい経済規制と司法判断

このような事情で、南北戦争が終わって米国の経済がすさまじい速度で動き出し、それにともなって州による経済規制の動きが活発になったとき、所有権と契約の自由は神聖だと信じ、自由放任経済を信奉する保守的な最高裁の判事たちは、規制に対抗するために契約条項と通商条項という二つの武器を有していた。最高裁は特に後者を用いて州による規制の試みを妨げようとする。たとえば州による鉄道運賃規制の試みは、連邦政府に委任された州際通商の規制を構成するとしてしばしば違憲無効とされた。また多くの州税が同じく州際通商に負担をかけるという理由で違憲判決を受ける。

けれども通商条項は、州の経済規制を妨げるための武器として決して万能ではなかった。ギボンズ事件判決でマーシャル判事が示したとおり、純粋に州内の経済活動のみを対象とする規制は通商条項の対象にならなかった。また一八八〇年より前には、最高裁は州による規制に関して比較的に寛容でもあった。

ところが一八八〇年以降、最高裁は州、連邦を問わず、政府による経済規制一般に対して敵対的な態度を取るようになる。そして南北戦争後に制定された修正第一四条のデュープロセス条項を解釈しなおし、ビジネスを規制しようとする動きに対抗するのである。

第19章　経済活動の規制とデュープロセス

手続的デュープロセスと実体的デュープロセス

南北戦争後、急速に発展する経済を背景に、アメリカでも階級間の対立が激しくなった。富裕層や中産階級は自由放任（レッセフェール）を信条とし、農民や労働者は政府の介入による保護を求める。

この対立は政治、社会、言論、思想、文化といったあらゆる分野で起こるのだが、一九世紀末までは、自由放任主義のほうが優勢であった。そして司法の分野で自由放任主義を擁護する憲法上の根拠として用いられるのが、いわゆるデュープロセス（法の適正手続）条項である。連邦最高裁をはじめとする司法府はこの条項の拡大解釈によって、経済活動規制の試みに対抗する。

合衆国憲法には、デュープロセス条項が二つある。一つは修正第五条であり、もう一つは修正第一四条である。修正第五条は「何人《なんぴと》も法のデュープロセスによらずして、生命、自由、または財産を奪われることなし」と定め、修正第一四条は「いかなる州も、法のデュープロセスによらなければ、人の生命、自由、または財産を奪ってはならない」と定める。内容は同じだが、前者は連邦に対する、後者は州に対する禁止条項であるのが異なる。

デュープロセス・オブ・ローという観念は、イギリスのコモンローから発生したものである。一二一五年、国王ジョンに迫って、貴族が自分たちの権利を認めさせた有名なマグナカルタには、「自由人たるもの、同輩による正しい裁き、あるいは『国法』（ロー・オブ・ザ・ランド）によらざれば、捕えられ、獄につながれ、財産や自由を奪われ、治外のものとされ、追放され、あるいはその他の方法で権利を奪われ、罰を受くることなし」という規定がある。この規定が、デュープロセス条項の原型だと言われる。イギリスの長い歴史を通じて、この考え方はやがて貴族だけでなくすべての国民に適用され、国王、のちには国家の横暴から個人の権利を守るようになる。合衆国憲法は、英国の伝統にのっとったデュープロセスの考え方をそのまま採用した。

デュープロセス条項の内容は、デュー（正しい）プロセス（手続）ということばが示すとおり、もともと手続的なものであって、具体的な権利の内容を盛りこんだものではない。国王あるいは政府は、ときに人の生命、自由、財産を取り上げることがある。たとえば死刑に処したり、獄につないだり、財産を没収するなどである。そうした行為は明確な法律に根拠を置き、適正な手続にもとづいてなされるかぎり許される。法を通じた秩序の維持という政府の役割を果たすために、必要だからである。

しかしそれを恣意的に、手続を踏まずに行なうことは許されない。単に臣下が気に入らないからといって殺したり、縄をかけたりしてはならない。通知を与え、裁判所で公開の裁判を行ない、反論の機会を与え、正当に選ばれた陪審員の評決を求めて、初めてデュープロセスが満たされたと考える。デュープロセス条項による権利の保護は、本来そういった考えにもとづいている。これを手続的デュープロセスと呼ぶ。

これに対して一九世紀になると、デュープロセス条項は決して奪ってはならない個人の権利そのものをも保護するのだという思想が現れた。生命、自由、財産のなかには、たとえ適正な法手続を踏んだとしても奪えないものがある。そうした権利は絶対であって、手続の過不足に左右されるものではない。すなわちデュープロセス条項が保障する権利の内容は手続的なものだけではなく、手続を明示した法令によっても奪うことができない実体的なものであるという考え方である。この新しいデュープロセスのとらえ方を、実体的デュープロセスと呼ぶ。理屈としてはわからないでもないが、それではいったい何がそうした実体的権利にあたるのかというと、判断が難しい。さらにその判断をだれがするのかという問題が生じる。そして一九世紀末から二〇世紀の最初の三十数年間、連邦最高裁はこの問題に真っ向から取り組むこととなった。

実体的デュープロセス理論への抵抗

実体的デュープロセスの存在を判例上おそらく初めて認めたのは、ドレッド・スコット事件の判決である。トーニー首席判事は自らが著した多数意見のなかで、主人が奴隷に対して有する所有権は絶対のものであり、奴隷制度が禁止されている自由領土にもちこんだだけで自分の奴隷に対する所有権が失われるということは、ありえない。したがって連邦領土における奴隷制度禁止を定めたミズーリの妥協は修正第五条のデュープロセス条項に反し、違憲無効であると判示した。すなわちデュープロセス条項を根拠に、奴隷に対する所有権は連邦憲法が保障する奪うことのできない実体的権利であると認めたのである。これに反発した北部は、やがてリンカーンを大統領に選び南北戦争に至る。

南北戦争後、修正第一四条が成立して、デュープロセス条項は州にも適用されるようになった。しかし最高裁は、ドレッド・スコット事件判決にならってこの新しいデュープロセス条項を実体的に解釈することを、しばらく避ける。ドレッド・スコット事件で政治的問題に深入りし火傷を負った最高裁は、大胆な判決を下すのをためらった。それにまだこの時代、デュープロセス条項はあくまで手続規定であると理解されていた。

たとえば修正第一四条の規定の意味をはじめて最高裁が審理した一八七三年のスローターハウス事件で、ミラー判事は立法を通じて規制を行なうポリスパワーの存在を再確認し、ルイジアナ州議会が特定の業者に独占権を与え、他の業者による食肉解体処理場の建設と運営を禁止したのを合憲とした。この判決の背後にあるのは、司法が判断すべきは規制を行なうための十分な権限が州にあるかないかであって、規制内容の是非ではないという考え方である。後者を判断するのは選挙で選ばれた州議会の構成員であり、連邦裁判所はそこまで口を出すべきでないというのが、ミラー判事の基本的な姿勢であった。

ところで原告はルイジアナ州法を無効とするための議論の一部として、修正第一四条のデュープロセス条項は職業選択の自由を絶対的な権利として保護するものであり、そのような権利を否定する州の規制は違憲であるとの主張を行なった。原告の代理人は職業選択の自由を、奪ってはならない自由権もしくは財産権の一種とみなすことによって、実体的デュープロセスの考え方を導入したのである。

しかしミラー判事はこのような権利を修正第一四条は保護しないとして、原告の主張を簡単に退ける。デュープロセス条項はなんら新しいものではなく、同修正が制定される前からすでに修正第五条や多くの州憲法に長く含まれてきた。これら古くからある条項については先例による解釈がなされており、それを見るかぎりルイジアナ州による食肉解体処理業の規制は、デュープロセス条項が禁じる自由権あるいは財産権の侵害にはあたらない。ミラー判事はこれ以上説明をしなかったが、手続的デュープロセスの考えに立つ以上、州の立法府が適正な手続にのっとって制定した法律を違憲にはできないと判断したのであろう。

これに対し反対意見を著したスティーヴン・フィールド判事とブラッドレー判事は、職業選択の自由は修正第一四条によって守られるべき実体的権利だと反論する。フィールド判事は、ルイジアナ州法が与える独占権は市民が財産を取得し幸福を追求する自由を損なうがゆえに、同修正が保護する特権の侵害であると主張した。修正第一四条は、一七七六年の独立宣言が謳い上げた奪うべからざる天賦の権利に形を与えたものだというのである。

またブラッドレー判事は、個々人が自由に職業を選択できないかぎりマグナカルタが保障した自由を満喫することはできない。したがって職業を自由に選択する権利は個人にとってデュープロセス条項が保障する自由の一部であり、いったん選んだ職業は同じく保護されるべき財産の一部である。したがって当該州法はデュープロセス条項に違反すると力説した。実体的デュープロセスの考え方が明らかに反映されている。ただし彼らは後年の最高裁判例のように、実体的デュープロセスの考え方を用いて大企業の利益を守ろうとしたわけではない。むしろこの事件では、特定企業へ独占権を与える州法に反対する三〇〇を数える小規模業者の権利を、保護しようとしたのである。

同様に州の規制を合憲と判断したのは、一八七七年のマン対イリノイ事件の判決である。当時、中西部の鉄道会社や鉄道沿いの穀物倉庫会社は、農民に対してしばしば高い運賃や貯蔵料金を請求した。農作物を市場に出荷するために農民たちは鉄道や倉庫を利用せざるをえない。それをいいことに、鉄道や倉庫会社は自らの独占的地位を利用して運賃や料金をつり上げる。怒った農民たちは州議会に陳情し、運賃や料金に上限を課す法律の制定に成功した。当時活発であった、グランジャーと呼ばれる農民政治運動の成果である。鉄道会社や倉庫会社は、このような法律は修正第一四条のデュープロセス条項と連邦政府が専有する州際通商の規制権限に反するとして、次々に訴訟を提起する。マン対イリノイ事件は、シカゴに本拠を置く穀物倉庫会社の料金上限を定めるイリノイ州法の合憲性をめぐる、こうした訴訟の一つであった。

イリノイ州最高裁から上告を受けた連邦最高裁のモリソン・ウェイト首席判事はイリノイ州法を合憲と認め、倉庫会社の主張を退けた。州はポリスパワーによって自州住民の行動を、また彼らの財産の利用を、規制できる。判事は一九世紀の先例を豊富に引いて、橋、渡し舟、鉄道、河川、パン屋、旅館、鍛冶屋などの規制や最高料金の設定を、州の裁判所が認めてきたことを示した。

ではどのような場合に私有財産に対する規制が許されるのか。それは私有財産が公共の用に供されることによって、公共の利益に影響を与えるときである。いったん自らの財産を公共の用に提供した以上、所有者は公の規制にしたがわねばならない。「人が自分の財産をある方法で使用した結果、公衆一般の利益に影響が及ぶ場合、同人は実際上当該財産の利用権を公衆へ許諾したに等しく、共通の利便のために公による規制を甘受せねばならない」。

そしてそうした規制が合理的かつ適正であるかどうかを判断するのは、議会の仕事である。裁判所は州に立法を行なう権限があるかどうかという形式面のみを判断し、規制の是非という内容に立ち入って判断することはしない。もし提出された証拠が規制実現のための立法の根拠と「なりうる」ものでさえあれば、裁判所は立法が正当になされたものとみなす。「裁判所が問題とすべきは権限の有無であって、法律の善悪ではない。議会が正当な立法権限を有するかぎり、規制による干渉の是非を判断するのは議会の仕事であり、他の者は口出しできない」。

もちろん議会が立法の権限を濫用することはあるだろう。しかしだからといって立法権限が否定されるわけではない。議会による権限濫用を防ぎたければ、人々は投票所へ赴くべきであって、裁判所に救済を求めるべきではない。

マン事件の判決で、ウェイト判事は実体的デュープロセス理論を用いる積極的な司法判断を行なわず、むしろ議会の判断を尊重する消極的な司法判断の道を選んだ。ウェイト判事が示した司法審査の基準は、経済規制についてはその目的と手段のあいだに合理的な関係がありさえすれば目的が明らかに違法でない限り合憲とするという、二〇世紀後半の憲法審査基準にほぼ対応している。

保守的司法の台頭

経済規制立法に対する最高裁の抑制的な態度は、しかし一八八〇年代後半から変化しはじめる。これにはいくつか原因があるだろう。一つにはアメリカ経済のさらなる発展とともに貧富の差が拡大し、農民や労働者の運動が先鋭化したことである。ヨーロッパ社会主義の影響もあって、各地で労働争議が、ときには騒擾《そうじょう》さえもが起きた。資本家や中産階級はこの事態に危機感を抱き、革命が起こるのではと心配する。それが最高裁の態度にも反映された。

もう一つは判事の交代である。一八九〇年までにマン対イリノイ事件の判決に参加した九人の判事のうち、ウェイト首席判事を含む七人が引退した。代わりに就任したのは財産権を重視する共和党員の五人と保守的な民主党員の二人である。このうちシカゴのロイヤー出身であるメルヴィル・フラーが、一八八八年首席判事に任命される。さらに一八九五年には、後述するロックナー事件の判決を著すルーファス・ペカム判事が任命された。彼らはドレッド・スコット事件判決が下されてから南北戦争中、そして戦後しばらくのあいだ最高裁の影響力が落ちたことをもはや記憶しない、新しい世代に属していた。したがって司法が積極的な役割を果たすのを、ためらわない傾向があった。

そしてさらに政治の停滞がある。レッセフェールを信奉するか政府の積極的介入を望むかという政治思想上の立場にかかわらず、世紀末のアメリカでは経済と社会のめざましい変化に行政も追いつかなかった。巨大化し複雑化するアメリカ経済に対処するためには、連邦レベルでも州レベルでも行政府はあまりにも無力であった。また立法府は政党のボスに牛耳られ汚職がはびこる、旧態依然とした姿のままであった。

こうした状況のなかで、頼りにならない行政府や立法府に代わり、資本主義経済と社会秩序を維持する役割を果たす者として連邦司法に期待が寄せられる。そして司法もこの期待に応えようとした。

デュープロセス条項には直接関係がないものの、この時期の最高裁を象徴する判決が一八九五年立てつづけに三つ下される。

第一はデブズ事件の判決である。前年の一八九四年五月、全米の鉄道に寝台車を提供するプルマン鉄道車両会社は、不況を理由に従業員の給料を一律二〇パーセント削減すると発表する。しかしこの措置を取るにあたって、重役の給料と株主への配当は据え置かれた。これに怒った約三〇〇〇人の従業員が、所属する全米鉄道組合を通じてストライキを決行する。委員長ユージン・デブズ指揮のもと、組合員はプルマン社の車両を引く機関車の運転を拒否しはじめた。さらにストの参加者とその同調者が鉄道交通の妨害に走る。この結果シカゴを中心に全米で交通が麻痺し、郵便が配達されなくなった。

これに対し、グローヴァー・クリーヴランド大統領はシカゴの連邦地区裁判所にストライキ差止めの命令発出を請求して認められる。命令はデブズとその他の組合幹部に対して、鉄道運行の妨害と郵便の配達妨害をやめさせるように求めた。しかし命令が出された翌日さらに騒乱が起きる。クリーヴランド大統領は、イリノイ州知事の反対を押し切ってストライキへの直接介入を決意した。連邦軍と裁判所の執行吏が多数シカゴに派遣され、代わりの労働者が送りこまれて、二週間後ようやくストライキは鎮圧された。デブズとその仲間は抵抗を続けたものの結局逮捕され、一二月に連邦控訴裁でシャーマン独占禁止法違反の罪を言い渡される。共謀して州際通商を妨害したというのである。

デブズらは連邦最高裁に人身保護令状の発出を求めたが、拒否される。デイヴィッド・ブルーワー判事は、連邦政府は州際通商と郵便を守るためにあらゆる手段を用いることを許されており、差止命令はそのための適切な手段であったと述べた。通常私人の権利を守るために用いられる差止めという法的手段がこうしてストライキの弾圧に使われ、それが最高裁によって承認されたのである。

第二はポロック対農業信用組合事件の判決である。農民や労働者の支持のもと改革を求める政治勢力は、全国レベルでの所得税導入を求めて約二〇年間にわたって運動を続けていた。改革の諸施策を実行するには連邦政府に新たな財源が必要とされる。これが所得税の導入を説く改革派の主張である。この運動はなかなか成功しなかったのだが、一八九三年の不況の翌年、民主党議員の努力が実り法案が議会を通過した。税率は二パーセント、税の対象は年間四〇〇〇ドルを超える地代、利子、給与、利益その他の収入である。今の基準で考えれば負担の少ない税であり、しかも課税最低額が当時としては高額の四〇〇〇ドルとされたため、勤労者家計はほとんどこの税の対象とならなかった。

この事態に危機感を抱いたのが、大企業や富裕層である。彼らは早速訴訟を提起して所得税は違憲だと主張する。当代一流のロイヤーが原告の代理人として名を連ねた。訴訟は複雑な経過をたどるが、最高裁は結局五対四でこの所得税を違憲と判断する。

憲法第一条二節三項は、「直接税の徴収額は、（中略）人口に応じて各州に割り当てる」と定める。法廷意見を著したフラー首席判事は、地代など土地からの収入に対する所得税は直接税であるから、この規定にしたがって各州に割り当てねばならない。ところがこの所得税はそうなっておらず、むしろ収入に応じて徴収額が決まるため、違憲である。そして他種の財産に課された場合も基本的に状況は同じであるから、本所得税はすべて違憲であるとの判断を示した。

実は、憲法制定直後に馬車に対する税は直接税ではないとした判例があり、また南北戦争後には限定的な所得税を合憲とする判例があった。ポロック事件の判決はこれら先例を明らかに無視したものである。にもかかわらず一八九四年の所得税を違憲としたのは、富裕層の財産権侵害、つまり彼らの所得を強制的に収奪して社会改革のために使うことを、最高裁の判事たちが恐れたということなのであろう。

最後は合衆国対E・C・ナイト事件の判決である。この事件は、一八九〇年に制定されたシャーマン独占禁止法の合憲性をはじめて問うものであった。

この時代株式の信託によって、のちには持ち株会社を通じた株式所有によって、各産業の寡占、独占が進んだ。シャーマン法は、州際通商あるいは国際通商を妨害する、あるいは独占しようとする契約、結合、共謀を違法とすることによって、この事態を改善しようとするものである。この法律にもとづいて、連邦司法省はアメリカン製糖会社を相手取って訴訟を起こす。同社が関係各社と契約を結んで、製糖市場の九〇パーセントを支配したからである。

最高裁のフラー首席判事は、原告である政府の主張を退けた。被告が信託を通じて独占を達成したのは、製糖という製造分野においてである。シャーマン法が禁じているのは通商分野における独占や共謀であって、製造分野そのものでの独占や共謀は罪にならない。

むろん製造分野での独占や共謀が、州際通商に影響を及ぼすことはあろう。しかしそれが違法とされるためには、直接の影響が証明されねばならない。間接的な影響のみで違法とすることはできない。もしそうすれば、連邦の権限が製造業、農業、鉱業、その他の産業に関するすべての契約や結合に及ぶことになり、州の規制に服する産業がほとんどなくなってしまう。それは連邦制度を基調とする合衆国憲法が意図するところではない。

フラー判事が通商規制権限の解釈において行なった製造業と通商の区別、前者が後者に及ぼす直接的影響と間接的影響の区別には、ニューディール時代になって最高裁が新たな解釈を加え、独禁法の積極的な適用を可能にする。しかしそれはもう少しあとのことである。とりあえずはこの判決によって、生まれたばかりのシャーマン独占禁止法は出鼻をくじかれ、これからしばらく大企業の独占が野放しにされる。

第20章 レッセフェールと新しい司法観

実体的デュープロセスの伸張

労働者のストライキ、所得税、独禁法の適用について大企業寄りの判決が出る時代、デュープロセス条項の解釈についても最高裁の判決の方向は変わらざるをえない。しかし変化はいちどきに起こったのではない。むしろ徐々に変わっていった。

スローターハウス事件やマン対イリノイ事件などで見られたとおり、実体的デュープロセス理論にもとづく解釈は、しばらくのあいだ少数意見にとどまる。憲法学者がその採用を促しても、最高裁はなかなか首をたてに振らなかった。

しかし同時に変化の兆しも現れていた。マン対イリノイ事件で、ウェイト判事は穀物倉庫会社が農民に課す穀物貯蔵料金の上限を定めるイリノイ州法を合憲と判断する。しかし判決文の傍論で、「一定の条件のもとでは、規制を課す州法があまりにも恣意的であるため、違憲となる場合がありうる」と述べた。手続規定の有無や過不足にかかわらず、規制の内容には限界がある。将来最高裁も実体的デュープロセスの考え方を採用する可能性がある。そう示唆したのである。

その後も最高裁は規制を行なう州法を合憲としながら、機会あるごとに「州の立法権限には限界がある」「州は私人の財産を、十分な補償なしに、あるいはデュープロセスなしに、奪ってはならない」、あるいは「裁判所は単に法の形式にもとづいて判断を行なうものではない。その内容を吟味せねばならない。そして立法府がその権限を逸脱したかどうか審査する義務がある。もし州民の健康や福祉、安全を守るという法の目的とはそぐわぬ内容であり憲法上の権利を侵害するものであったなら、裁判所は当該法を違憲と判断せねばならない」などと言いつづける。

ここまで来れば、実体的デュープロセスの考え方にもとづいて州法が違憲とされるまで、もう一歩である。最初はいくつかの州裁判所が、州憲法の規定の下、実体的デュープロセスの考え方に沿って州法を無効とする判決を下す。そして一八九四年、連邦最高裁はテキサス州の鉄道委員会が設定した鉄道運賃を、デュープロセスに反する財産権侵害だとして初めて違憲と判断した（レーガン対農民信用金庫事件）。さらに一八九七年には、実体的デュープロセスで守られるべき権利の一つとして契約の自由を挙げる。州外保険会社との保険契約締結を禁じる州法を無効とするにあたってペカム判事は、「修正第一四条が守るのは単に身体的な自由だけではない。市民が自分の能力を最大限発揮するための自由、（すなわち）居住、職業、契約の自由を含む」と述べた（アルゲイヤー対ルイジアナ事件）。

実体的デュープロセスの考え方が頂点に達した判決として今に至るまで名高い（あるいは悪名高い）のは、一九〇五年のロックナー対ニューヨーク事件である。実体的デュープロセスを強力に擁護するペカム判事の法廷意見だけではない。それを否定するオリヴァー・ウェンデル・ホームズ・ジュニア判事の反対意見も歴史に残った。

ロックナー対ニューヨーク事件

問題となったのは一八九五年、ニューヨーク州議会の両院が全会一致で可決制定したパン屋の労働条件に関する法律の合憲性である。この州法はパン屋の衛生条件などについて規制すると同時に、パン職人が週に六〇時間以上、あるいは一日に一〇時間以上働くのを禁じた（ただし土曜日の労働時間を短縮するため、他の日に一〇時間以上働くのは許される）。この法律に違反して職人に長時間労働を強いたジョセフ・ロックナーという男が起訴された。ロックナーは同法が違憲だと主張して、連邦最高裁まで進んで争う。

最高裁は五対四の投票で、ニューヨーク州法を違憲無効とする判決を下した。法廷意見を著したのは、アルゲイヤー事件判決ではじめて契約の自由をデュープロセス条項によって守るべき権利の一部だとした、ペカム判事である。

労働時間を制限するこの法律は、雇用者と被雇用者双方が労働力を売買しあう契約の自由を侵害する。契約の自由は憲法の修正第一四条が保護する自由権の一部であるが、州は州民の健康や安全を守るためポリスパワーにもとづいてこれを規制しうる。ただしポリスパワーの行使には限界がある。そうでなければ健康や安全を口実に、どのような規制でも許されてしまうだろう。したがって当法廷は、ポリスパワーの行使が公正かつ合理的で適正なものかどうかを判断せねばならない。

ところでパン屋というのは特に危険な職業ではない。他の職業と比較して長時間の労働が健康を損ねるとはいえない。また労働時間を制限することによって、パン屋の清潔さが保たれパンの品質が保証されるわけでもない。規制を正当化するためには、健康や安全を確保するという立法目的とその手段である規制のあいだに直接の関係があらねばならない。そうした関係はここには存在せず、この法律の本当の目的は単に労働時間を短縮することにあるといわざるをえない。成年に達し十分な判断力を有する人間が自らの生計を立てるために働く時間を制限するのは、個人の自由を不当に侵害するものである。したがってポリスパワーの範囲を逸脱するものであり、修正第一四条に照らして違憲である。

これに対して、反対意見を著したホームズ判事は次のように述べる。法廷意見は、（自由放任という）必ずしも国民の多数によって支持されていない特定の経済理論にもとづいている。しかしこの事件の判決を下すのに、そのような経済理論は必要がない。そもそも州は好むと好まざるとにかかわらず、あらゆる形で人々の行動を規制し市民の自由を奪うものである。修正第一四条はハーバート・スペンサーの適者生存理論を形にしたものではない。憲法は自由放任あるいは福祉国家といった特定の経済理論を採用するものではなく、はなはだ異なった考えをもつ人々すべてのために存在する。たまたまわれわれ判事自身が、ある法律の内容を自然で親しみやすいと思うか、それとも新奇あるいは衝撃的だと感じるかによって、法が合憲であるかどうかの判断をすべきではない。

ある規制が修正第一四条の自由権を侵害するのは、われわれ国民とわれわれの法律が伝統的に尊重してきた根本的原則が損なわれると、合理的かつ公正に判断されるときだけである。そうでなければ(法律を制定した)多数の意見にしたがうべきだ。ここで問題となっているパン屋の労働時間規制が健康のために必要だと考えるのは、決して非合理的でない。したがって同法が違憲とはいえない。

ペカムとホームズ

ペカム判事とホームズ判事の相対立する意見は、二〇世紀に入ってから顕在化する司法の役割についての二つの考え方を代表していた。前者は議会の制定した法律の内容を司法が積極的に吟味すべきだとする立場であり、後者は多数の意思を代表する議会が制定した法律を司法はよほどのことがないかぎりいじるべきでないという立場である。それは一九世紀の古い司法観と、二〇世紀の新しい司法観の対立でもあった。

ルーファス・ペカム判事はニューヨーク州の出身で、若いときには州都アルバニーで検事をつとめていた。その後州裁判所の判事となり、一八九六年に州最高裁判事から連邦最高裁判事に任命される。民主党員として政治活動に熱心であり、同州のクリーヴランド知事が大統領選に出馬したとき選挙戦を手伝って、その功績を認められた。体格がよく端整な顔に立派なひげを蓄え、見るからに権威的な感じの人だったらしい。当時の最高裁判事のなかでおそらくもっとも保守的であり、自由放任主義を強く信じる人物であった。

既述のとおり、実体的デュープロセスの考え方にもとづき、契約の自由を修正第一四条の保護する自由権の一部であると初めて判断したのも彼である。無産階級が力をつけアメリカが社会主義者の支配下に置かれることを、何よりも恐れていた。政府はできるかぎり経済活動に介入しないほうがいいという、伝統的な夜警国家論の信奉者である。

しかしそれだけに思いこみも強かった。あるときホームズ判事の助手の一人が「ペカム判事は知的にはどんな人ですか」とたずねると、ホームズは困ったような顔をして「知的? ペカム判事に知的側面があるとは、考えたことがないね。彼の得意は『くそくらえ』だけだから」と言ったそうである。

そうした考え方をするペカム判事にとって、ロックナー事件で問題となったような労働時間を制限する州法は許しがたいものであった。このたぐいの法律を許せば、アメリカの共和政治はいつか社会主義に取って代わられる。また政府の介入は社会の自由な発展を妨げる。間違いは正さねばならない。彼はそう固く信じ、その信念にもとづいて判決を下した。しかし自分の判断そのものが自らの主観にもとづいているとは、夢にも思わなかったようだ。

反対意見を著したオリヴァー・ウェンデル・ホームズ・ジュニア判事は、ペカム判事とはまったく対照的な人物である。一八四一年にボストンで良家の息子として生まれる。父親のオリヴァー・ウェンデル・ホームズは医者であり、詩人としてまた講演者として人気の高い一種の有名人であった。のちに六〇歳で連邦最高裁判事になったときですら、ホームズ判事はホームズ医師の息子として広く紹介されたほどである。そのためか、この人は一生父親に対抗心を燃やしつづける。父親の代表する一九世紀の価値観に強く反発するところがあった。「親父ももう少し人気がなかったら、偉大な仕事をしたかもしれない」とさえ述べている。

一六歳でハーヴァード大学に進学し、在学中に南北戦争が始まると志願してマサチューセッツ第二〇連隊に入隊し、戦闘中二回も瀕死の重傷を負う。除隊後ハーヴァードのロースクールへ進み、優秀な成績で卒業した。在学中日本からの留学生、金子堅太郎の家庭教師をつとめたことがある。金子はのちに大日本帝国憲法が発布されたときボストンへ戻ってホームズにその英訳を渡し、感想を求める。

卒業後しばらく法律事務所で働いてから母校ハーヴァードで教え、『コモンロー』という有名な本を著した。一八八三年にマサチューセッツ州最高裁の判事に任命される。一八九九年に同裁判所の首席判事になったあと、一九〇二年セオドア・ローズヴェルト大統領によって連邦最高裁の判事に任命された。すでに六〇歳を超えていたにもかかわらず、それから三〇年間この地位にとどまり、ジョン・マーシャル首席判事に次ぐ偉大な判事として最高裁の歴史に名を残した。

若き日の戦争体験によるものであろう。ホームズ判事はものごとすべてに対して懐疑的であった。人生は移ろいやすく人の命はむなしい。この世に絶対の真実などない。ある時期からは新聞も読まなかったらしい。この人は立ったまま高い机によりかかって、書き物をしたという伝説がある。座らないと書けないというような長い文章を自分は書かないというのである。友人とはもっぱら手紙のやりとりを通じて親交を深め、直接交わろうとしなかった。何年も文通を重ねたあと、イギリスの著名な政治学者ハロルド・ラスキがお互いファー

オリヴァー・ウェンデル・ホームズ・ジュニア

ストネームで呼びあおうと提案したときにも、きっぱりと断ったほどである。

アメリカの民主主義と平等原則の価値を認めながら、大衆をばかにせずにはいられない。たぐいまれな才能をもちながら、そして大きな功績を残さねばとあせりながら、どこか投げやりなところがあった。父親はそんな息子を、「人生を深刻な演劇ととらえて、自分は観客に徹している」と評した。

彼の人生観は、法律の見方にも影響を及ぼす。その著書『コモンロー』の冒頭で、「法律の命は論理ではない。経験である」と述べたとおり、ホームズ判事にとって法律もまた絶対のものではなかった。時代の価値観、道徳、必要性、政治思想、さらに偏見さえもが法律の内容を規定する。

こうした考え方は、法律が神の意思を反映した絶対の真理や法則を包含するものであり判事はそれを「発見」するに過ぎないという、一九世紀的な法律観とはまったく異なる。そのような古い考えにしたがって判決を下す、たとえばペカム判事のような人でさえ、時代の価値観や偏見から自由ではない。判事はだれもが無意識のうちに結論を先に下し、そのあとで理由づけをする。ホームズ判事はそう冷静に観察していた。

そして自ら判事として司法審査を行なうときには、自分の価値観を判断の基準とすることを極力避け、多数の意思を反映した立法行為に正当な権限の裏づけがあるかどうかだけを見た。司法審査の正しい方法はそれしかないと信じていた。司法の役割に関するこのように消極的な態度は、その後の司法審査のあり方にきわめて大きな影響を及ぼす。ロックナー事件の反対意見は、ホームズ判事の考え方をもっともよく表している。

ブランダイスの積極的司法観

こうして二〇世紀の初め、ロックナー事件の判決をめぐって新旧の司法観が対立したのではあるが、ホームズ判事の唱えた新しい司法の考え方はすぐに多数を占めるようにはならない。ただし最高裁はデュープロセス条項にもとづいて、労働時間や賃金などを規制する州の立法を常に違憲と判断したわけではない。ある統計によれば一八八九年から一九一八年までの約三〇年間で、最高裁は州のポリスパワーの合憲性が問われた事件を四二二回取り上げ、そのうちの三六九件について合憲判決を下している。

たとえばロックナー事件の判決が出る以前の一八九八年には、鉱山や製錬所で働く労働者の一日の労働時間を八時間以内に制限するユタ州の法律を合憲とした。ヘンリー・ブラウン判事の法廷意見は、鉱山での労働が健康によくないことを強調し、労働者の健康を守るために州のポリスパワーを用いるのは正当だと判断した（ホールデン対ハーディー事件）。ちなみにロックナー事件の法廷意見はホールデン事件の判決を引用しながら、パン屋と鉱山では労働者の置かれた職場環境が異なるからあてはまらないとして、先例にしたがわなかった。

同様に一九〇八年、最高裁は工場や洗濯屋で働く婦人の労働時間を一日一〇時間以内に抑えるオレゴン州の法律を合憲と判断した。この判決を得るのに決定的な役割を果たしたのは、のちに最高裁判事となるルイス・ブランダイスというハーヴァード・ロースクールの教授が提出した、いわゆる「ブランダイス陳述書」である。このなかで彼は細かい統計を挙げ、労働者としての婦人がいかに男性と異なるかを事実に即して説明し、婦人保護のための法律が必要であることを説いた。ブルーワー判事は「ブランダイス陳述書」の内容を全面的に承認し、「(法律の)合憲性が事実によって左右され、当該事実について論争があるときには、(法律がめざす政策の是非そのもの)を吟味することも大切である」と述べた。すなわち単に技術的手続的な憲法解釈ではなく、立法内容について政策としての価値判断を行なって合憲性を決定すべきだとしたのである(ミューラー対オレゴン事件)。

ブランダイス判事はホームズ判事とともに、二〇世紀の初頭に現れた新しい進歩的な司法観の持ち主として歴史に名を残した人物である。しかしこの二人はさまざまな面で対照的であった。ブランダイスはドイツ系ユダヤ人の移民の息子として、ケンタッキー州に生まれる。大学に行かないまま一八七五年、一八歳でハーヴァード・ロースクールに入学し前例のない好成績で卒業した。しかしボストンの良家に生まれたホームズとは違って、南部出身で名門高校や大学を出ていないユダヤ人の少年は、疎外感を味わったようだ。したがって若いころには、ボストンの上流社会やハーヴァードの教授たちにあこがれる。著名人の名前や住所を注意深く覚えたりしたらしい。卒業後ボストンで法律事務所を開き、当時のユダヤ人としては社会的にもある程度認められた。

しかし経済的に成功したあと、ブランダイスは自分を認めたボストンの上流社会とそれ以上深い関係をもとうとしなかった。顧客を開拓するために紳士クラブのメンバーになり、同じくユダヤ人の妻に上流階級の服装をさせ、ボストンの有力者とつきあったものの、彼らの生き方からは距離をおいた。自分の成功は自らの能力と努力の結果であり、偶然、人とのつながり、社会的地位といったものの産物ではないと、強く言い切る。自己を抑制し、華美を嫌い、道徳的に正しくありたいといった倫理基準を自分に厳しく課し、人にも要求した。飲酒やダンスを嫌い、無駄、非能率を軽蔑する。事務所にかかる費用を節約するために事務所の温度は低く抑えられ、常に寒かったという。自分は正しいと信じ、また正しいことをするのだという情熱に燃えていて、それはホームズがなにごとについても懐疑的であるのと対照的であった。

ルイス・ブランダイス

ロイヤーとしてのブランダイスの仕事には、この人のそうした正義感が色濃く表れている。多くの有力な顧客を抱える弁護士として成功しながら、彼は次第に特定の顧客のためではなく、公共の利益実現のために力を注ぐようになる。大企業の独占を防ぐために、独禁法の訴訟を好んで取り上げた。それは市場での生き残りを訴訟にかける顧客を守るためというよりは、社会全体の利益を考えてのことであった。ウィルソン大統領の独禁法政策に助言を与え、銀行業界を規制するための連邦準備制度創設に力を貸す。こうした進歩的な傾向を抱くユダヤ人の法律家が一九一六年最高裁判事に指名されたとき、ボストンの法曹や有力企業はこぞって反対したという。

最高裁判事になったブランダイスは判断を下すにあたって、ミューラー対オレゴン事件に陳述書を提出したロイヤーの時代と同じように、事件の背景にある事実の究明に何よりも力を注ぐ。事実さえ明確になれば、結果はおのずとついてくる。それがこの判事の司法哲学であった。事実にもとづいて立法の費用と効果を比較し、効果が費用を上回れば合憲とする。最高裁判事となった年、民間の雇用斡旋業者が手数料を徴収するのを禁止するワシントン州法の合憲性を問う事件が上がってきた。民間業者の非効率と腐敗が明らかになると、そうした非効率と腐敗を防ぐためにワシントン州民が法律を制定するのはもっともだとして、ブランダイス判事はためらわずに合憲との判断を下す(アダムズ対タナー事件)。この人にとって、事実にもとづく合憲性の判断は、必ずしも自らの価値観を押しつけるものではなかったものの、立法の費用対効果の分析は、結局立法そのものの是非を判断することにつながる。そして立法の目的が自分の正義感や倫理観に訴えるものであったときには、積極的にそれを合憲と判断した。

ブランダイスが判事として加わった最高裁は、引き続き進歩的な判決をときに下した。たとえば一九一七年、男性女性を問わず一〇時間労働を定め、それ以上の労働には一・五倍の残業代金を払うことを義務づけるオレゴン州の法律を合憲とした（バンティング対オレゴン事件）。

このとき、かつてのブランダイスと同じような陳述書を提出してオレゴン州法の正当性を訴えたのは、やはり若きハーヴァード・ロースクールの教授でのちに最高裁判事となるフェリックス・フランクファーターであった。判事としてのフランクファーターは司法の役割を抑制的にとらえ、むしろホームズの後継者と目されるようになるが、この時代にはブランダイスに近い立場を取り、また一九三〇年代にはフランクリン・ローズヴェルト大統領の友人としてニューディール政策の立案に大きな影響を及ぼす。フランクファーターがウィーン生まれのユダヤ人であり、一二歳のときニューヨークのエリス島に上陸した移民出身であったことも興味深い。ちなみに、ブランダイスが史上初の、フランクファーターが三人目のユダヤ系合衆国最高裁判事であった。

レッセフェール生き残る

これらの判決は労働時間や賃金を規制する進歩的な州法を合憲とするものであったけれども、その手法はホームズの消極主義とは異なり、むしろ司法が積極的に州法の内容を吟味し、それが好ましいと判断すれば合憲とするものであった。したがって結果においては進歩的であっても、その手法はペカム判事などの古い世代のそれと、それほど変わらない。であれば、最高裁全体が何を好ましいと考えるかによって判決は左右される。保守的にも進歩的にも結果が振れる可能性がある。

たとえばミューラー対オレゴン事件の判決と同じ一九〇八年、最高裁は労働組合への加盟を理由に解雇することを禁じた連邦法を違憲とする。同様に一九一五年には、労働組合へ加わらないことを条件に雇用契約を結ぶのを違法とする州法を違憲とした。さらに一九二三年には、婦人の最低賃金を定めるコロンビア特別区の法律を違憲とする判決が下された（アドキンス対小児病院）。いずれも当該法が労働者の契約の自由を侵害するからという理由による。実体的デュープロセスの考え方は、決して死んでいなかった。

また一九一八年には、児童が製造した製品の州間での流通を禁じる連邦法を、憲法第一条八項三節の通商条項を厳密に解釈して、違憲無効とする。最高裁はすでに、二つ以上の州をまたがって不純物を含んだ食品を流通させたり売春婦に売春を行なわせたりするのを禁ずる連邦法を合憲としていた。ウィリアム・デイ判事は、これらの先例では州際通商に出回るもの自体が有害であるのに対し、この事件で問題となった児童によって作られた製品そのものは有害ではない。したがってこの法律は通商を規制するのではなく児童労働の禁止それ自体をめざすものである。連邦政府にその権限はない。修正第一〇条が留保した州の権限を侵すものであるとした(ハマー対ダゲンハート事件)。

この判決を受けて連邦議会はすぐに、今度は児童雇用者の純益に一〇パーセントの税を課す法律を通したが、最高裁は一九二二年にこれもまた州の権限を侵すものだとして違憲と判断する。この場合もマーガリンに染料を加えバターに似せて売る業者に重税を課す連邦法を合憲とする先例があったのだが、最高裁はこの税については児童労働を禁じるという目的が「一見して明白である」という口実で区別した(ベイリー対ドレクセル家具会社事件)。児童労働を連邦法によって取り締まろうとする試みは、こうして阻まれる。最高裁は、伝統的に州が規制をしてきた領域に連邦政府が介入するのを好まなかった。

州・連邦による規制を合憲にすると違憲にするとにかかわらず、これらの判決はどれも法律の内容そのものを最高裁判事が吟味して、その是非を判断するものである。ドレッド・スコット事件以後、司法審査に慎重であった最高裁は次第にその影響力を回復し、大胆になっていた。そしてこの時代、連邦と州の立法府の行ないを見張る役割を果たしつづける。さらに第一次世界大戦が終わって世の中の保守的傾向が再び強まると、最高裁の判断はますます自由放任の考え方に傾いた。児童労働に関する事件で見られたように、州による進歩的な立法だけでなく連邦による規制をも嫌う傾向が強まる。その背景には、連邦政府、特にその行政府の拡大傾向があった。

一九二〇年代の後半に大恐慌が起こり、連邦政府の大幅な介入によるニューディール政策が実施されたとき、最高裁と連邦政府はついに真っ向から対立する。

第21章　行政国家の誕生と憲法

行政府の拡大

一九世紀末から二〇世紀初頭にかけて進歩的思想が勢いを増し、労働者の健康や安全を守るための法律が州や連邦の議会で制定された。同時に自由放任の思想も根強く、進歩的な立法に対抗した。最高裁判所は両者のあいだで、左右に揺れる。

こうした思想的対立と並んで次第に明らかになったのは、政府、特に連邦行政府の役割の拡大である。

そもそも建国以来、アメリカでの政府の役割は限られたものであった。人々は政府の存在をほとんど意識することなく、さまざまな活動に従事した。一九世紀後半資本主義がめざましい発展を遂げ、法律を制定して労働者の福祉を増進し企業の活動を規制する必要が生じてからも、それは主として州の仕事だと考えられた。

けれども経済活動がより活発になり、州と州の境を越える取引のほうがむしろ当たり前になると、州ごとの規制では対処しきれなくなる。全国的な規模で金融取引や商活動を行なう銀行や鉄道、製造業者を規制するには、連邦議会による統一的な立法と、法律を全国に施行する能力を有す強力な行政組織が必要となった。こうして二〇世紀前半、連邦行政府はほぼ一貫して、その規模と権限を拡大しつづけるようになる。

二〇世紀に入ってすぐ、行政府の役割をより近代的なものに変革したのは、セオドア・ローズヴェルト大統領である。一九〇一年、ウィリアム・マッキンリー大統領の暗殺を受け副大統領から就任すると、この活動的な大統領はあらゆる領域でこれまでにない積極的な働きぶりを見せる。一九〇二年には炭鉱ストライキに介入して労使間の争いを調停し、一九〇七年にはウォールストリートの金融危機に介入して問題の拡大を防いだ。一九〇五年極東で戦う日本とロシアのあいだに立ってニューハンプシャー州ポーツマスでの講和会議開催にこぎつけ日露戦争を終結に導いたのも、ローズヴェルトの功績の一つである。

この人は憲法制定のときに強い大統領制の創設を唱えたアレクサンダー・ハミルトンと同じように、憲法上、大統領は幅広い固有の権利を有していると信じていた。憲法の条文に明記されていなくても、憲法が禁じておらず議会が制止しないことがらであれば、大統領はなんでもできるという立場である。ローズヴェルトはこうした広範な権限を、国民のために積極的に用いるのが自分の責務であると信じた。そして炭鉱ストライキであろうが、シャーマン法にもとづく独占企業の分割訴訟であろうが、あるいは商務省を通じた協調的な競争政策実施であろうが、自らの権限を十二分に用いて政策目標の実現をはかった。

行政府の力をさらに飛躍的に高めたのは、一九一三年にローズヴェルトと次の大統領ウィリアム・タフトのあいだで割れた共和党を破って大統領の座についた、民主党のウッドロー・ウィルソンである。もともとプリンストン大学の政治学者として高名であったウィルソンは、南北戦争後確立された議会主導の連邦政府のあり方に批判的で、議会との緊密な関係を維持しながら強力な指導力を発揮するイギリス型行政府のあり方を理想とした。大統領に就任すると、側近や専門家、議会の指導者と協力しながら法案を起草し、議会に送り、自分自身議会に乗りこんで説明を行ない、制定を促す。単に議会を通過した法律を施行するだけではなく、自ら政策目標を定め政策論争を主導し、その結果制定された法律を実行に移す積極的な行政府を生み出した。

ウィルソンは政権の政策目的を実行する手段として、新しい行政組織を設立する。合衆国史上最初の独立行政委員会は、一八八七年に設立された鉄道料金の規制にあたる州際通商委員会（ICC）である。一八九〇年にはシャーマン反トラスト法が制定され、司法省が違法な独占や共謀行為の訴追にあたった。ローズヴェルト政権下の一九〇三年には新しい商務労働省の一部として企業局が設立され、政府と民間企業のあいだの協力を推進した。

ウィルソン政権はこれら既存の仕組みを活用するとともに、新しい独立行政委員会を次々に生み出す。一九一三年には連邦準備制度理事会（FRB）が設立された。ジャクソン大統領が合衆国銀行を敵視し、つぶして以来、長いあいだ中央銀行をもたなかったアメリカは、全国一二の連邦準備銀行を通じて通貨供給量を調節するFRBの誕生で初めて統一的な金融政策を行なう。さらに一九一四年には連邦取引委員会（FTC）が設立され、不公正な取引を取り締まる広範な権限を与えられた。ほかにも、連邦農業金融委員会、合衆国造船委員会、鉄道労働委員会などが設けられ、それぞれ農民への金融、商船の建造と運用、鉄道会社の労使紛争解決などにあたる。

この時代、議会は大統領の求めに応じて、既存の省庁や新しい独立行政委員会にしばしば広範な裁量権を与えた。たとえばFTCは不公正な取引を取り締まる権限を与えられたが、何が不公正な取引にあたるかについては法律に規定がなく、FTC自身が規則によってまた法律の施行を通じて決定した。本来は議会が法律を制定し行政府が法律を施行するのが、憲法の定める権力分立の考え方である。しかし法律そのものにすべての権限を詳細に規定することはできない。行政の仕事が複雑になればなるほど、ある程度行政府に裁量権を与える必要がある。

連邦最高裁もこうした立法府から行政府への裁量権の付与を、判例を通じて認めた。たとえば一九一一年、あらかじめその旨を議会が規定すれば行政府が設定する規則は法律としての効力を有し、それに違反した場合は刑事罰を科せる、そうした権限を与えることは立法権の委譲にはあたらず違憲ではないとの判決を下した（合衆国対グリモード事件）。ただし最高裁はのちに、付与する裁量権があまりにも広範である場合、立法権の丸投げになるゆえに違憲であるとの判断を下すようになる。

それはともかく、このようにウィルソン大統領の時代を通じて、連邦政府の行政機能は格段に拡大した。大統領直属の省庁が仕事を増やしただけではない。FRBやFTCといった新しい独立行政委員会が規則を制定したり行政審判を手がけたりと、準立法、準司法的機能をも果たすようになる。そしてこれら省庁や行政委員会の中核をなすのは、職業官僚であった。彼らは党派的政治的な争いから中立であり、専門的知識と情報に基づき客観的な判断を下し、政策を遂行する。一九世紀には裁判所の判事が受けもった役割を、今度は官僚がになうことが期待されるようになった。

こうしてアメリカに初めて、行政国家が誕生した。それは、政府は小さければ小さいほどよいという伝統的な考え方を、国民の生活を守るためには政府は大きいほどいいという新しい見方に一八〇度転換する、画期的なできごとであった。

三つの憲法修正と政治改革

連邦行政府の拡大と同時に、立法府にかかわる領域でもいくつかの改革が憲法修正を通じてなされる。一九世紀末の腐敗した政党政治への幻滅が、片方では専門的な官僚を中核とする行政府への期待を生み、もう一方でより開かれた政治システムへの改革をもたらす。

一つは、連邦上院議員の選出方法の変更である。憲法第一条三節は、上院議員は各州の議会が選出すると定めていた。これは一七八七年のフィラデルフィア憲法制定会議で、州の権利保持を願う派が、連邦下院による選出を主張するジェームズ・マディソンらの連邦派を抑えて決定したものである。したがって、連邦上院議員の選出には長いあいだ州の意向が色濃く反映され、上院は州の代表が集まる機関だと考えられた。

しかし南北戦争で南部が敗れると、州権論者の勢いは弱まる。しかも州議会で選ばれた上院議員の多くは、政党政治のボスとしてしばしば金権政治と直接つながっていた。このため、上院議員を選挙で直接選ぶことを望む声が高まる。そのほうがより民主的であるというのである。一八九三年から何回か連邦憲法修正が提議され、下院は通ったものの上院で否決される事態が続いた。その間、二九の州で上院議員の予備選挙制度が採用され、その結果を州議会が自動的に承認するようになる。そして一九一一年、イリノイ州で上院議員が不正に選ばれるという事件をきっかけに、ついに上院も修正提案を三分の二の多数で可決した。四分の三の州が批准を完了し、選挙民が連邦上院議員を直接投票で選ぶことを規定する修正第一七条が発効した。

もう一つは女性参政権である。女性に投票権を与えようという運動は一九世紀の半ばから綿々と続いていたものの、なかなか実現しない。南北戦争後に修正第一四条と第一五条の成立によって黒人男性の参政権が少なくとも建前のうえでは実現しても、女性の参政権は認められなかった。元奴隷でさえ投票できるのに女はできないのかと、当時の運動家たちは憤ったそうである。

けれども一八九七年のコロラド州を皮切りに、西部の一二州が女性に投票権を与えるようになると、全国レベルでもようやく憲法修正による女性参政権実現の機運が熟す。この時点でも反対の姿勢を崩さなかったのは、女性の政治参加が黒人の政治参加運動を活性化するのではと恐れた南部の民主党勢力である。しかし第一次世界大戦中、女性が社会のあらゆる分野に進出して銃後を守ったあとでは、この反対も障害とはならなくなった。一九一九年、議会が修正第一九条を提案可決、翌年の一九二〇年八月に批准完了により発効して、アメリカの女性ははじめて国政選挙ならびに州や地方選挙での投票を許されるようになった。

そのほかにも州レベルで数多くの政治改革が実行される。たとえば政党の実力者が選挙の候補者を秘密のうちに指名していたのを改めるため、党員が投票によって候補者を選ぶ直接予備選挙の制度が導入される。一九〇三年のウィスコンシン州を皮切りに、一九一五年までに三二の州で始まった。これらの州では決まった日時に予備選挙を実施し、各党の候補者を有権者の投票によって決定するようになる。

また州議会を通さずに民意を直接法律や憲法修正条項として制定する方法として、提案制度が採用された。一定の条件を満たす提案は議員選挙の際同時に、あるいは別の日に有権者の賛否を問い、賛成が多ければ新たな法律や憲法修正として効力を発するという仕組みである。現在でも、特にカリフォルニア州の一連のプロポジションと呼ばれる制度が名高い。さらに州知事や州裁判所判事のリコールが、同様の方法で実施されるようになった。全体としてこれらの改革は、州レベルで政党の力を弱め、政治への大衆の直接参加を可能にするものである。現在まで続くこれらの制度が、はたして本当によりよい民主主義の実現につながったかどうかは判断しがたい。しかし政治がより開かれたものとなり、ラジオ、のちにはテレビの発達とも相まって、ますます金のかかるものとなったことは間違いないだろう。

最後に、政治改革とは直接関係がないものの、所得税の導入を定めた修正第一六条について述べておかねばならない。既述のとおり、一八九四年に制定された連邦所得税法はポロック事件判決によって最高裁が違憲と判断し、無効になってしまった。しかし改革派はその後もあきらめない。所得税を徴収して連邦政府改革プログラムの財源にあてることを望み、新しい所得税法案を連邦議会へ提出する。

一方、一九〇九年、保守派の共和党指導者が所得税法を廃案にするためにわざと提出した所得税を認める憲法修正案が、議会を通過してしまった。さらによもやと思われた批准も必要な数の州で得られて、一九一三年に修正第一六条が成立する。これによってポロック事件が問題とした憲法の禁止する直接税にあたるかどうかを考慮することなしに、連邦政府は国民から広く所得税を徴収できるようになった。数年後第一次世界大戦に参戦したとき、アメリカは所得税によって得た歳入でその戦費をまかなう。連邦所得税は、拡大する連邦行政府を財政面から支えたのである。

第一次世界大戦と憲法

ところでこの時代、連邦行政府の役割が飛躍的な拡大を遂げるもっとも大きな原因は、第一次世界大戦への参戦にある。一九一四年に大戦が勃発してからしばらく、アメリカは中立を保とうと懸命に努力した。けれどもさまざまな事情によって一九一七年に参戦を決定すると、この国はもてる資源を惜しみなく投入し連合国の勝利に寄与する。それはアメリカ国民がいまだかつて経験したことのない、大規模な国家総動員体制であった。この戦争のために費やした戦費は、南北戦争の一〇倍に達し、建国以来連邦政府が出費した総額の二倍以上であったという。

遠いヨーロッパでの戦争を戦うために、ウィルソン大統領はほとんど独裁者に近い権限を自らに集中し自由に行使した。約半世紀前、南北戦争の際リンカーン大統領が絶大な権限を振るったのとよく似ている。二人とも憲法第二条に定める国軍最高指揮官としての権限を十二分に活用した。ただ両者の違いはリンカーン大統領が当初議会からの授権なしに戦争を指導したのに対し、ウィルソン大統領は初めからほとんど無制限の裁量権を議会から授与されたうえで行動したことである。

たとえば参戦直後の一九一七年六月議会に上程されたレヴァー食糧規制法案は、食糧の生産と流通を許可制とし、工場や鉱山を接収し、取引を規制し、さらに「高度の非常事態」には物価統制を行なう権限さえをも大統領に与えるものであった。この法案は食糧と燃料の統制を主に意図していたものの、きわめて広範な規定であったためほとんどすべての産業を統制下に置くことが可能であった。

レヴァー法案に対し、これほど広範な規制権を無条件で大統領に付与するのは、憲法が連邦政府へ与える以外の権限はすべて州と人民が保持するとした修正第一〇条に反するという、強い反対意見が出された。けれども食糧の統制は戦争の遂行にとって不可欠であり大統領の有する戦争権限はできるかぎり広く解釈すべきである、大統領は戦争を戦うために必要なことはなんでもすべきだという意見が議会の多数を占め、レヴァー法はこの年八月に賛成多数で成立した。

レヴァー法のほかにも議会は、政府調達契約の優先的締結、軍需工場の接収と運営、外国語新聞の規制などの権限を大統領に与えた。また戦時中の酒の製造と販売禁止、鉄道運営の規制、郵便の検閲、電信電話ラジオ放送の規制、輸出の規制などについての法律を制定する。さらに選抜的兵役法を通して、戦時の徴兵制度を確立した。

きわめつきは一九一八年に議会を通過したオーヴァーマン法である。この法律のもとで、大統領は戦争行政をより効率的に進めるため、各省庁の権限を自由に移し交換することが許された。個別の法律で定められた国務省や財務省の権限を、戦時中に限って好きなように動かせるというのである。大統領はこうした権限をすべて行使したわけではないものの、行政命令を多用して各種の委員会や局、政府出資企業などを設立し、それらを通じて全国の経済活動を自由に統制した。

こうしてアメリカの歴史上初めて、国民生活のすべての側面にわたって連邦行政府が口を出し規制を行なう体制が出現した。対象となったのは経済活動だけではない。厳しい言論統制も行なわれた。戦時の特殊な状況とはいえ、それは連邦政府の権限を限られたものと考えるこれまでの憲法秩序とは、まったく異なるものである。議会が多少大統領の権限を制限しようと試みたものの、うまくいかなかった。

州や連邦による規制を厳しく審査してきた最高裁も、行政府への無制限な権限の委譲をほとんどとがめない。選抜的兵役法や戦時禁酒法などの合憲性が問われたいくつかの訴訟で最高裁は当然のように合憲判決を下し、連邦政府の広範な戦争権限と議会から大統領への権限委譲を無条件で認めた。

このような戦時体制は戦後すぐに解かれる。しかしアメリカ国民は、やがてやってくるより強大な連邦行政府のあり方を、この時代に身をもって実感したといえるだろう。ウィルソン大統領の戦時体制は、ニューディール以後の連邦政府の先がけとなるものであった。

平時への復帰と行政府の役割

戦争が終わり、ウィルソン大統領が病に倒れ、アメリカが国際連盟への加盟を拒否したあと、ウォレン・ハーディング、カルヴィン・クーリッジ、ハーバート・フーヴァーと共和党の大統領が三代続く。戦時体制への反動もあって、この時代アメリカは保守主義に回帰した。経済は繁栄を謳歌し、自由放任思想が息を吹き返す。一九二一年にハーディング大統領の指名を受けて首席判事になったタフト元大統領のもとで、保守的な最高裁は契約の自由や実体的デュープロセス理論にもとづく判決を思い出したようにいくつか下し、進歩派を驚かせた。時代が逆戻りしたように見えた。

しかし保守化にもかかわらず、連邦政府の役割は深いところで引き続き拡大を続けた。連邦政府の支出は増大したし、一九一一年に始まったひもつきの地方交付金（グラント・イン・エイド）も増額しつづける。この制度は州が予算をつけたプログラム（たとえば森林火災の防止）に連邦政府が同額の補助金を交付し、その代わりに連邦政府の設定した基準や規則を守らせるというものである。この制度を用いて連邦政府は全国の州行政に口を出すようになる。グラント・イン・エイドに大鉈が振るわれ、州が自らの権限を取り戻すのは、一九八〇年代レーガン政権になってからである。

またハーディング、クーリッジ両政権の商務長官をつとめ、そのあと大統領になったフーヴァーは、ビジネスと政府のあいだの敵対的な関係を変えて、より協調的な政策を打ち出すことにつとめた。彼は大企業による独占と過当競争の弊害、強力な組合運動による社会主義化の両方を恐れた。そして業界団体を育成し、情報の交換をさせ、生産や価格の調整を自発的に行なわせる。政府とビジネスが協力することによって効率的で無駄がなく、しかも利益が得られる経済活動を奨励した。大恐慌発生後有効な手を打てず、保守的で頭の堅い無策の大統領として非難されるが、ニューディールの政策にはフーヴァーのこのような政策を踏襲したものが多数ある。

この時期もっとも過激な連邦政府の権限行使は、禁酒法の施行であろう。禁酒運動は古くからあった。しかし二〇世紀初頭に改革の動きが高まるにつれ、禁酒運動も活発化する。一九〇〇年には五つの州にしか禁酒法がなかったのに、一九一六年には一九州が採用していた。戦時中に禁酒法がレヴァー法の一部として施行されたあと、一九一七年一二月、合衆国での酒類製造流通販売を禁ずる憲法修正案が議会を通り、各州に送られる。二年後に批准が完了して修正第一八条が成立した。

議会はこの憲法修正を実行するため新たに法律を制定し、財務省に禁酒局を設けて州当局と一緒に取り締まりをさせた。ところが禁酒法の施行は、予想したよりもはるかに困難であった。法律は守られず、違反者を訴追するために法廷はあふれ返る。密造者が後を絶たない。そして大恐慌が到来すると、連邦政府の歳入を増やすためにも禁酒法をこれ以上継続するのは賢明でないとの声が高まった。

一九三三年に民主党が政権を握る直前、議会は修正第一八条を無効とする憲法修正案を可決する。同年批准が完了し修正第二一条が成立した。アメリカ憲政史上初めて、憲法修正が別の憲法修正によって無効とされた。ちなみにこのときの批准は、同じく憲政史上唯一、各州の議会ではなく別途に開いた批准会議によって行なわれた。この方法は憲法第五条に規定されている。通常自ら批准を行なう各州議会の議員は、禁酒協会のロビー活動を恐れ批准会議に預けたのだという。

第22章　ニューディールと憲法革命　一

独立革命、南北戦争とならんで、一九二九年一〇月、ニューヨーク株式市場での株価暴落に端を発した大恐慌は、アメリカ史のもっとも大きな事件の一つである。圧倒的多数の国民に深刻な影響を与えたという点においてその影響は前者二つに勝るし、二度の世界大戦をも凌駕する。国民の四分の一以上が職を失い、多くの人が住むところや食べるものにもこと欠くという、建国以来アメリカ人が経験したことのない厳しい状況であった。

しかもこの恐慌は改善の兆しを見せなかった。それまでにもアメリカは何度か深刻な不況に見舞われ大量の失業者を出したことがある。それは景気の循環によるものであり資本主義の宿命でさえあった。しかし過去の不況はいずれも一時的なものに終わる。しばらくすれば景気は必ず上向き、さらなる経済成長が実現して新たな繁栄が約束された。ところが大恐慌では、そうならなかったのである。いっこうに好転しない経済状況を目の前にして、人々は市場での自由競争に礎を置く資本主義体制そのものの有効性に疑いを抱いた。

大恐慌の始まり

ヨーロッパで試みられつつあった、より統制的な社会主義やファシズムの実験を、アメリカでも試みようという声が高まった。政府の役割を限定的に考え個人や私企業の創意を最大限尊重する建国以来のアメリカ社会の伝統が、初めて根本的な挑戦を受けたのである。

こうしたなかで、一九三三年三月新たに大統領に就任したフランクリン・デラノ・ローズヴェルトが、一連のニューディール政策を打ち出した。一口にニューディールといってもその中身は多様であり、性格の異なるさまざまな施策が含まれる。しかし全体的にいえば、連邦行政府、特に大統領の権限をこれまでになく強化し、国民生活のあらゆる側面にその力を及ぼすのが特徴といえるだろう。それは二〇世紀に入って顕著となりつつあった行政府の権限拡大と規制強化の動きを、最大限にまで高めるものであった。

これに抵抗したのが連邦最高裁である。ローズヴェルト政権が議会に制定させたニューディール関連の法律を、次々に違憲と判断する。当時の最高裁は、新政権発足前の約二〇年間に任命された保守派判事が多数を占めていた。彼らは連邦行政府への極端な権限集中と広範な規制実施が、合衆国憲法の構想した限定的な連邦政府の役割に合わないと考えた。それはまた一九世紀後半から続く、政府による規制を通じて新しい福祉国家を実現しようとする進歩派と、所有権に対する政府の干渉を嫌う保守派との、最後の戦いでもあった。

大恐慌は結局、一九二九年から第二次世界大戦が勃発する一九三九年まで一〇年間続く。これほど深刻な不況がこれほど長く続くとは、最初だれも予想しなかったようだ。しかし状況はどんどん悪くなった。

一九三一年から一九三二年にかけて五〇九六の銀行がつぶれ、一九三三年初頭には全国の銀行がほとんど機能を停止する。一九三三年までの四年間で工業生産は一九二九年の水準の半分に、設備投資は六分の一になり、耐久消費財の生産は七七パーセント落ちこんだ。失業率は一九二九年の三・二パーセントが、一九三三年には二四・九パーセント、一九三四年には二六・七パーセントにまで上がる。一時的に約三四〇〇万人（全人口の二八パーセント）が、まったく収入を得ていなかったという試算がある。それも農業就労人口を除いた数である。

人々は家賃が払えず、大家は税金が払えない。地方公共団体は税収が途絶え、住民へのサービスを提供できない。ニューヨークでは教師に給料が払えず、三〇万人の子供が学校に行けない。全国で一五〇〇もの大学がつぶれるか休校となった。本の売り上げが五〇パーセント落ちた。

就任後わずか七ヶ月でこの巨大な国難に直面したフーヴァー大統領が無策でいたわけではない。それどころか、ビジネスと政府との協力にもとづいた産業政策推進に熱心であったフーヴァーは、できるかぎりの施策を次々に実行する。農産物価格の下落に対抗するため、五億ドルの資金を用意して連邦農業委員会から各地の農業組合や州の価格安定公社に貸しつけ、農産物の買い上げにあたらせた。また再建金融公社を設立し、二〇億ドルの資金を銀行、保険会社、トラスト、鉄道などに貸し付けた。そのほかにも、産業界や労働組合の指導者をホワイトハウスに集め、生産の拡大、雇用の確保、価格と賃金水準の維持、公共投資の拡大、減税などの政策実施に関して協力を求めた。

しかしこれらの対策はいずれも目立った効果をもたらさず、経済状況はどん底まで落ちこむ。大統領自身のどちらかといえば暗い人柄もあって、フーヴァー政権は完全に国民の信任を失った。その結果、一九三二年の大統領選挙ではニューヨーク州の前知事ローズヴェルトが大勝を収める。ウィルソン以来、一二年ぶりの民主党政権誕生である。

フーヴァーと違って、ローズヴェルト新大統領は大恐慌のさなかにあっても力を落とした国民を鼓舞するのに巧みであった。就任演説では、「われらが唯一恐れねばならないのは、恐れそのものである」と述べる。就任直後に始めた、ラジオを通じて毎週土曜日に国民に語りかける「炉辺談話」は有名である。メディアを有効に用いた初めての政治家だと言われる。就任直前の一九三三年二月、禁酒法を廃止する憲法修正第二一条を議会が提案、三六州が批准を完了した同年一二月の発効前からアメリカ人がほぼ公然と酒を飲めるようになったことも、国民の鬱屈した気分を改善するのに役立った。

この大統領が鳴り物入りで打ち出したのが、一連のニューディール政策である。

ニューディール立法

アメリカが大恐慌を脱出するにあたって、ニューディール政策がそれほど効果的であったのかどうか、専門家のあいだでも意見が分かれるようだ。いろいろな対策を講じたものの、アメリカの景気は第二次大戦が勃発するまで根本的には好転しなかった。ローズヴェルト大統領が取った施策のなかには、農民やビジネス間で価格や生産の調整を行なう競争制限的なものがあるかと思えば、独禁法や証券法の強化のように市場での競争原理を高めるものも多い。前者の多くは、フーヴァー大統領の政策を踏襲したものであった。必ずしも政策相互間に整合性があったわけではなく、やれることはなんでもやったというのが本当のところかもしれない。失業者を救済するために数々の公共事業も行なわれた。ローズヴェルトが大統領であった期間に、延べ八五〇万人が政府に雇用され、一二万二〇〇〇の公共建築、七万七〇〇〇の橋、二八五の空港、六六万四〇〇〇マイルの道路などが建設されたという。

ニューディール政策を実施するために、大統領はアメリカの歴史上かつてない強大な権限を自らに求めた。大恐慌は平時ではない。戦争に匹敵する緊急事態である。通常の権限を行使していたのでは、この事態は解決できない。国軍の最高指揮官として戦時に行使できるのと同程度の権限を、自分に行使させてほしい。

ローズヴェルトは就任演説で、「もし前進を望むなら、共通の規律を守るためには犠牲を払うのをいとわない、よく訓練され忠誠心の厚い軍隊として、われわれ全員が動かねばならない」と、戦争遂行にたとえて国民の協力を求める。そして「国民全体からなる偉大なる軍隊」の指導者として、「かつて戦時にしか見られたことのない共通の義務感のもと、国民をまとめる大きな目的のために」働くと宣言する。

ローズヴェルトにとって、また他の多くのニューディーラーたちにとって、この危機に対処するにあたってもっとも参考になったのは、第一次世界大戦中ウィルソン政権下で働いた記憶であった。戦時中、ローズヴェルトは海軍副長官をつとめた経験があった。

このように宣言したうえで、新政権は自ら起草した法案を次々と議会に送りはじめる。そして民主党が多数を占める議会は、これをほとんど無条件で可決して大統領にさまざまな権限を与えた。

まず就任直後、銀行の連鎖的な破綻を目の前にして、大統領は銀行業務の一時停止（バンクホリデー）を命じる。さらに金の輸出と外国為替取引を停止する。第一次世界大戦中の一九一七年に制定された「敵国貿易法」が、この措置の法的根拠だと説明したが、議会の承認は求めない。議会は同月、緊急銀行救済法を通過させて、大統領の措置を追認した。この法律のもとで、大統領は営業再開を銀行に許可する権限を得る。そして再建の見こみがない銀行は廃業させた。さらに再建金融公社による銀行株の保有、連邦預金保険公社を介しての預金保険制度への強制加入などを活用して、金融機関に対する強い監督権を獲得、行使した。こうして、金融制度に対する信任がなんとか回復する。

「最初の一〇〇日」と呼ばれるローズヴェルト政権初期に制定された法律のなかで、大統領に与えられた権限の大きさと計画経済的性格の強さとの両面から見てもっとも特徴的なのは、農業調整法と全国産業復興法の二つであろう。

第一に、一九三三年五月に制定された農業調整法(AAA)は、下落した農産物の価格を第一次大戦以前の水準に戻し農民の購買力を上昇させるのが目的であった。そのため連邦政府は農民とのあいだに、小麦、綿花、とうもろこし、米、タバコ、豚、牛乳の七品目について減産協定を結ぶ。減産に同意した農民には一定の報奨金を支払う。報奨金の原資は、それぞれの品目を取り扱う加工業者に対して課される税金でまかなわれる。税金の額は、該当農産物の現在の平均価格と、一九〇九年から一四年の期間を基準として計算される公正価値との差額をもとに設定される。

農産物価格の維持と安定はフーヴァー大統領も試みた。しかしAAAは、連邦政府が加工業者から強制的に徴収する資金を用いて農民を救済するという点において、画期的であった。またAAAの施行にあたっては、農業団体が大きな役割を果たす。政府との協定を結ぶかどうかは農民の裁量に任され、各品目について農民の大多数が賛成票を投じないかぎり減産協定は効力を発揮しないなど、個人と団体の自主性を尊重し政府との自発的な協力を期待する面もあったのである。

同じく一九三三年六月に制定された全国産業復興法（NIRA）は、工業生産の刺激促進、製品価格と労働賃金の安定、労働環境の向上、そして流通と生産活動の効率化と公正化をはかるという、経済活動のすべての分野に及ぶ、はなはだ野心的で広範な目的をもつ法律であった。この目的を達成するために全国の業界団体は公正競争に関する規約を採択し、大統領の承認を得たうえで実行に移す権限が与えられる。

公正競争に関する規約といっても、その実体は生産調整や価格維持の協定である。人為的に過当競争を抑え、利益が出るビジネスを可能にするのが目的であった。したがって規約は反トラスト法の適用から除外された。大統領は規約の内容を承認し、自発的に規約が採択されない場合には強制的に規約制定を命ずる。規約に違反した企業は不公正な取引に従事したものとみなされ、連邦公正取引法によって罰することができる。

さらに大統領には、業界団体と協定を結び、あるいは業界内部の協定を承認する権限が与えられ、また不公正な価格、賃金、商慣行をやめさせるために企業の営業を停止する権限が与えられた。

このようにNIRAは広範かつ多様な権限を大統領に与え、しかも実際の法施行にあたってはすべて大統領の裁量に任せるという、アメリカ史上例のない内容の法律であった。ただしAAAと同様、業界規制の実質的な内容は業界自身の裁量に任せるという点において、ビジネスの自治を認め政府との協力を促す内容でもあった。

ＡＡＡとＮＩＲＡは、官民が協調協力しながら計画的な手法を用いて経済復興にあたるという、ニューディール初期の思想を強く反映している。それはフーヴァー大統領の志向した官民協力にもとづく経済政策を下敷きに、連邦政府の介入と法律による強制の度合をより強化した、アメリカ流の計画経済であるといえよう。

しかしその仕組みがあまりにも複雑であり違反の摘発が難しかったために、これらの政策は実際にはあまりうまく機能しなかった。また不人気でもあった。アメリカ人は、お上に命じられて協力しあうというのが苦手なようである。ニューディールもその後期には、反トラスト法や証券取引法など、市場の競争阻害要因を取り除くために主として刑事民事の訴訟を通じて違反を罰するという、より競争促進的な政策が主流となる。

ちなみに官主導のもと官民が協調し目標を定め経済成長を実現するという、この時代のアメリカの思想は、第二次世界大戦後ジャン・モネらが主導したヨーロッパ共同体の経済政策や、わが国通産省の産業政策に引き継がれたように思われる。

経済政策としての有効性と人気はさておき、ニューディールの一連の政策、特にＡＡＡやＮＩＲＡのように大統領の権限を著しく拡大し経済への直接介入を許す法律は、憲法上の問題をはらんでいた。そしてこれらの法律の合憲性を争う訴訟が控訴・上告の手続を経て上がってきたとき、最高裁は反撃に転ずる。

二つの合憲判決

一七八七年フィラデルフィアに集まって憲法を起草した人々が政府の圧制を防ぐために盛りこんだ仕組みの一つは、三権分立と三権それぞれのあいだの抑制と均衡である。その一つの表れとして、たとえば行政府と司法府の任期が重ならないように設定されている。慣習とその後の憲法改正により大統領の任期が四年、（ローズヴェルトの四期を唯一の例外として）長くても二期八年であるのに対し、最高裁判所の判事はいったん任命されるとよほどのことがないかぎり死ぬまで、あるいは自発的に引退するまで、その地位にとどまる。手続上は弾劾の制度があるが、弾劾裁判によってその地位を追われた最高裁判事はこれまで一人もいない。したがって前政権と政策を大きく異にする大統領が就任しても、最高裁では以前の大統領に任命された判事が引き続き判決を下しつづけ新大統領を抑制する。そのようなことが、よくある。

一九三三年にローズヴェルトが大統領に就任したとき起きたのが、この現象である。九人の判事のうち、一九一〇年に共和党のタフト大統領に任命されたウィリス・ヴァン・デヴァンター、一九一四年民主党のウィルソン大統領に任命されたジェームズ・マクレイノルズ、一九二二年に共和党のハーディング大統領に任命されたジョージ・サザランドとピアス・バトラー。この四人はいずれも世代的に一八五九年から六六年のあいだに生まれ、一八八〇年代に教育を受け、世紀の変わり目前後に社会人としての地位を確立している。政党や出身地の違いはあってもいずれも保守派であり、自由放任経済と限定的な政府の役割を強く信じる人々であった。彼らはニューディール政策を実現する法律にことごとく反対したため、「フォー・ホースメン（頑迷な四人）」と呼ばれた。もともと新約聖書「黙示録」でこの世の終わりに登場する四人の騎士のことで、災厄の象徴として用いられる。

これに対して、一九一六年にウィルソン大統領に任命されたブランダイスと、一九二五年にクーリッジ大統領に任命されたハーラン・フィスク・ストーン、そしてホームズ判事の後任として一九三二年フーヴァー大統領に任命されたベンジャミン・カルドゾの三人の判事は、いずれも進歩的な考え方で知られており、おおむねニューディールに好意的な態度を示す。これら三人は「フォー・ホースメン」に対して、「三銃士」というあだ名をつけられた。

残る二人は、ニューヨーク州知事、最高裁判事、共和党の大統領候補、ハーディング政権ならびにクーリッジ政権の国務長官という経歴を踏んだあと、一九三〇年にタフト首席判事の死を受けフーヴァー大統領に任命され再び最高裁へ首席判事として戻ってきたチャールズ・エヴァンズ・ヒューズ。そしてハーディング政権のスキャンダル摘発にあたったフィラデルフィアの元検察官で、同じ一九三〇年に任命されたオーウェン・ロバーツである。この二人は、あとの七人ほどニューディールに対してはっきりした考え方をもっていなかった。したがって彼らの投票いかんで、ニューディール諸立法の運命が左右されることになる。

最初、最高裁はニューディールに対し寛容な態度を取るのではと予測された。連邦法の合憲性を問題にしたものではなかったものの、一九三四年に下された二つの判決がニューディール的な州の政策を容認するものだったからである。

その一つは、一月に判決が下った住宅建設貸付組合対ブレイズデル事件である。ミネソタ州議会は一九三三年、抵当権実行延期法を制定した。大恐慌のために収入が激減した個人債務者多数が債務の返済を滞らせ、抵当として提供した住宅などの不動産を取り上げられる事態になったのに対し、一時的な救済を与えるのを目的とした法律である。被告のブレイズデルに融資した原告の住宅建設貸付組合は、被告が同法にもとづいて抵当を手放すのを拒否したため、連邦最高裁まで上訴して争った。

問題のミネソタ州法は先例を見るかぎり、州は「契約の権利義務を損なうような法律を制定してはならない」と規定する、憲法第一条一〇節一項のいわゆる契約条項に違反している。しかし最高裁は五対四の判決で、同法が契約条項には違反しないという判断を下した。

法廷意見を著したヒューズ首席判事は、最初に「危機は新しい権限を作り出さないけれども、憲法の一般的規定は危機に照らして解釈せねばならない」と述べる。そして大恐慌という未曾有の危機にあたってミネソタ州が限定的一時的に契約の実行を遅らせる法律を制定したのは、社会全体の利益のためという正当な目的にかんがみて契約条項に違反するとはいえないと述べた。

もう一つは、ネビア対ニューヨーク事件の判決である。過剰生産と不況のためにだぶつく牛乳の価格を維持するため、ニューヨーク州は牛乳の最高価格と最低価格を定める法律を制定する。小売業者の被告は、この最低価格を下回る価格で牛乳を売ったかどで州裁判所から有罪を宣告されたが、同法が憲法のデュープロセス条項に違反すると主張して連邦最高裁に上訴する。

これまで最高裁は「公共の利益に関連するビジネス」、たとえば鉄道や電力会社などに限って州による価格の規制を認めてきた。先例にしたがえば、ミルクの販売はそうしたビジネスとはいいがたく、したがってニューヨーク州法は違憲となるはずである。しかし最高裁は同じく五対四で同法を合憲と判断した。

法廷意見を著したロバーツ判事は、「公共の利益に関連するビジネス」は特定の分野に限定されるものではなく、公共の福祉のためならば州はどのようなビジネスにでも合理的な規制を行なうことができる。また、そうした規定はデュープロセス条項に違反しない。同条項は法律が非合理かつ裁量的であることを禁止するだけで、破壊的な過当競争から農民を保護するという法の目的は十分合理的であると述べた。

二つの判決とも先例に照らせば合憲性の疑わしい州法を、深刻な経済情勢を考慮に入れ憲法を拡大解釈して合憲と判断する内容であった。それゆえに連邦のニューディール関連法についても、最高裁は好意的な判決を下すものと期待された。しかし現実にはそうならなかったのである。この二つの判決で法廷意見に賛成した（ネビア事件では法廷意見を著した）ロバーツ判事が、その後ニューディールの諸立法に対して懐疑的な見解を抱くようになる。そしてこの判事が態度を変えた結果保守派が多数を握り、一九三五年以降最高裁は次々に違憲判決を下しはじめる。

第23章　ニューディールと憲法革命　二

アメリカ憲法の歴史には、何度か革命的な転換点がある。その第一は、そもそも一七八七年フィラデルフィアに集まった各州の代表が、連合規約の改正に関する規定を無視して新しい憲法を起草したとき。第二は、南北戦争を契機に新しい修正条項が成立し連邦と州との関係が根本的な変化を遂げたとき。そして第三は、一九三五年から一九三七年にかけてニューディールの諸立法をめぐり連邦行政府・立法府と司法府が激しく対立し、その後最高裁の憲法解釈が大きく変化したとき。最後の変化は、前二回に負けず劣らず革命的なできごとだった。

ニューディール違憲判決

ニューディール政策が導入されてから約二年経った一九三五年一月、最高裁は初めて全国産業復興法（NIRA）の一部を違憲とする判決を下した（パナマ精製会社対ライアン事件）。それから約二年のあいだに、最高裁はニューディール法について一〇回重要な判決を下す。そのうち違憲判決が八回、合憲判決はわずかに二回であった。

このなかでもっとも重要かつ有名なのは、一九三五年五月二七日に下されたシェクター鶏肉加工社対合衆国事件の判決である。同判決はＮＩＲＡを全面的に違憲と判断した。

シェクターはニューヨークのブルックリン地区で鶏肉の加工を行なう業者である。名前からしてユダヤ系であり、生きた鶏を仕入れユダヤ教の戒律にしたがってさばき、小売店に卸していた。このシェクターが、ＮＩＲＡのもとで制定されたニューヨーク市鶏肉卸業組合の公正競争規約に違反したかどで起訴される。規約が定める最低賃金と最長労働時間の規定に違反して人を雇ったのが、問題とされた。また鶏肉の衛生管理に問題があるなど他の規定違反も問われたため、この事件は「病気のチキン事件」と呼ばれる。シェクターは規約そのものが違憲であるとして、無罪を主張した。そしてこの事件を連邦最高裁が取り上げる。ＮＩＲＡの合憲性が試される本事件の判決に、全米の注目が集まった。

最高裁は全員一致で、規約の根拠法であるＮＩＲＡを違憲と判断する。法廷意見を著したヒューズ首席判事は、その理由を二つ挙げた。

第一は、立法権の無制限な委譲である。議会はＮＩＲＡのもと業界団体に公正競争規約の策定を許可した。しかしその内容についてＮＩＲＡはまったく基準を示していない。業界団体は勝手気ままに規約の内容を決めることができる。ヒューズ首席判事は「このような立法権の委譲は、われわれの法律の歴史にかつてなかったものであり、憲法が議会に与えた権限と義務に真っ向から反するものである」と述べた。したがって規約策定権限をなんら基準も設けず大統領を通じて業界団体に与えるのは、立法権の無制限な委譲であり、三権分立の原則に照らし憲法に違反する。

第二は、通商条項の違反である。そもそも連邦政府が行使できる権限は、憲法に列挙されたものに限定される。したがって列挙された以外の権限行使は違憲である。ところで原告の合衆国は、NIRA制定の根拠を憲法の通商条項に置く。通商条項は州の境をまたぐ通商（州際通商）を規制する権限を、連邦政府に与えている。しかしシェクターが携わっている商売（鶏肉の加工と卸し）は州際通商ではない。確かに鶏は州外から仕入れてくるけれども、シェクターは入荷した鶏を自分のところで留め置き、それからさばくので、いったん通商の流れが止まる。またシェクターの売り先は、すべて州内の（ユダヤ人）小売店である。シェクターのビジネスは純然たる州内の通商であり、州際通商に直接の影響を与えるものでもない。したがって通商条項を根拠に規約を設定しその遵守を求めるNIRAは、違憲である。

シェクター事件の判決は、ニューディール政策に好意的なリベラル派の判事も含め全員が違憲と判断した点で画期的である。しかもシェクター事件の判決が下されたのと同じ日、最高裁はさらに二つの違憲判決を下した。

一つはルイヴィル銀行対ラッドフォード事件である。債務者が返済を怠っても五年間は抵当に入れた不動産を手放さずにすみ、そのうえ五年後に借用証書の額面ではなく抵当の時価相当金額の支払いによって債務の弁済を行なえると定める連邦法は、憲法修正第五条の「正当な対価を支払うことなく財産を取り上げてはならない」という規定に反する。全員一致の判決であった。

もう一つはハンフリーの遺言執行人対合衆国事件。ローズヴェルト大統領に首を言い渡された連邦取引委員会の委員ウィリアム・ハンフリーが、大統領には解任の権限がないと主張し、彼の死後遺言執行人が給料の未払い分の支払いを求めて訴え出た事件である。こちらは八対一の投票により、法律で任期と解任要件が定まっており準立法的・司法的機能も果たす連邦取引委員会の委員を、大統領が自らの方針に合わないからといって首にすることは、大統領の権限を越えるもので許されないとの判決を下した。

ローズヴェルト政権にとって、その方針に反する三つの判決を同じ日に立てつづけに下す最高裁は、ニューディールに正面から挑戦しているように見えただろう。この日のことをのちにニューディーラーたちは、「暗黒の月曜日」と呼ぶ。

不快に感じた大統領は、その週の後半に行なわれたオフレコの記者会見でシェクター事件判決について言及し、

「これは右の立場を取るか左の立場を取るかではなく、きわめて重要な政治問題を国家と

してどう決定するかということがらなのである。（中略）解決策をやっと見つけたと思ったら元の木阿弥だ。馬車を使っていた時代の州際通商の定義に逆戻りさせられたのだから」

と不満を表明した。そして同じような内容のニューディール関連法を引き続き民主党優位の議会に制定させ、最高裁の判決を半ば公然と無視する。

最高裁も負けていない。大統領をはじめとする政権担当者、憲法学者、さらに一般からの非難を受けても違憲判決を出し続けた。一九三六年一月には、合衆国対バトラー事件でニューディール政策のもう一つの目玉、農業調整法（ＡＡＡ）を六対三で違憲とする判決を下す。

ＡＡＡが農産物加工業者に課す加工税とその分配は、憲法が定める課税権限や一般福祉条項では正当化できない。そして憲法上明示の根拠がないＡＡＡの規制体系全体は、そもそも州と人民によって保持される権限を侵すゆえに修正第一〇条違反であるというのが、その根拠である。

さらに一九三六年五月、最高裁はカーター対カーター石炭会社事件で、瀝青炭《れきせいたん》法を違憲とする判決を六対三の投票で下す。瀝青炭法はシェクター事件以降に制定されたＮＩＲＡと似た内容を有する法律で、やはり業界規約の制定により瀝青炭の価格維持をはかり、また瀝青炭鉱の労働者に団結権を与えるのを目的としていた。

最高裁はこの事件でも、石炭採掘は生産活動であり通商活動ではなく、州際通商に直接の影響を与えるわけでもない。であれば、通商条項のもとでの連邦政府による規制の対象外である。したがって団結権の供与も規約設定による価格維持も、共に違憲であるとした。

一九三六年にはまたモアヘッド対ニューヨーク（ティパルド）事件で、婦人労働者の最低賃金を定めるニューヨーク州法を修正第一四条のデュープロセス条項違反を理由に違憲とする。この判決は、女性の最低賃金を定めるコロンビア特別区の法律を違憲とする一九二三年のアドキンス対小児病院事件の判決を、そのまま受け継ぐものであった。この時代になっても実体的デュープロセス理論にもとづく契約の自由絶対の考え方が、根強く生き残っていた。

連邦司法改造計画

ニューディール立法に対する最高裁のかたくなな態度は各方面から批判を浴びた。国家の非常事態を解決するために国民の信任を得た議会が制定した法律を、選挙で選ばれたわけでもない最高裁が無効とするのは民主主義に反する。そうした声が高まった。議会では憲法を改正して最高裁から違憲立法審査権を取り上げる、あるいは最高裁が違憲判決を下した法律を議会両院の三分の二の賛成によって再び有効とする、などの方策が検討された。

ちなみに一九四六年二月、日本政府に提示された連合国総司令部民生局作成の日本国憲法草案に、当初、後者と同じ規定が置かれたが、すぐ撤回された。日本に進駐したニューディーラーたちは、新憲法に司法審査の条項を盛りこむ一方で、日本の最高裁判所が一九三〇年代の合衆国最高裁のように強くなりすぎるのを恐れていた。

シェクター判決を批判したローズヴェルト大統領は、この間表立っては最高裁を批判するのを避けた。そして一九三六年一一月、大統領選挙で共和党のアルフレッド・ランドン候補に圧勝すると、ようやく秘密裏に最高裁対策に着手する。第二期目の就任式を終えてまもなくの一九三七年二月五日、大統領はホワイトハウスに議会指導者を招き、政権の裁判所手続改革法案を初めて明らかにした。

「コートパッキング・プラン（判事押しこみ計画）」という名で呼ばれることになるこの法案は、一〇年以上勤続し七〇歳を超えても引退しない連邦裁判所の判事一人につき、新しい判事を一人、全部で五〇人を限度に新たに任命する権限を大統領に与えるものであった。連邦裁判所すべてが対象とされたが、本当の標的は政権にたてつく最高裁である。大統領がこの方法で新たに任命できる最高裁判事の数は六人。つまり最高裁の定員を現行の九人から一五人まで拡大できる仕組みになっていた。

憲法上、最高裁を含む連邦裁判所判事の任期は終身と定められており、弾劾裁判で有罪にされないかぎり、無理やり辞めさせるわけにはいかない。しかし議会には判事の定員を変更する権限があり、憲法制定以来それまでにも何回か最高裁の定員を増減させてきた。

一九三七年当時、最高裁判事九人のうち六人が、七〇歳を超えていた。コートパッキング・プランが法律として制定されれば、彼らの引退を待たずとも政権寄りの新しい判事を任命できる。六人を任命すればこれまでのリベラル派判事三人と合わせて九票が確保でき、容易に多数を確保できる。ローズヴェルト大統領とその側近は、そうもくろんだ。大統領は、連邦司法は新しい血を必要としている、七〇歳を過ぎた判事はとても仕事をこなせないと、司法改造の必要性を訴えた。

選挙に大勝して二期目に入ったローズヴェルト大統領は、コートパッキング・プランの議会通過に絶対の自信をもっていたようである。民主党が多数を占める議会は、これまで大統領が提出する法案をすべて可決してきた。一九三六年の選挙の結果、民主党の勢力は上下両院でさらに強まり、この法案も簡単に成立すると思われた。

ところが意外なことに、野党共和党だけでなく与党の民主党からも、法案に反対の声が上がる。そもそも下院司法委員会のハットン・サムナーズ委員長（民主党）が、自分の委員会にこの法案を上程するのを拒否すると早々に宣言したため、法案は上院に提出された。

法案の行方を大きく左右したのは、上院司法委員会に提出されたヒューズ首席判事の手紙である。リベラル派で八〇歳になるブランダイス判事と、保守派で七〇歳のウィリス・ヴァン・デヴァンター判事が承認した同書簡は、簡潔にこう述べていた。

「最高裁に仕事の遅れはない。（中略）ある案件を取り上げると決定してから四週間後には、当該案件についての口頭弁論を行なっている。案件が滞っていることはない。(中略)最高裁判事の人数を増やすことは、効率性向上にはつながらない。(中略)より多くの判事が意見を述べ、会議に出席し、討論し、納得し、決定せねばならない。最高裁が迅速に、十分に、そして効率よく仕事をするのに、判事の数をこれ以上増やす必要はない」

自身も七四歳になるヒューズ首席判事は、自分と自分の同僚にとって年齢ゆえに仕事が遅れたり判断が鈍ったりすることはないと、抑えた筆致で議会に伝えた。

結局上院司法委員会は、法案の可決を薦めない決議を通して散会する。大統領側は、新しく最高裁に任命できる判事の数を年間一人に制限する妥協案を示したものの、これも上院を通過せず、七月二二日廃案に追いこまれる。質問に立って最高裁の定員に変更がないことを確認した共和党のハイラム・ジョンソン上院議員が、「神に栄光あれ」と叫んで座ったとき、傍聴席からは大きな拍手が沸き起こったという。

こうしてローズヴェルト大統領のコートパッキング・プランは、失敗に終わる。最高裁はマーシャル首席判事の時代にジェファソン政権と対立して以来の危機を、乗り越えた。大多数の国民がニューディールを支持し、一九三六年の国政選挙で大統領に信任票を投じたにもかかわらず、いざ大統領が最高裁を意のままにしようと試みると、自分たちの代表を通じて司法の地位を守った。アメリカ国民は独立した司法権の存在を、思いのほか大切に考えていた。

最高裁立場を変える

ローズヴェルト大統領がもくろんだ司法改造計画はつぶされたものの、最高裁ではすでに大きな地殻変動が起こりつつあった。コート・パッキングプランが発表されてからまだ二ヶ月も経たない一九三七年三月二九日、最高裁はウェストコースト・ホテル対パリッシュ事件の判決を下し、五対四の票決でワシントン州の最低賃金法を合憲とする。

この判決は、わずか一年前のモアヘッド事件判決をくつがえし、同時に同事件判決の根拠となった一九二三年のアドキンス事件判決を明確に否定するものであっただけに、関係者は驚いた。法廷意見を著したヒューズ首席判事は、「憲法は契約の自由について、何も規定していない」と、かつてロックナー事件でホームズ判事が述べたのと同じように、経済分野における実体的デュープロセス理論を退けた。

ウェストコースト・ホテル事件判決が可能になったのは、モアヘッド事件判決で違憲側に与したロバーツ判事が今度は合憲側に回ったからである。コートパッキング・プラン発表とのタイミングから、ローズヴェルト大統領が最高裁を改組するのを恐れて立場を変えたのだとうわさされた。「ぎりぎりのところで九人を救った一票」などと揶揄されたほどである。しかしのちに明らかになったところによれば、ロバーツ判事はコートパッキング・プランが公になるより早く、前年一二月、最高裁内部の会議で本件の多数意見に賛成票を投じることを仲間の判事に明らかにしていた。たまたまそのときストーン判事が病気で休んでおり、四対四の投票で結論が出なかったために決定が延期された。ロバーツ判事はコートパッキング・プラン実現の有無にかかわらず、自身の判断で立場を変えたようだ。ウェストコースト・ホテル事件の判決を皮切りに、最高裁はニューディールの諸政策を合憲とする判決を次々に下しはじめる。

まず二週間後、全国労使関係委員会対ジョーンズ・ラクラン製鉄会社事件の判決で、労働者の団結権と労使紛争における組合の交渉権を認める一九三五年全国労使関係法（ワグナー法）を合憲とした。この判決も五対四の僅差であった。

シェクター事件で違憲とされたNIRAや、カーター事件で違憲とされた瀝青炭法と同様、ワグナー法も憲法上の根拠を通商条項に置いていた。生産活動に従事する労働者の団結権や交渉権についての規制は、直接州際通商に関係するものではない。先例にしたがえば、この法律も違憲とされておかしくなかった。

しかし法廷意見を著したヒューズ首席判事は、ジョーンズ・ラクラン製鉄会社が鉄鉱石や石炭を州外から調達し完成品をまた広く州外に出荷するため、同社のビジネス全体が州の境を越える一つの大きな通商の流れを構成するとみなせる。したがって、そこで働く労働者が組合を通じて獲得する待遇の向上は州際通商全体に著しい影響を及ぼすゆえに、通商条項にもとづく立法は合憲である。そう判断した。

大統領以下政権の担当者は、当初最高裁の立場の変更が一時的なものではないかと疑った。しかしこれ以後、最高裁はニューディール関係の諸立法をほとんどすべて合憲とし、後戻りすることがなかった。最高裁も、最初は通商条項や課税条項に立法の根拠を求めるにあたって恐る恐る解釈を変更したのだが、そのうちに堂々と拡大解釈をするようになる。それが可能となった第一の理由は、判事の交代である。

一九三七年五月にヴァン・デヴァンター判事が引退を表明し、新しくニューディール支持派のアラバマ州選出ヒューゴ・ブラック上院議員が任命された。これを皮切りに、いわゆる「フォー・ホースメン」が全員リベラル派の判事と交代する(一九三八年サザランド判事引退を受け訟訴長官スタンレー・リードを任命、一九三九年バトラー判事死去により司法長官フランク・マーフィーを任命、一九四一年マクレイノルズ判事死去によりジェームズ・バーンズ上院議員を任命)。またリベラル派の二人の判事も新しい判事と交代した(一九三八年カルドゾ判事死去によりハーヴァード大学ロースクール教授フェリックス・フランクファーターを任命、一九三九年ブランダイス判事引退にともない証券取引委員会委員ウィリアム・O・ダグラスを任命)。さらに一九四一年にはヒューズ首席判事が引退し、ストーン判事が後任の首席判事に選ばれる。ヒューズ判事引退とストーン判事昇格で生まれた欠員は、司法長官ロバート・ジャクソンが埋めた。こうして最高裁判事の顔ぶれは、わずか四年のあいだに九人のうち七人が変わる。ローズヴェルト大統領はコートパッキング・プランを達成できなかったものの、判事の交代によってそれ以上の結果を収めた。

新しい顔ぶれとなった最高裁の考え方をもっともよく表すのは、一九四一年と一九四二年に下された二つの判決であろう。

一つは合衆国対ダービー事件の判決で、一九三八年に制定された公正労働基準法を合憲とするものである。同法は、労働者の最低賃金や最長労働時間、超過勤務手当計算法などを連邦の基準として設定し、その基準に反する労働により生産された商品を州際通商で流通させるのを禁じる。その基準のなかには、児童労働の禁止も含まれていた。被告ダービーはジョージア州の製材業者である。この法律に違反したかどで起訴されたが、同法の本当の目的は州際通商の規制ではなく州内で行なわれる生産活動の規制であるから、違憲だと主張した。

しかし、全員一致で採択されたストーン判事の手になる法廷意見は次のように述べた。立法の目的が何か、その動機が賢明なものかどうかは、立法府が判断すべきことがらであり司法は関知しない。司法が審査するのは、当該法が形式上、憲法上の根拠にもとづいた合理的なものであるかだけである。そして州内で行なわれる労働者の生産活動が、「相当程度（サブスタンシャル）」の影響を州際通商に及ぼすものであれば、その要件は十分満たされる。したがって同法は通商条項に照らして合憲である。

こうして、児童労働によって作られた製品を州際通商で流通させるのを禁止することによって実質的に児童労働を禁止した法律の根拠を、憲法の通商条項に置くのは違憲と判断した一九一八年のハマー対ダゲンハート事件判決は、くつがえされた。また連邦による最低賃金、最長労働時間の設定も、合憲とされた。しかし「相当程度」というあいまいな基準を用いれば、ほぼあらゆる経済活動が州際通商へ何らかの影響を及ぼす以上、それが規制を正当化するに足る程度だと証明するのは難しくない。この結果、連邦政府による経済活動の規制は、立法の動機や目的にかかわらず通商条項を根拠にほとんどすべて合憲とされることとなった。

もう一つは一九四二年に下されたウィッカード対フィルバーン事件判決で、バトラー事件判決が違憲とした農業調整法（AAA）の改正法を合憲としたものである。改正法は小麦など農産物の作付制限を行ない、違反したものには罰金を科すと定めた。オハイオ州の農民ロスコー・フィルバーンは自分の農場でわずかな量の小麦を栽培し、収穫した小麦は家族の食糧として、残りは家畜の餌として消費し、市場には出荷しなかった。ところが収穫量がこの法律によって彼に割り当てられた量を超えているとして、超過分について罰金を徴収される。フィルバーンは、まったく市場に出回らない小麦の量までを対象にする同法は、通商条項によって正当化しえず違憲であると主張した。

法廷意見を著したジャクソン判事は、この法律は合憲であるとしてフィルバーンの主張を退ける。確かにフィルバーンが割り当てを超えて栽培した小麦は市場に出回らないので、州際通商に直接の影響をもたらさない。しかしもし彼が超過分を収穫しなかったら、その分を市場から購入し、食用あるいは家畜用にあてただろう。その意味で市場への影響がないわけではない。その量はごくわずかである。けれども全国で同じように自家用に小麦を栽培するものがおり、それをすべて集約すれば市場への影響は甚大である。個々の影響は無視するに足る大きさであっても、全体的な影響は決して無視しえないものであるがゆえに、「相当程度」の州際通商への影響があると認められ、同法は合憲である。ジャクソン判事はこのような理屈で、AAA改正法を合憲と結論づけた。

憲法革命

一九三六年末までニューディールの諸立法を憲法上正当化できないとつっぱねていた最高裁は、こうして一九三七年になるとその解釈を一八〇度転換する。そして一九四二年までにはダービー事件判決やウィッカード事件判決で見られたとおり、連邦政府が行なう経済上の規制を、規制対象となる経済活動の性質にかかわらず憲法の通商条項（あるいは課税権限、支出権限、一般的な福祉条項など）にもとづくものと認める。同時に経済規制に関しては、立法の目的や動機は一切問わず、議会の表明する立法意図は原則として正しいものと推測する。そして目的達成のための規制手段が合理的な選択だと認められれば、最高裁はその法律を合憲と判断する。すなわちよほどおかしな法律でないかぎり、経済に関する規制はほぼ自動的に合憲と判断されるようになった。

ふりかえってみれば一九世紀後半からニューディール初期まで、最高裁は財産権の保護にひときわ熱心であり、その侵害をもたらす法律は精査し簡単には合憲としなかった。多数の横暴に屈しやすい議会の手になる法律をいちいち細かく審査して、悪法が横行せぬよう見張るのを自らの使命と考えていた。また連邦政府の権限は制限されるべきものであり、州の権限は独立し侵すべからざるものとの建国以来の原則を堅く守り、根拠の薄弱な連邦権限の拡大には極力歯止めをかけた。

しかし大恐慌という国家の危機をきっかけに進歩的な判事が多数を占めるようになった最高裁は、実体的デュープロセス理論を適用して議会の立法を否定することを控え、通商条項を拡大解釈し、連邦政府、特に大統領の大幅な権限拡大を可能にした。経済立法に関するかぎり、これまでの司法審査のあり方を放棄したといってもよい。これによって国民生活の隅々にまで、連邦法にもとづく規制の網がかぶせられる。州の独自性は著しく薄まった。憲法制定以来一五〇年経って、アメリカという国の形は大きく変わった。憲法革命と呼ばれるゆえんである。

第24章　第二次世界大戦と大統領の権限

一九三七年以降一連のニューディール関連判決を通じて、最高裁は連邦政府、特に大統領の権限拡大をほぼ全面的に認めた。通商条項、デュープロセス条項など、連邦政府の権限をしばる伝統的な憲法上の歯止めはきかなくなった。

こうした憲法解釈の重大な変更は大恐慌ゆえに可能であった。ところが一〇年にわたるこの経済上の危機に続いて、さらに深刻な危機が訪れる。第二次世界大戦という外交軍事上の非常事態である。大統領の権限はほとんど無制限に拡大する。

大統領の外交権限

一九三九年九月、ドイツがポーランドに攻めこんで第二次世界大戦が勃発すると、ローズヴェルト政権は難しい外交の舵《かじ》取りを迫られた。ヨーロッパでナチス・ドイツが覇権を握る事態はアメリカの国益に著しく反するものであり、なんとしてでも食い止めたい。しかし第一次世界大戦後孤立主義に転じたアメリカ国内世論は、ヨーロッパでの戦争介入を許そうとしなかった。したがって政権は中立の立場を守りドイツとの戦争を避けながら、可能なかぎり英仏など連合国側を支援する政策を採用する。

この政策を実行するため、まず大統領自身が先頭に立って外国政府と協定を結んだ。たとえば一九三九年一〇月には、ラテンアメリカの一九ヶ国とパナマ宣言を締結する。締結国は西半球の中立化を宣言し、共同で当該水域の監視警戒にあたった。また一九四〇年九月に英国と駆逐艦・基地交換協定を締結する。米海軍が中古の駆逐艦五〇隻を英国海軍に供与し、その見返りにカリブ海や北大西洋に置かれる七つの英海軍基地を九九年にわたって租借するという内容である。さらに一九四一年八月、ローズヴェルト大統領とウィンストン・チャーチル首相が大西洋憲章を発表して、民主主義擁護、領土保全といった戦争の目的を明らかにし、米英間の協力を約束する。

こうした協定や宣言を締結するにあたって、大統領はいちいち議会の許可を得なかった。もし条約であれば、憲法第二条二節二項の規定により、効力を発するためには上院三分の二の同意による批准が必要である。政権はそこで、これら協定が条約ではないとの立場を取る。その代わり協定締結の根拠を、既存の法律、大統領が有する広範な外交権限や危機における黙示の権限、あるいは軍の最高指揮官として本来有する権限に求めた。

これほど重要な内容の協定を、大統領が議会にはからず外国政府と結んだ例はそれまでなかったし、その合憲性には疑問があった。たとえば駆逐艦・基地交換協定については、ジャクソン司法長官が一九世紀の古い法律を根拠法として挙げ合憲であるとの意見書を提出したものの、大方の見るところその解釈には無理があった。駆逐艦の供与は、合衆国が中立を保つと宣言した外国での戦争中、交戦国への武器供与を禁じる一九一七年の法律に、明らかに違反していた。

しかし憲法上法律上の根拠にかなりの無理があるにもかかわらず、議会や世論はこうした協定の締結を非難しなかった。連合国に援助を与えることの重要性を国中の人々が理解していたゆえに、法的な議論はわきへ押しやられてしまったのである。最高裁も口をはさもうとしない。むしろ大統領の広範な外交権限を是認する判決を、第二次大戦勃発前に下している。一九三六年の合衆国対カーティス・ライト事件の判決である。

カーティス・ライト事件の判決

議会は一九三四年に両院合同決議を可決し、ボリヴィア、パラグアイ、アルゼンチンにまたがる南米チャコ地区の領有権をめぐって起きた紛争に関連して、同地域への武器弾薬輸出を禁止する権限を大統領に与えた。ただしこの権限を行使するには、そうした禁輸措置が平和の回復に寄与すると大統領が判断し、他国と協議してその協力を得、判断内容をあらかじめ宣言せねばならない。

被告は、同合同決議に違反してボリヴィアへ機関銃を一五丁売却した罪で起訴されたが、一審は合同決議が憲法に反する立法権の行政府への委譲だとする被告の主張を認め、無罪とする。政府は直接最高裁に上訴した。

最高裁は一審の判決をくつがえし両院合同決議を合憲と判断する。法廷意見を著したサザランド判事は、その理由を次のように述べた。

合同決議が合憲であるかどうかは、その内容が内政にかかわるものか、外交にかかわるものかで異なる。このような立法権の委譲が内政上は違憲だと仮定しても、外交にかかわる場合合同じ結論が得られるとは限らない。確かに内政に関しては、憲法は本来州が有していた権限の一部を特定し列挙して連邦政府に委譲したのであって、それ以外の権限を連邦政府（議会ならびに大統領）は行使してはならない。

しかし外交に関する権限は、本来州が有していたものではない。州が植民地であった時代には、戦争を行なう、和平を結ぶ、同盟を結ぶ、貿易を行なうなど、対外的なことがらを実行する権限はすべて国王が保持していた。したがって新たに独立した合衆国は、そうした権限をイギリス国王から直接継承したのであり、これらの権限は州ではなく大統領が行使すべきものである。そもそも外交という困難な領域で成功を収めるには、内政上許されるよりも大きな裁量権を大統領に与えねばならない。したがって合同決議が禁輸の実施に関して大統領に判断を委ねたのは、こうした権限の性格からしてまったく問題がなく、合憲である。

こうしてサザランド判事は、限定的政府という憲法の基本的な考え方が、外交分野には必ずしもあてはまらないことを示した。以後七〇年間、民主党共和党を問わず歴代の大統領はすべてほぼこの判決を踏襲し、外交に関して広範な裁量権を主張している。

その後もローズヴェルト大統領は、ヨーロッパでの戦争に関連して大胆な施策を次々に実行した。たとえば一九三九年九月には限定的な国家非常事態宣言を、一九四一年五月には全面的な国家非常事態宣言を、発布する。これら宣言について、憲法上法律上の根拠は明らかにされなかった。また一連の法律を議会に制定させ、連合国への支援を強める。一九三九年一一月の中立法は交戦国への私的な武器売却を解禁したし、一九四一年のレンド・リース法は大統領が国防上必要と認める防衛関連物資の連合国への売却、賃貸、供与を許可した。何をどのように与えるかはすべて大統領の判断に任せられたが、カーティス・ライト事件判決に照らして問題とはならなかった。

ヨーロッパ以外でも、一九三九年七月に日本との通商航海条約破棄通告、一九四〇年七月には日本への航空機燃料ならびにくず鉄の禁輸、一九四一年七月米国内日本資産凍結、一九四一年八月対日石油禁輸などの措置を取る。こうした措置の多くも大統領の外交権限にもとづいていた。

ローズヴェルト大統領の政策は、さらにますます大胆となる。一九四一年七月にはアイスランドの占領を軍に実行させ、翌月から同島までの米英船団護衛を海軍に命じる。船団護衛の実行は武力行使もありうることを意味した。はたして九月、米海軍駆逐艦グリアーが攻撃されたのをきっかけに、ドイツ潜水艦への報復攻撃が許可される。ここまで来れば、戦争が始まったのも同然である。もしこの状態が長く続けば、さすがに憲法上の根拠が問題とされたかもしれない。しかしほどなく起きた真珠湾攻撃と独伊による対米宣戦布告により、アメリカは本当の戦争に突入し、大統領の権限を問題にする人はなくなった。

大統領の戦争権限

こうして戦争が始まる前から、かなり自由に権限を行使したローズヴェルト大統領である。開戦後はだれからも制限を受けることなく戦争政策を立案実施して、アメリカ国民を引っ張った。

戦時体制を構築するにあたって大統領は既存の法律を用い、必要であれば議会に必要な法律を制定させた。しかし同時にしばしば、憲法上の戦争権限によるという以外なんらその根拠を説明しようとしなかった。

議会が制定した法律は、どれも大統領に広範な権限を与えるものである。たとえば一九四一年一二月の第一次戦争権限法は、戦争目的遂行のために行政省庁を自由に改組する権限を与えたし、一九四二年三月の第二次戦争権限法は、工場の接収、海外との通信規制、外国資産の管理、必需物資の分配、防衛契約の締結などについて、非常権限を与えた。また法律上の根拠がなくても、大統領は行政命令や、ときには単なる書簡を発するだけで、自由に政策を実行した。

この結果、一九四二年の終わりまでには一〇〇を超える戦時省庁や委員会、公社などが生まれ、戦時体制を管理するようになる。生産管理、物資の配給や輸送、価格統制、人員の訓練や配置、情報管理など、ほとんどすべての国民活動が連邦政府の統制下に入った。アメリカ史上初めての事態である。

大統領が行使するこのような無制限に近い権限について、議会や最高裁はほとんど問題にしなかった。それどころか一九四二年九月、議会が大統領の意思に反する条項を緊急価格統制法のなかに盛りこんだとき、ローズヴェルトは議会に書簡を送り、「もし議会がこの条項を撤回しない場合には、本職は責任ある行動を取る」、つまり同条項を無視すると脅かした。議会は抵抗せず、ただちに同条項を撤廃して恭順の意を示す。大統領が議会の制定した法律にしたがわない旨をはっきり意思表示した例は、合衆国憲法の歴史上ほかにないだろう。

コレマツ事件の判決

戦争中大統領が行使した戦争権限のためにはかり知れない影響を受けたのが、西部に居住する日系アメリカ人である。一一万二〇〇〇人の日系人（うち七万人は合衆国市民）が大統領の行政命令にもとづいて、最初は移動の自由を制限され、ついには住み慣れた故郷を追われて内陸のキャンプへ強制的に収容された。

ある特定の人種に属するという理由のみで人の自由を奪うのは、戦争中であっても明らかな憲法違反である。にもかかわらず日系人だけが自由を奪われキャンプに収容されたのは、米国太平洋岸で治安を維持し破壊活動を防止するという国家安全保障上の要請によるものであり、大統領の戦争権限にもとづく措置であった。

ほとんどの日系人はこの措置に黙々としたがったが、なかには訴訟を通じて争った者もいる。そのなかでもっとも有名なのが、フレッド・コレマツという若者である。

真珠湾攻撃からさほど経っていない一九四二年二月、大統領は行政命令九〇六六号を発する。同命令は、陸軍長官とその他の司令官に、軍管理区域を設け、同区域からの特定人物の排除、移動、転入を命令し制限する権限を与えるものであった。議会は三月末、この命令の内容をそのまま認める法律を、後追いで制定する。その間行政命令にもとづいて、三月、米国太平洋沿岸地域の司令官ジョン・ドウィット将軍が、最初はドイツ系イタリア系、そして日系アメリカ人に移動の届出を義務づけ、つぎに日系人のみに夜間の外出を禁じ、さらに五月には同区域からの日系人退去を命じる。そして新たに設けられた「移住センター」と呼ばれる内陸のキャンプに、彼らを強制的に収容した。

コレマツは一連の命令が出たとき、白人のガールフレンドと別れるのが嫌で身を隠す。中国人のふりをしたらしい。しかし結局当局に逮捕され裁判にかけられた。彼は一連の命令が憲法に違反するとして、無罪を主張する。そしてこの事件の上告請願が最高裁に受理され、一九四四年一二月判決が下された。結果は六対三でコレマツの敗訴であった。

法廷意見を著したブラック判事は、審理の対象を退去命令そのものに限り、前年外出禁止命令を合憲と判断したヒラバヤシ事件判決の先例にしたがって合憲とした。特定の人種のみを対象とした法律規制は、その意図をまず疑ってかかるべきであり、厳格な憲法審査を行なわねばならない。しかしながら本退去命令は、連邦政府の有する戦争権限にもとづいて出されたものであり、日本との戦争中、諜報・破壊活動を防止するためにこの措置が必要だと軍が判断した以上、裁判所はその判断をくつがえせない。

もちろん退去命令の対象となった日系人が、苦難を強いられたのは確かである。しかし戦争はそもそも苦難をともなうものであり、苦しんだのは日系人だけではない。しかもコレマツが退去を命じられたのは、彼が日系人だからではなく、軍事上それが必要であったからである。このように述べて、軍の措置を正当化した。

これに対し、ロバーツ、マーフィー、ジャクソンの三判事が、それぞれ強い反対意見を述べた。ロバーツ判事は、退去命令はキャンプへの収容と一体であり、分離して審理することはできない。強制収容は対象人物の人種ゆえに自由を奪うもので、明らかに憲法違反であると主張する。

マーフィー判事はさらに、数々の証拠に照らしてこの命令が日系人に対する差別から出発しているのが明らかだと述べる。判事はカリフォルニアの白人農民多数が、以前から競争相手である日系農民を追い出したがっていたことを示した。

一方ジャクソン判事は、戦時における軍の判断はたとえ法を犯すようなものであっても最大限尊重せねばならず、裁判所が介入できるものではない。「軍隊は性質のものであるために存在するのであって、憲法のみを守ればすむわけではない」。ただし、「軍の命令はたとえ違憲であっても、非常事態以上に長く続くものではない。（中略）けれども司法が軍の命令は合憲であると判断する、あるいは憲法が軍の命令を許容すると曲げて解釈すれば、刑事訴訟における人種差別とアメリカ市民の自由権侵害を永く正当化することになる」。軍の行為よりもそのほうがむしろ国民の自由にとって危険である。だから自分は反対票を投じる。合憲とすることはできない。そう主張した。

コレマツ事件の判決は、連邦政府が憲法の与える戦争権限を根拠としてどこまで国民の自由を制限できるか、ぎりぎりの判断を示したものである。最高裁は人権と軍事上の必要性を比較考量した結果、後者を優先する判断を下した。しかし特定の人種に属するという事実だけを根拠に憲法の保障する自由を奪ったものとして、この判決はその悪名を後世に残す。

一九八〇年代になって、日系人による破壊活動や騒擾の恐れがないことを最高裁での審理が行なわれる前にドウィット将軍以下が知っていたこと、それでいながら裁判所に伝えなかったことが、新たに発掘された資料から明らかになった。これを受けて一九八四年、サンフランシスコの連邦地区裁判所がコレマツの有罪判決を取り消す。一九八八年には連邦議会が法律を制定し、日系人の強制収容について正式に謝罪したうえで、収容された人それぞれに二万ドルを支払った。コレマツのために戦った、若い日系人運動家たちの勝利であった。

山下戦犯裁判と戦争権限

第二次大戦にかかわる憲法解釈が日本人を対象としてなされた事件が、さらにいくつかある。一つは山下奉文《ともゆき》陸軍大将が戦争犯罪人として裁かれたフィリピンでの軍事裁判の判決が、合衆国最高裁判所で審理されたケースである。

山下大将は戦争末期に比島方面軍司令官に任じられ、山にこもって上陸した米軍に必死の抵抗を試みたあと、一九四五年九月三日山から下りて連合軍に降伏する。最初は戦争捕虜として扱われたものの、すぐに戦争犯罪容疑者に身分を変えられ、マニラで開かれた軍事法廷で裁かれる。

五人の軍人が裁判官をつとめる軍事法廷は、部下の犯した残虐行為を黙認した罪により、一二月七日山下大将に対して絞首刑の判決を下した。ダグラス・マッカーサー連合国軍最高司令官の指令にもとづくこの裁判は、手続がずさん、証拠が不十分、弁護側に十分な時間が与えられないなど、問題の多いものであったらしい。

米陸軍の法務将校からなる弁護団は、この判決を不服として、最初フィリピン最高裁、次に合衆国最高裁へ、死刑執行の差止めと人身保護令状の発出を求める請願を提出した。米最高裁は口頭弁論を許したものの、結局一九四六年二月、六対二の投票で請願を却下する。

法廷意見を著したストーン首席判事は、軍事法廷の決定をくつがえすだけの積極的な理由はないと判断した。マッカーサー将軍の指令による軍事法廷の開廷は、ポツダム宣言や大統領の戦争権限などに由来する正当なものであり、また山下将軍を有罪と判断する基準を設定する権限も軍事法廷にある。一般法廷であれば問題となる伝聞証拠や意見証拠の採用も、軍事法廷によるものであれば必ずしも違憲あるいは国際法違反とはいえない。判事はこのように述べて、弁護団の主張を退けた。

これに対し、マーフィー判事と一九四三年に任命されたウィリー・ラトリッジ判事が強い反対意見を述べる。マーフィー判事は、部下の行なった残虐行為について当該行為がなされたことも知らず、それを防ぐ能力もなかった司令官が責任を取らされ有罪とされるのは、明らかに間違っている。もしそれが許されるなら、将来合衆国大統領でさえ安閑としていられないだろうと警告して、次のように述べた。

「敵戦闘員を不公正な裁判に付し、（国際法上）認められていない罪に問い、報復感情のはけ口とすることは、敗戦国の人々を反発させ平和な世界構築に必要な和解を妨げるだけである。（このような裁判は）それを生み出すもととなったすべての残虐行為を合わせたよりも大きな禍根を、将来に残すかもしれない。法律の公正さと客観性に対する人々の信頼が失われる恐れがある。（中略）そして（敵味方を問わず）だれに対しても恨みを抱かず寛容に接すべしとの（リンカーン大統領が述べた）高貴な理想はむなしいものとなる」

さらにラトリッジ判事は、戦争犯罪人を裁く軍事法廷の審理には直接合衆国憲法の規定が適用されないとしても、証拠に関して基本的なルールさえ守られないような裁判はアメリカ建国以来の正義の伝統に照らして公正とはいえない。そう主張した。

こうして弁護団の必死の努力にもかかわらず、山下将軍の有罪が確定し、将軍はフィリピンで絞首刑に処される。軍服の着用は許されず、囚人服のままであった。同じように開戦時比島方面軍司令官であった本間雅晴中将も、フィリピンに連れ戻され軍事法廷で裁かれた。マッカーサー将軍は、中将にどうしても「バターン死の行進」の責任を取らせたかったようだ。有罪の判決を受け中将の弁護団も最高裁に人身保護令状を求めたが、同じく六対二の判決で却下された。中将は銃殺刑に処される。

最後に広田弘毅《こうき》以下、東京裁判で有罪になった何人かの被告も、合衆国最高裁に人身保護令状の発出を求めた。しかし最高裁は連合国軍が設置した極東国際軍事法廷に対して管轄権を有さないとして、請願を却下する。

戦争の終わりと冷戦の始まり

このように第二次大戦中、連邦政府、特に大統領は、憲法の戦争権限を根拠に前例のない強大な権限を行使した。国民生活のすべての局面が中央政府によって規制され統制される。そこまでしなければ強国アメリカといえども、ヨーロッパとアジアでの二つの総力戦で勝利を収めえなかったのだろう。

一九四五年五月ドイツが降伏し、同年八月に日本が降伏して戦争が終わると、アメリカ国民は大恐慌以来一六年にわたって続いた長い緊張から解き放たれた。平和の時代が来たとだれもが思った。急速に動員解除が行なわれ、兵隊が続々と本国へ帰ってくる。

しかし日本が降伏したころ、すでにアメリカとソ連は目に見えないところで衝突しはじめていた。一九四六年三月、チャーチルが「鉄のカーテン」ということばを初めて使う。冷戦が始まった。米国は軍事力を立て直し、この新しい危機にそなえる。憲法の解釈もまた、冷戦から大きな影響を受けることになる。

第25章　自由と平等――新しい司法審査

合衆国最高裁判所は、時代によって異なる性格の憲法問題を取り扱ってきた。建国以来南北戦争までは、新しく誕生した連邦と既存の州との関係を規定することに精力が注がれた。南北戦争の終了からニューディールまでは、政府とビジネスの関係、財産権の保護が、主たる問題であった。そしてそれ以後、さらに新しい種類の課題に取り組むようになる。すなわち政府と個人の関係、自由と平等の問題である。

新しい司法審査

既述のとおり一九三七年以後、最高裁は経済立法の司法審査を実質的にやめてしまう。議会が制定した法律は、選挙による議員の選出と多数決による議決という手続を経て、国民の意思を反映している。したがって法律の内容がよほど不合理でないかぎり最高裁はこれを合憲とする。大恐慌という国の危機に対処するため、議会が制定したニューディール立法。それを次々と違憲にするのは民主主義に反するという批判を受けた最高裁は、司法審査のやり方を変えて対応した。

しかし、だからといって最高裁が司法審査を行なわなくなったわけではない。確かに、ドレッド・スコット事件の判決で傷ついた最高裁が南北戦争中から戦後にかけてしばらく息をひそめたのと同じように、ニューディール以降の最高裁も、第二次大戦中から戦後の一時期まで比較的おとなしくしていた。けれども個人の自由や平等に関する問題については、これまでよりもむしろ積極的に口をはさむようになる。それにはいくつか理由があった。

個人の自由と憲法

個人の自由は、建国当初から憲法が守るべき重要な価値と考えられていた。憲法制定会議に参加した一部の州代表は、憲法草案に個人の権利を保障する条項がないことを理由として採択に反対する。この批判を受けて一七八九年に召集された第一回連邦議会は、主として個人の権利に関する一二ヶ条の憲法修正条項案を可決提案し、そのうち一〇ヶ条が各州で批准されて発効する。こうして政教分離、信教の自由、言論と出版の自由、刑事事件被疑者の手続上の権利などが憲法に盛りこまれた。いわゆる権利章典である。

ただしこれら最初の修正各条は、たとえば「連邦議会は（何々の）法律を制定してはならない」というように書かれた連邦議会に対する禁止条項であって、州に対する効力は有さなかった。これは建国当時各州の人々が、遠いところに位置する新しい中央政府の圧制を何よりも恐れたためである。しかし実際に連邦政府が法律によって個人の自由を直接侵害するようなことは、たとえば一八世紀末の外国人・煽動取締法施行など、少数の例外を除いて起きない。連邦政府の権限は弱く、国民生活に対する規制のほとんどを州が担っていた。したがって個人の権利にかかわる法律の合憲性を連邦裁が審査する機会そのものが、ほとんどなかった。

この情勢は、一九世紀後半になって変化しはじめる。一つは修正第一四条の制定である。この修正条項は奴隷の身分から解放された黒人への市民権付与を本来の目的としたものであったが、そのデュープロセス条項と法の下の平等条項は、他の人々にも適用可能な一般的文言になっていた。しかも「いかなる州も（何々を）奪ってはならない」というように州に対する禁止の形式を取ったため、ここに初めて、連邦憲法が個人の権利を州の規制に対し保護する道が開ける。そして実際に一九世紀後半から二〇世紀前半にかけ、保守的な最高裁は修正第一四条のデュープロセス条項を根拠として、契約の自由や財産権を侵害する多くの州法を違憲とするようになった。

こうした憲法解釈は、進歩派にとっても参考になった。経済活動に携わる自由を憲法で保護しうるのであれば、そのほかの自由もまた憲法によって保護できるはずだ。経済以外の分野における個人の自由を、連邦司法を通じて州の侵害から積極的に守る可能性がこうして生まれた。これが一九三七年以降、最高裁が個人の自由保護に積極的になった第一の理由である。

もう一つの理由は連邦政府の権限拡大である。既述のとおり、第一次大戦が勃発するや、連邦政府はこれまででは考えられないほど広範な分野で国民生活の多くの側面を直接規制するようになった。その傾向はニューディールと第二次大戦を通じて、さらに強まる。連邦政府と個人が直接対峙《たいじ》するようになった。それにともなって、連邦法が個人の自由を侵害する危険も増した。最高裁は、こうした連邦法による個人の権利侵害に対しても、たとえば修正第五条のデュープロセス条項を用いて対処しようとする。同時に、連邦司法が個人の自由を連邦と州による侵害から守ること自体が、連邦政府の正当な権限拡大の一部だと考えられた。

さらにいまひとつの理由は、ドイツやソ連における全体主義の勃興である。最初はヒットラーのドイツが、のちにはスターリンのソ連が、反対派を弾圧しユダヤ人などの少数民族を迫害する。言論の自由を許さず、ほとんどまともな手続なしに拘禁、処刑、粛清する。これを見たアメリカ国民は一様に驚愕した。そしてこうした邪悪な体制と戦うためにも、自分たちの国内で個人の自由をいっそう厳格に守ることの重要性を感じた。最高裁はそうした国内の世論と軌を一つにして、個人の自由やその他の権利の守護者たらんとした。

けれどもそれではなぜ、経済的な自由を守るための司法審査は許されないのに、個人の自由やその他の権利を守るためには司法が介入すべきなのか。この問題は司法審査の正当性そのものにかかわることがらであって、簡単に結論を出せない。出せないどころか、憲法学者はいまだにこの問題を議論しつづけている。ただニューディール以降の新しいリベラル派判事の多くにとって、個人の自由やそのほかの権利を守るための司法審査は、それまでの財産権にかかわるものとは異なるように思われたらしい。すなわちそうした新しい司法審査は反多数・反民主主義的でなく、むしろ多数決にもとづく民主主義をよりよく機能させるのに資する。そう考えられた。

フランクファーター判事が述べたように、「歴史をふりかえったとき、開かれた社会にとって不可欠だと思われるたぐいの個人の自由というものがある。そうした自由にかかわる問題は、単なる経済上の自由に関する問題とは異なり、それが裁判所に提起されたときには、よりていねいな審査を受けるだけの理由がある」のである。

この考え方をもっともよく表すのが、一九三八年に下された合衆国対カロライン・プロダクツ事件判決で、ストーン首席判事が著した法廷意見の脚注四である。判事は脱脂乳の品質規制に関する法律がデュープロセス条項違反により違憲だという被告の主張を退けるにあたり、「通常の商取引に関する規制立法は、(中略)当該法が立法者の知識と経験の範囲内で一定の合理的根拠にもとづいているという推定をくつがえすに足る性質のものでないかぎり、違憲とされない」と法廷意見の本文で述べる。そのうえで、しかし特定の場合には、このような合憲性の推定は適当ではないかもしれないと、脚注四でつけ加えた。そのような特定の場合に含まれるのは、第一に憲法で明白に禁止されたことがらにあたる立法。第二は、通常ならば好ましくない立法を是正するはずである政治過程の機能を妨げる立法。そして最後は、個別かつ孤立した少数派に対する偏見ゆえに政治過程が機能せず当該少数派が保護されない立法であり、これらの場合には「より厳格な司法審査」が必要だろうと述べた。最高裁判決脚注のなかでも有名なことでは一、二を争うこの脚注四は、これ以降最高裁が新たに積極的な司法審査を試みるにあたって、有力な動機と正当性を与えることになる。

言論の自由と「明白かつ現在の危険」

個人の自由について、最高裁はどのような判断を実際に行なったのだろうか。まずは表現の自由である。ここで、時代を二〇年ほどさかのぼらねばならない。最高裁が表現の自由について初めてまとまった憲法解釈をしたのが、第一次世界大戦前後の時期だからである。

参戦後、連邦政府は国内の治安維持と軍隊の士気高揚をめざす法律を二つ設ける。一九一七年六月にスパイ取締法が、翌年同法を修正した煽動取締法が制定された。前者は言論を通じて軍人の不服従奨励、徴兵の妨害、軍事作戦への干渉を行なうことを禁じ、さらに反逆的煽動的な文書を郵便で送付するのを禁じた。後者はそれに加えて、政府の形態、憲法、軍人、国旗、制服に関して、不忠誠、侮辱、低劣、攻撃に満ちたことばの陳述、印刷、出版を禁止し、ドイツ帝国とその同盟国の立場を支持し合衆国の立場に反対する言論と行動を禁止するものであった。政府だけでなく国民の多くは、ドイツへの同調者、反戦平和主義者、過激派、無政府主義者、社会主義者、さらにロシア革命の影響を受けた共産主義者の活動を恐れていた。

一九一九年、最高裁はシェンク対合衆国事件判決で、初めてスパイ取締法の合憲性について判断を示す。被告のチャールズ・シェンクは社会党委員長であった。シェンクとその仲間は一九一七年の法律にもとづく徴兵の実施に反対し、政府には国民を海外に送って外国人に銃を向けさせる権利はないと主張する。そして「国民の権利を守るために、諸君一人一人が行動を起こさねばならない」と呼びかけるパンフレットを軍隊内に配布したかどで起訴され、有罪となる。これに対し被告は、スパイ取締法が修正第一条に反し違憲無効だと反論した。

最高裁は、全員一致でシェンクの主張を退けた。法廷意見を著したホームズ判事は、言論の自由は絶対の権利ではない。たとえば劇場で「火事だ」と叫んでパニックを起こすような言論までが、許されるわけではない。特に戦時には、平時であれば当然許される発言でも、戦争遂行に害となるという理由で戦いが続くかぎり許容されず、裁判所は憲法上の権利として保護しない。

言論が保護されるべきかどうかは、問題とされる発言が、「明白かつ現在の危険（clear and present danger）」を引き起こすような状況でなされた、あるいはそのような性格のものであって、議会が当然防止すべきたぐいの実害をもたらすかどうかで決まる。シェンクは徴兵の妨害を意図して、パンフレットを配布した。したがって、そのような危険が認められる。「行為とその傾向、そしてその意図が同一である場合、たまたまうまくいかなかったからといって罪を逃れうるものではない」。被告の言論は、修正第一条によって保護されない。こう述べた。

シェンク事件では政府の言論規制が全員一致で合憲とされた。しかし「明白かつ現在の危険」という基準の採用は、言論の内容のみでなくその影響の切迫性をも考慮して、発言者を罪に問うかどうかを判断する可能性をはらんでいた。このころすでにコモンローの伝統にしたがって、事前検閲は許されないという原則が確定している。しかしいったんなされた言論は、その内容が政府を傷つける「好ましくない傾向（bad tendency）」を示せば制限できるというのが、当時の考え方である。新しい基準は、政府の言論規制を裁判所がもっと厳格に審査する可能性を示した。

はたして同じ年、ホームズ判事は「明白かつ現在の危険」の基準のより明確な解釈を、ブランダイス判事とともに表明した。煽動取締法の合憲性が問われたアブラムズ対合衆国事件判決の反対意見である。

ジェイコブ・アブラムズほか五人の被告は、政府のシベリア出兵に反対しゼネストを呼びかけるパンフレットを配布した罪で起訴され有罪となる。

「軍需工場で働く労働者諸君、君たちが製造する弾薬、銃剣、大砲は、ドイツ人を殺すだけでなく、諸君の自由のために戦っているわれらの親愛なるロシアの同志をも殺すのだ。労働者諸君、アメリカの残虐な（ロシア革命への）介入を防ぐために、ゼネストを打とうではないか」

パンフレットはこう呼びかけていた。

法廷意見は下級審の判決を認め煽動取締法を合憲としたが、反対意見を著したホームズ判事はパンフレットが政府の戦争政策に直接の影響を与えた証拠はない、したがって「明白かつ現在の危険」はなかったと反論した。

「無名の人物が下らないパンフレットを印刷配布しただけのことで、それが政府の軍事行動を妨げる、あるいはその傾向をもたらすほどの危険をただちに生みだすとは、だれも思わない」

ホームズ判事はさらに、なぜ大多数の人には受け入れられないたぐいの言論でも保護せねばならないかについて、次のように述べた。

「意見の表明を弾圧するのは、きわめて論理的であるように思われる。人がもし自分の意見や力について絶対の自信があり、自らの目標実現を心から望むのであれば、自分の願望を優先して反対意見を封殺するのは、自然であろう。（中略）けれども時間の経過とともに、もっとも戦闘的な信念でさえも間違っていたとわかることがしばしばある。それがわかった人は、自分の信念の正しさを押しつけるよりも異なった考え方を自由に交換することによってこそ、望ましい結果が得られることに気づくかもしれない。すなわちある命題が真であるかどうかを決定するのは、その命題が市場の競争を通じて人々に受け入れられる力を有しているかどうかなのである。そして真実のみが、願望の実行に正当性を与える。少なくともこれが、憲法の理論である」

一九〇五年ロックナー対ニューヨーク事件の反対意見で、憲法は特定の経済理論を支持するものではないと述べたホームズ判事が、アブラムズ事件ではレッセフェールの考え方を引いて言論の自由の重要性を擁護しているのが興味深い。しかしロックナー事件で表明された経済的デュープロセスを否定するホームズ判事の立場が一九三〇年代後半まで主流にならなかったのと同じように、言論の自由に関する「明白かつ現在の危険」の考え方も、最高裁の多数が受け入れるまでにはやはり一九三〇年代後半まで待たねばならなかった。ホームズ判事は常に時代の先を行っていた。

権利章典と修正第一四条

個人の権利を守る最初の一〇の憲法修正条項（いわゆる権利章典）は、もともと連邦政府をしばる目的で起草された。一八三三年のバロン対ボルティモア事件の判決で、マーシャル首席判事がこの点を再確認している。

けれども一八六八年に修正第一四条が制定されると、そのデュープロセス条項が権利章典を包含するものだという理論が唱えられはじめた。最高裁は当初この考え方に否定的である。一八八四年、フルタド対カリフォルニア事件の判決で、権利章典の内容を修正第一四条を通じて州に適用するのは論理的に無理があるという見解を示す。憲法に書きこまれた同一の文言は同じ意味をもつものと理解すれば、一字一句ほとんど変わらない修正第一四条と修正第五条のデュープロセス条項は同じことを表しているはずである。だとすれば、修正第一四条のデュープロセス条項は、修正第五条に記されたその他の権利（具体的には重罪を犯した場合大陪審で裁かれる権利、同一の犯罪について二度裁かれることがない一事不再理の原則、刑事事件で自己に不利な証言を強制されない自己負罪拒否の権利など）を含むとは解釈すべきでない。そう述べた。

ところが一九二五年になると、最高裁はほとんど説明なしに、修正第一条の言論の自由保障が修正第一四条を通じて州に適用されるとの解釈を行なう。ギトロウ対ニューヨーク事件の判決で「この事件においては、修正第一条によって連邦議会が侵してはならないとされる言論と出版の自由が、修正第一四条のデュープロセス条項によって州が侵してはならないとされる基本的な個人の権利と自由の一部であることを、前提とする」と述べたのである。

本件では最高裁の多数がニューヨーク州の社会主義者取締法を合憲と判断するために、言論の自由保障が州に適用されると判示した（そうしなければ、最高裁には管轄権がなかった）。しかしこれによって逆に連邦裁判所が言論の自由を州による侵害から守る可能性が生まれたのだから、画期的な解釈変更であった。

実際に一九三一年になると最高裁は、無政府主義の象徴として赤旗を掲げることを禁じるカリフォルニア州の法律は言論の自由保障に違反するとして、初めて違憲とする。そして言論の自由だけでなく、一九三二年には刑事被告人が弁護人の援助を受ける権利、一九四〇年には信教の自由、一九四七年には政教分離の原則が、それぞれ修正第一四条のデュープロセス条頃を通じて州に適用された。

権利章典の一部がこうして修正第一四条のデュープロセス条項に包含されはじめると、いったいそうした包含の範囲はどこまでなのかが問題になる。これには大別して、二つの考え方があった。一つは権利章典の一部だけが選択的に包含されるという説。もう一つは権利章典のすべてが包含されるという説である。

前者の考え方をもっともよく表すのは、一九三七年のパルコ対コネティカット事件におけるカルドゾ最高裁判事の法廷意見である。この事件では、州における刑事事件の判決を控訴する権限を与えるコネティカット州法の合憲性が問題になった。第二級殺人罪の有罪判決を不服として州が控訴し第一級殺人罪の適用を求めたのに対し、被告は一事不再理の原則を保障する修正第五条の規定が、修正第一四条のデュープロセス条項を通じて州に適用されるべきだとして、違憲無効を主張した。

カルドゾ判事は被告の主張を退ける。権利章典のすべてが修正第一四条のデュープロセス条項に包含されるわけではない。あくまでもその一部が次第に取りこまれるのである。権利章典に定められた権利のうちには、より重要なものとそうでないものがある。「秩序ある自由の観念に当然含まれる」もの。「自由と正義の基本的な原則であり、われわれの公的政治的制度の基礎をなす」もの。これらの自由は社会的道徳的に一段高い価値を有する。そうした自由こそが保護されねばならない。一事不再理の原則は基本的な自由の一部ではない。この考え方は、その後権利章典を選択的に州へ適用するうえで、最高裁の基本的な考え方となる。

カルドゾ判事の考え方に影響されながら後者の考え方を取ったのが、ニューディール派の判事として同じ一九三七年に最高裁に着任した進歩派のブラック判事である。ブラックは「秩序ある自由の観念に欠かせない」という考え方をいま一歩推し進め、修正第一四条の起草者の意図は、最初の八つの修正条項をすべてデュープロセス条項に包含させることにあったのだと、歴史的証拠を挙げて主張した。さらにブラックの立場に賛同したダグラスなど他の進歩派の判事は、包含されるのは権利章典だけではない、権利章典に記されていなくても、基本的な人権はすべて修正第一四条のデュープロセスに包含されると主張する。

ブラックやダグラスの考え方に批判的だったのが、同じニューディール派のフランクファーター判事である。判事は権利章典の一部の権利が修正第一四条のデュープロセス条項を通じて州に適用されるのを認めながらも、権利章典とデュープロセス条項の内容は似ているだけで同一ではない。連邦に適用される権利条項と州に適用される権利条項は異なって当然だと、州の権限を独自のものとして尊重する連邦主義の立場から慎重な選択的適用を唱えた。

二人の考え方は、のちに新しい実体的デュープロセスの考え方を信奉する積極的な司法審査につながる。一方フランクファーターの考え方は、最高裁はできるかぎり立法府の考え方を尊重すべきであり、むやみに違憲判決を出すべきではないという抑制的な司法審査の潮流をつくる。ローズヴェルト大統領に任命されたニューディール派の判事でも、個人の自由に関してはこれだけ考え方に差があった。

進歩派の判決

以上のような過程を経て、経済的な問題に関する司法審査をほとんど行なわなくなった最高裁は、個人の自由にかかわる判断を積極的に下しはじめる。たとえば一九三七年には、これまで財産権の侵害として州法で禁じられていた労働者による職場のロックアウトを初めて言論活動の一種と認め、平穏なロックアウトを合法とするウィスコンシン州の法律を合憲と判断する(セン対タイル職人組合事件判決)。一九三八年には、エホバの証人による宗教的パンフレットの配布を禁ずるジョージア州のある町の条例を、言論の自由の原則に反するとして違憲とする(ローウェル対グリフィン事件判決)。一九三九年には、許可なしの労働者の集会を禁じるニュージャージー州のある町の条例を、集会の自由を保障する修正第一条に反するとして違憲とした(ヘイグ対CIO事件判決)。一九四五年には、労働組合を組織するものの州への登録を命じるテキサス州法を、修正第一条が定める結社の自由に違反するとして違憲にした(トマス対コリンズ事件判決)。

これらの判決には、経済的自由と違って個人の自由は積極的に守るべきものだという、最高裁の新しい思考が反映されている。

しかし、この時代、最高裁は個人の権利を侵害する法律をすべて違憲としたわけではない。言論の自由について見れば、「明白かつ現在の危険」という基準そのものが、それほどはっきりしたものではなかった。ホームズ判事がシェンク対合衆国事件判決で述べたように、平時であれば守られる個人の自由が、戦時など公共の利益が優先されるべきときに保護されるとは限らない。両者のあいだでバランスを取るのは、ときに難しい。

このことをよく表しているのは、国旗への敬礼を義務づける州法をめぐる二つの事件である。まず一九四〇年、最高裁はマイナーズヴィル学区対ゴビティス事件において八対一の判決で、ペンシルヴァニア州のある学区が毎日の国旗への敬礼を拒否した児童二人を学校から追放したのを合憲とする。

二人の生徒はエホバの証人というキリスト教派に属する信者の子供である。神以外一切の権威を認めない彼らは、国旗への敬礼強制が修正第一条の保障する信教の自由に反すると主張した。しかし法廷意見を著したフランクファーター判事は、国旗への敬礼は国民の統合意識を高めるためのものであり、国民の統合こそ国家安全保障の基礎である。国民が一つであるという意識をもつことによって初めて自由な社会が可能となる。州議会が国旗への敬礼をその手段として選んだ事実を、最高裁は尊重せねばならないと述べた。

ゴビティス事件では戦争の迫りつつあるなか、おそらく大多数の判事が愛国心の高揚に影響されたのであろう。少数派の権利を守るという最高裁の使命は、どこかへ消えてしまった。しかし三年後の一九四三年、ウェストヴァージニア州教育委員会対バーネット事件で、最高裁は同じように国旗への敬礼を強制する法律をエホバの証人の児童に適用するのを違憲と判断し、ゴビティス事件の判決をくつがえす。

法廷意見を著したジャクソン判事は、敬礼の拒否は他の児童の権利を侵害するものではない。特定表現の禁止が許されるのは、「当該表現が明白かつ現在の危険を惹起する場合のみ」である。「国旗への敬礼強制を認めれば、われわれ最高裁は、個人が自分の信念を表す自由を保障するはずの権利章典が本当に意味するのは、自分が信じていないことを公権力が強制することなのだと言わざるをえなくなる」と述べた。

ほとんど同じ事実関係についてまったく正反対の結果を出した二つの判決は、最高裁が個人の自由やその他の権利に関する判断を下すにあたって、時代状況など外的要因から必ずしも自由でなかったことを示している。そして第二次大戦が終わり冷戦が始まると、その傾向はさらに一段と高まる。

第26章　冷戦と基本的人権の保護

冷戦の始まり

一九四五年八月日本の降伏によって第二次世界大戦が終わったとき、アメリカ国民は平和の到来を心から喜んだ。一九二九年の大恐慌突入以来一六年にわたって強いられた耐乏と緊張から、ようやく解放される。軍隊は急速に動員を解除され、ヨーロッパからアジアから続々と兵士が帰ってきた。国中が楽観的な空気に包まれた。

しかし実は戦争終結とほとんど同時に、新たな危機が迫っていた。ナチス・ドイツに東から攻めこんだソ連軍は、急速に東ヨーロッパを制圧し自らの勢力圏に収めてしまう。一九四六年三月五日、チャーチルはミズーリ州フルトンで、「バルト海のステッティンからアドリア海のトリエステまで、ヨーロッパ大陸の真ん中に鉄のカーテンが降ろされた」と述べた。一九四七年になるとモスクワにいたジョージ・ケナンなどの進言を受けて、トルーマン大統領がソ連封じこめ政策を採用する。冷戦が始まった。

同年マーシャルプランの発表、翌一九四八年ソ連に封鎖された西ベルリンへの大規模な空輸作戦の開始、一九四九年北大西洋条約機構（NATO）の発足など、アメリカはソ連に率いられる共産主義勢力の拡張に対して反撃に転じる。しかし同じ一九四九年には中国で国民党政権が台湾に追いやられ、北京に共産党政権が発足した。翌一九五〇年六月には北朝鮮軍が北緯三八度線を越えて南へ攻めこみ、朝鮮戦争が勃発する。冷戦は熱戦に変わった。

急速な情勢の変化にアメリカ国民はとまどう。ドイツとの戦いでソ連は同盟国ではなかったのか。戦後は国連を通じた米ソの協調によって世界平和を保つのではなかったか。なぜ東ヨーロッパは失われたのか。なぜ中国は共産主義者の手に落ちたのか。世界は共産主義勢力に乗っ取られてしまうのか。

国民の混乱は、このころ政権の中枢にソ連のスパイが入りこんでいたことが判明して恐怖に変わる。ディーン・アチソン国務長官に近い立場にある国務省のエリート外交官アルジャー・ヒスが一九三〇年代に機密情報をソ連に送っていた嫌疑で起訴され、陪審裁判で一度は無罪になったものの、一九五〇年一月偽証罪で有罪とされた。同じころ、科学者のローゼンバーグ夫妻が原子爆弾に関する情報をソ連へ渡した容疑で逮捕され、結局一九五三年に反逆罪で処刑される。共産主義の脅威はアメリカ国内にまで及んでいた。これと相前後して、ハリー・トルーマン大統領は連邦政府職員の忠誠調査を命じる。議会でも下院非米国的活動委員会などが、ハリウッドの共産主義者その他を調査しあぶり出す。

一九五〇年二月にはウィスコンシン州選出のジョセフ・マッカーシー上院議員がウェストヴァージニアでの演説で、国務省に多数の共産主義者が浸透しており自分はそのリストをもっているとの爆弾発言を行なう。いわゆるマッカーシー赤狩りの開始である。共産党員だけでなく、多数の進歩派の学者や公務員そして映画関係者などが非難され、職を失い、あるいは蟄居を余儀なくされた。国中が異様な興奮に包まれた。しかし一九五三年の七月朝鮮戦争の休戦が実現して、この騒ぎは収束に向かう。翌年一二月、陸軍内のスパイ摘発を試みたマッカーシー議員は上院で懲罰にかけられ、事実上政治生命を失った。赤狩りの恐怖はこうしてようやく終わった。

冷戦と言論・思想の自由

共産主義の脅威に対抗するため、この時期いくつかの法律が制定される。すでに一九三九年のハッチ法によって、連邦職員は政府転覆を企てる団体への加入を禁止されていた。また一九四〇年のスミス法は「強制的あるいは暴力による合衆国の政府転覆を唱道、援助、教唆、指導」することを違法とし、そのような目的をもった印刷物の出版や団体の結成を禁止し、さらにそのような目的を有しているのを知りながら当該団体に加盟することを禁じた。一九四七年には全国労使関係法に修正を加えたタフト・ハートレー法の一部として、組合の指導者が共産党員でないことを書面で宣誓することが義務づけられる。さらに一九五〇年には内国治安法（マッカラン法）が成立した。同法は共産党の政府への登録を義務づけ、党員や財政に関する情報の開示を要求するものであった。

これらの法律は憲法修正第一条の言論・思想の自由に関して、重大な問題をはらんでいた。「暴力による政府の転覆」という思想内容そのものを違法とする恐れがあるからである。実際トルーマン大統領は、マッカラン法の制定は言論の自由に対する重大な挑戦だとして拒否権を行使する。しかし議会の態度は硬く、圧倒的多数で大統領の拒否権行使をくつがえし法律を成立させてしまった。これらの法律の合憲性は、結局最高裁が判断することとなる。

共産主義者と国内治安にかかわる最高裁の判例のうちでもっとも有名なのは、一九五一年の全米通信連合対ダウズ事件と翌年のデニス対合衆国事件の、二つの判決である。

このうちダウズ事件では、タフト・ハートレー法の合憲性が問題になった。共産党の浸透が著しかった被告の組合は、同法にしたがって指導者が共産党員ではないとの宣誓を行なうよう求められたが、これを拒否する。そして逆に宣誓の強要が修正第一条の保障する言論・思想の自由を侵害すると主張した。

最高裁はこの主張を退ける。法廷意見を著した、ストーンの後任フレッド・ヴィンソン首席判事は、宣誓が組合の思想の自由を制限する可能性があることを認めた。しかしその制限の程度はごく小さいものである。しかし、共産党に指導された組合はしばしばストライキを実行し、それが州際通商を阻害する。したがって議会はそのようなストライキを防ぎ、ひいては国家の安全を守るため、憲法の通商条項にもとづいて組合の指導者から宣誓を求めることは許されるべきである。こう判断した。

一方デニス事件では、長らく用いられていなかったスミス法にもとづいて、一九四八年に司法省が共産党の指導者一二人を起訴する。共謀して強制的または暴力による政府の転覆を唱道し教唆した疑いによるものである。一九四八年、ニューヨークの連邦地裁で九ヶ月にわたって行なわれた裁判の結果、被告は有罪の判決を受ける。被告はこれを不服として控訴し、さらに最高裁へ上告した。そして「唱道」を違法とするスミス法の条項は、憲法修正第一条に反すると主張する。

しかし最高裁は下級審の判断を支持して被告の主張を退けた。この事件の判決でも法廷意見を著したヴィンソン首席判事は、判断の基準として「明白かつ現在の危険」を用いたが、同基準は単に危険の切迫性と確実性をはかるものではない。同時に危険の重大性を考慮に入れねばならない。すなわち仮に危険が切迫したものでなくても、それが重大である場合には、危険を避けるために必要な言論の自由の制限はある程度許される。「明白かつ現在の危険」の基準は、「計画が完了し、蜂起の準備が整い、実行の合図が下される寸前まで政府は何もできない」ということを意味しない。暴力を用いた政府の転覆という重大な危険は、たとえその企てが成功する可能性は低くても未然に対処せねばならない。できるかぎり速やかな政府転覆をめざす共産党の存在自身が、まさにそうした「明白かつ現在の危険」なのである。そう述べた。

二つの判決に共通するのは、ホームズ判事が設定し、のちに最高裁全体が採用した「明白かつ現在の危険」の基準を本来の趣旨では用いず、主張がもたらす危険の切迫性ではなく表現される主張の内容そのものの危険性、重大性によって言論・思想の自由を制限したことである。デニス事件で反対意見を著したダグラス判事が述べたとおり、アメリカにおける共産党の力は弱くその脅威はごく限定されたものであった。にもかかわらず暴力によって政府を転覆するという主張の中身ゆえに、最高裁の多数派はそれを禁じる法律を合憲とした。安全と自由という相反しかねない価値の対立に直面して、最高裁は前者の保護に大きく傾いたのである。冷戦という新しい危機にあたって、共産主義の脅威におびえる当時の国内世論から最高裁も影響を受けずにはいられなかった。

冷戦と人種差別

こうして冷戦は言論の自由拡大の方向に、一時的にはせよブレーキをかける。しかし最高裁が新たに扱いはじめた自由と平等のもう一つの分野、すなわち人種差別撤廃に関して、冷戦は逆にそれを促進する方向に働いた。

冷戦は民主主義と共産主義のあいだの思想的対立でもあった。アメリカは共産主義を、個人の自由を認めない非民主的非人道的な体制であると主張して攻撃する。それに対しソ連は、そう主張する当のアメリカで黒人がまったく平等に扱われていないではないか、わが国では少なくとも国民は等しく平等であると反論した。

この反論には確かに否定しにくいところがあった。二〇世紀の後半に入ろうというのに、南部ではいまだに黒人が合衆国市民として同等に扱われていない。それどころか社会のあらゆる側面で白人から隔離されて生活していた。多くのアメリカ人がこの状態に心を痛める。そしてこれを改善しないかぎり、ソ連との思想の戦いに勝てないと信じた。最高裁の判事の多くもそう考える。

人種差別撤廃の動きは、しかし冷戦の勃発とともに急に出てきたものではない。それ以前から少しずつ、事態は動きはじめていた。

既述のとおり、一九世紀最後の一〇年間で黒人に対する差別は強化され固定した感がある。一八九六年のプレッシー対ファーガソン事件判決は、「隔離すれども平等」、すなわち交通機関や学校などで黒人を白人から隔離しても、物理的条件その他が同じであれば憲法修正第一四条の平等保護条項に違反しないとの法理を確定する。南部諸州はこの判決を根拠に、黒人を白人社会から締め出しつづけた。同時に南北戦争後黒人が手に入れた選挙権も、識字テスト、投票税、白人だけの予備選挙などの手段を用いて実質上奪ってしまう。

黒人は日常生活だけでなく政治過程への参画においても、一人前の市民として扱われなかった。

こうした黒人差別・隔離の体制が少しずつ崩れはじめるきっかけとなったのが、二つの世界大戦である。アメリカが第一次世界大戦に参戦し海を越えてヨーロッパの戦場に多数の若者が送られると、移民の流れが止まったこともあり、北部の工場で労働者が不足するようになった。黒人にとって新しい就業の機会が訪れたのである。この時期南部の農業地帯から約五〇万人の黒人がいっせいに北部の都市へ移住した。黒人の北部への大量移動は一八九〇年代から始まっていたが、参戦を機にその規模が頂点に達する。第二次世界大戦の際も同じ現象が見られる。一九一六年から一九六〇年までに、六〇〇万人以上の黒人が南部から北部へ居を移した。

むろん北部へ移ったからといって、生活が急によくなり差別がなくなったわけではない。むしろ大量に黒人が流入した北部では新たな人種間の摩擦が起こり、多くの暴動が発生する。しかし彼らは北部で職を得ることによって初めて賃金労働者となり、消費者としての力をつけた。のちに公民権運動を展開するとき、消費者としての黒人の影響力は無視できなくなる。南部でも黒人は次第に農村から都市へ移住し、労働者として賃金を稼ぎはじめた。

世界大戦のもう一つの影響は、ヨーロッパやアジアの戦場で勇敢に戦って帰国した黒人兵士の意識の高まりである。崇高な民主主義の理想のために戦いヨーロッパを解放して感謝されたのに、故国へ帰ればまともな職がなく一人前の人間として扱われない。これはおかしい。そう感じた多くの黒人復員兵士が、差別撤廃運動の先導となる。当然ながら、まわりの黒人も影響を受けた。すでに一九一〇年には全米有色人種地位向上協会(NAACP)が発足し、ニューオーリンズ出身の黒人指導者、W・E・B・デュボアのもとで人種差別撤廃運動を開始していた。訴訟を手段とした彼らの活動は、二つの戦争を経てさらに活発となる。

こうした動きに最高裁も無関心ではない。連邦制を維持し州の主権(特に南部諸州の主権)を尊重する立場に立ってなかなか人種差別に関しつっこんだ判決を下さなかった最高裁が、少しずつ積極的な判断を示しはじめる。

プレッシー対ファーガソン事件判決が確定した「隔離すれども平等」の原則にもとづき、南部のみならず北部の一部でも行なわれていた人種別学の慣習に対し最高裁がはじめて批判的な判断を下したのは、一九三八年のミズーリ対カナダ事件の判決である。ある黒人青年がミズーリ州立大学ロースクールへの進学を希望する。入学を許されるのに十分な成績であったらしい。同州には黒人専用のロースクールがなかった。ミズーリ州は青年に、授業料は負担するから近隣州の黒人を受け入れるロースクールへ行ってほしいと頼む。これを青年が拒否して、訴訟になった。

最高裁はミズーリ州が黒人のロースクール入学を拒否するのは、修正第一四条に定める法の下の平等原則に反すると判断する。この判決は「隔離すれども平等」原則を直接否定したものではない。ただ黒人のために平等な条件で別の施設が用意されていない（ここでは黒人専用のロースクールが存在しない）場合には、黒人は白人の施設を利用する権利があると判示したのである。

この判決を受けて南部諸州は危機感を抱く。黒人用に別途の学校が平等な条件で提供されていないと判断される場合には、黒人に白人学校への通学を許さねばならないかもしれない。それは困る。これ以後、南部の黒人専用の公立学校では、建物、図書館、教師の質、教育内容について、真剣な改善の努力がなされる。そこまでしても、南部の人々は白人と黒人を同じ学校で学ばせたくなかった。

さらに一九五〇年スウェット対ペインター事件の判決で、最高裁は人種別学に関する議論をもう一歩進める。テキサス州は黒人専用の州立ロースクールを設け、すでに存在する州立ロースクールへの黒人入学を拒否した。最高裁は州がそこまでの措置を講じても、この入学拒否は平等保護条項に違反すると判断する。ヴィンソン首席判事は、黒人専用のロースクールが図書館、校舎、教授陣、格式や知名度などすべての面で白人用のロースクールに劣っているのを指摘し、したがって既存のロースクールと比べてとても平等とはいえないとの結論を下した。

また同じ年に下されたマクローリン対オクラホマ州高等教育理事会事件の判決では、州立の大学院に黒人を入学させるものの、教室、図書館、食堂などの施設で黒人学生を隔離する方策を採用するのは、やはり修正第一四条に違反するとの判断を示した。

人種別学以外の分野でも、最高裁はこのころ人種差別に関する判決をいくつか下している。一九四一年にはミッチェル対合衆国事件判決で、鉄道会社がプルマン（寝台車両会社）の寝台を白人だけに提供するのは、憲法第一条八節の通商条項にもとづき州際通商委員会に鉄道やバスの規制権を与える州際通商法に違反するとした。一九四六年には、モーガン対ヴァージニア事件判決で、州と州の境を越えて運行されるバスのなかで白人と黒人を隔離する州法を、同じく州際通商法を根拠に無効とする。一九五〇年にはヘンダーソン対合衆国事件判決で、列車の食堂車内部をカーテンで仕切り白人席と黒人席を分けるのは、違法だと判断する。

一九四八年にはシェリー対クレイマー事件判決で、最高裁は住宅の売買契約に黒人には売却しないという条件を盛りこむいわゆる制限条項の執行は憲法に反するとの判断を示した。制限条項自体は私人間の契約の一部であるから憲法上問題ないものの、裁判所がそれに強制力をもたせるのは修正第一四条が禁じる州の行為（ステート・アクション）を構成し、違憲であるというのである。

こうして冷戦が熱戦に変わり共産主義者に対する恐怖が頂点に達するころ、人種差別をめぐる状況にはほんの少し改善の兆しが見えはじめた。

ブラウン対トペカ教育委員会事件

黒人の地位向上をはかるためにもっとも重要であると考えられたのは、投票と教育分野における差別の撤廃であった。なかでも黒人運動家にとって初等教育での人種別学こそ、黒人が白人に対しより平等な地位を獲得するにあたって最大の障壁だとみなされた。逆に南部の白人にとっては、交通機関、住宅地、高等教育機関で黒人と一緒にされるのと比べ、自分たちの幼い子供たちが黒人と一緒に学校で学ばねばならないのは、ほとんど耐えがたいことであったらしい。彼らはかたくなに人種別学を守ろうとした。

そうしたなかNAACPは、これまでの訴訟を通じて得た実績を踏まえ、この分野での挑戦を決意する。五つの学区で行なわれていた小学校での人種別学が違憲であるとして、連邦地区裁判所に集団訴訟を提起した。NAACPの筆頭ロイヤーは、のちに最高裁判事へ任命される黒人のサーグッド・マーシャルである。全米注目のうちにこれらの事件は連邦控訴裁に控訴され、さらに最高裁が上告請願を受理してまとめて審理された。問題とされたのは人種別学を強制もしくは許容するカンザス、ヴァージニア、デラウェア、サウスカロライナの四つの州の法律、そしてコロンビア特別区の法律である。通常これらの事件はまとめて、カンザス州の法律が問題となったブラウン対トペカ教育委員会事件の名で呼ばれる。

一九五二年に最高裁がこの事件を取り上げたとき、首席判事はヴィンソンであった。この年の一二月、口頭弁論が終わったあと、判事たちは会議を行なって判決の方向性について検討する。

一部の判事は憲法の解釈上、違憲にはできないと主張した。意見はまとまらず、結局翌年もう一度口頭弁論を行なうことが決定される。おそらく時間稼ぎの意味もあったのであろう。国論を二分するこの事件に性急な結論は出したくない。判事たちはそう考えた。

ところが、一九五三年の九月にヴィンソン首席判事の急死という予期せぬことが起こる。ドワイト・アイゼンハワー大統領は急遽《きゅうきょ》、後任にカリフォルニア州知事のアール・ウォレンを任命した。この新しい首席判事は、最高裁判事の意見が一致しなければ国論も大きく割れるであろうと考えた。そこでその年の一二月に再度口頭弁論が行なわれたあと、判事一人ひとりを粘り強く説得し、全員一致の判決を出そうと努力する。何人かの判事は憲法上の解釈として、また最高裁の先例に照らして、「隔離すれども平等」の法理をくつがえすのに抵抗を覚えたが、人種別学をそのままにしておくのが道徳上また政治的に正しくないことも認識していた。なかでも南部出身のスタンリー・リード判事は人種別学を違憲とするのに最後まで抵抗したものの、ウォレン判事の説得に最後は折れて同意する。

判決は一九五四年五月一七日、最高裁の法廷でウォレン首席判事によって読み上げられる。公立学校における人種別学は憲法に違反するというのが、その結論であった。ウォレン判事の手になるこの判決文は、ブラック、フランクファーター、ジャクソン、ダグラスといった優秀で自我の強い判事全員から同意を得るために、簡潔な英語で書かれ、短く、先例にほとんど触れていない。難しい憲法論議をできるかぎり避けたのである。

判決はまず、修正第一四条起草者の意図を徹底的に調べても、黒人の隔離を禁止するつもりだったのかどうかわからないと述べる。そしてその代わりに現代社会における教育の重要性を強調した。プレッシー事件のころはともかく、現代において白人と別の学校に通わされることが黒人児童の精神的発展に悪影響を及ぼすのだと、専門家の意見を引用して説く。人種別学は「共同体における彼らの地位について劣等感を植えつけ、いやされることが難しいほどの傷を心に負わせるだろう」。したがって、公立学校教育において、「隔離すれども平等」の法理は許されるものではない。なぜなら「(黒人児童のための)別途の教育施設は、そもそも平等とはいえない」からである。こう結論づけた。

なお州が被告である四つの事件は、修正第一四条の平等保護条項違反とされたが、コロンビア特別区の人種別学に関するボリング対シャープ事件については、修正第五条違反との判断が下される。コロンビア特別区は連邦の直轄地であって、修正第一四条が適用されない。一方、連邦政府に適用される修正第五条には平等保護条項が含まれていない。ウォレン判事はしかし、人種別学は正当な政府の政策目的にもとづいたものではなく、修正第五条が規定するデュープロセス条項に反するものである。そして何よりも、州に対して人種別学を禁ずる憲法が連邦政府にはそれを認めるなどということは考えられないとして、コロンビア特別区の人種別学も違憲と判断した。

ただ、ブラウン事件判決は原告の黒人児童に対する具体的な救済策について判断を示さず、あらためて口頭弁論で主張を申し述べるよう双方の代理人に命じた。そのうえで翌年、第二のブラウン事件判決が下される。ウォレン首席判事は、この事件を各連邦地区裁判所に差し戻し、人種別学の廃止策を実行するよう指示した。これまで黒人児童を差別してきた州は、（第一の）ブラウン事件判決にしたがって廃止を完全に実現するため「早急かつ意味のある行動を開始せねばならない」。ただし各地の事情に応じて命令を効果的に実施するため、さらに時間をかけることは許される。「熟慮のうえ、できるかぎり速やかに」被告の黒人児童を人種差別のない形で公立学校に入学させるよう、下級審に指示した。

こうして今から約六〇年前に、最高裁の歴史上もっとも有名な判決の一つが下った。合衆国の建国以来議論されつづけた黒人をどう扱うかという問題について、ついに結論が出た。南北戦争後奴隷の身分から解放され市民権を与えられても白人とは平等に扱われなかった黒人が、白人と同等の地位を初めて認められた、黒人にとっては真に記念すべき日であった。

けれども黒人に対する差別の問題は、法律上も政治的にもこれで終わらない。判決に対して南部は強い抵抗を示した。そしてこれまでの人種差別体制を死守しようと、かたくなな態度を取る。ブラウン事件判決は、黒人の扱いに関する北部と南部の対立を、一時的にはかえって高めた。

さらにウォレン首席判事が著したブラウン事件判決は、結果は正しくてもその憲法解釈の根拠があいまいだという批判にさらされる。人種別学が違憲である根拠が、黒人児童の心理に関する専門家の意見のみでいいのか。最高裁はいつから児童の精神形成について知見を抱くようになったのか。最高裁の憲法解釈は結果さえ正しければいいのか。それとも憲法に根拠が見出せない場合は、たとえ多数の人々に納得されなくても憲法をあくまで忠実に解釈した内容の判決を下さねばならないのか。こうした疑問が次々に出された。そして最高裁の進歩的判決をめぐって、その後も司法審査の意味があらためて問われる。

第27章 ウォレン・コートと進歩的憲法解釈

ウォレン首席判事を中心とする最高裁は、ブラウン対トペカ教育委員会事件の判決以後、次第に進歩的な判決を下すようになる。積極的な憲法解釈に慎重な立場を取るフランクファーター判事が一九六二年に引退し進歩的な判事が主流を占めるようになった一九六〇年代には、これまでの憲法解釈を変更する革新的な判決が特に多数下された。ケネディ大統領の登場、ベトナム戦争激化、黒人や学生の反体制運動高揚と時を同じくして、最高裁は大きく左へ舵を切る。この時代、少数派や弱者の権利保護、平等に重点を置く最高裁を、いつしか人々はウォレン・コートと呼ぶようになる。

しかしウォレン・コートの判決は、結果を急ぐあまりその憲法上の根拠がはっきりせず、先例を無視することが多かった。また本来連邦や州の議会が決定すべきことがらに、むやみと口を出す傾向が見られた。ちょうど一九世紀末から二〇世紀初頭の最高裁が、財産権の保護という名目でさまざまな法律に対し積極的に違憲判決を下したのと似ている。保守派はこうしたウォレン・コートの進歩的積極的な判決を反民主的だとして攻撃する。そして最高裁がアメリカの道徳、宗教、家族、愛国心といった伝統的な価値をないがしろにし、既存の秩序を打ち壊そうとする勢力に力を貸すのは、けしからぬと反発した。彼らは性道徳の乱れ、暴力行為の頻発、犯罪の増加、偏向した報道などを、最高裁が助長しているとさえ考えた。

ウォレン・コートは、一九六九年ウォレン首席判事の引退とともに幕を閉じる。選挙戦の最中から進歩的な最高裁の改革を唱えていた共和党の新大統領リチャード・ニクソンは、後任に保守的な判事ウォレン・バーガーを選んだ。けれども最高裁がいちどきに保守化したわけではない。共和党政権が任命した判事が自動的に保守的な判決を下したわけでもない。それ以来今日まで、最高裁における進歩派と保守派の争いは続いている。ウォレン・コートの遺産は大きい。

ウォレン・コートの誕生

アール・ウォレンはカリフォルニア州の出身である。彼が生まれた一八九一年、カリフォルニアはまだ西部の辺境であった。生家は貧しく、そのことが後年最高裁判事として弱者救済に熱心となった背景にあるのかもしれない。州立大学のロースクールを卒業後検事として活躍し、一九三八年州の司法長官に選ばれる。真珠湾攻撃によって第二次大戦が始まると、ウォレンは日系人の強制収容に熱心に取り組んだ。一九四二年には州知事に選ばれ、異例の三期をつとめる。そして既述のとおりヴィンソン首席判事が急死した一九五三年、アイゼンハワー大統領の要請を受けて知事の職を辞任し、合衆国最高裁首席判事に就任した。

二〇二〇年を越える最高裁の歴史上、これまで合計一七人の首席判事が任命されている。そのなかには議会の承認が得られず一度も判決を下さなかった人がいるし、マーシャルやトーニーのように三〇年前後その地位にとどまり大きな影響力を行使した首席判事もいる。また法律家や学者としての名声が高いにもかかわらず最高裁を一つにまとめられない首席判事がいたかと思えば、知的能力の高さにおいてとりわけ秀でていなくても就任後強いリーダーシップを発揮する人物もいた。

ウォレンは強いリーダー型の首席判事であった。穏健な共和党員であったこの判事は、常識家でだれからも好かれる性格であったらしい。法律家として特に有名であったわけではなく、むしろ政治家として人を説得する能力に長《た》けていた。州知事時代につちかったリーダーシップをいかんなく発揮して、最高裁を一つにまとめる。就任直後全員一致で下されたブラウン事件判決は、そのもっとも代表的な例である。

しかしウォレン首席判事の就任時、最高裁には個性が強く有力な判事がまだ多数残っていた。なかでも一九三九年にローズヴェルト大統領に任命されたフランクファーター判事

ウォレン・コート（1953年）

と、一九四一年に同じくローズヴェルトに任命されたジャクソン判事は、どちらもニューディールの強固な信奉者であったにもかかわらず、判事としては司法の役割を限定的にとらえる思想の持ち主であった。彼らはニューディール立法を次々に違憲とした一九三七年以前の積極的司法の過ちを繰り返してはならないと信じていた。けれどもジャクソン判事は一九五四年に死去し、フランクファーター判事は一九六二年に引退する。ジャクソンの後任としてアイゼンハワー大統領に任命されたジョン・ハーラン判事（一九五五―七一年）が二人の消極的司法主義を継承するものの、フランクファーターの後任に司法積極主義の傾向が強いアーサー・ゴールドバーグ判事が任命されたため、最高裁のバランスはリベラルに大きく傾いた。ちなみにハーラン判事は、プレッシー事件でただ一人反対意見を著したハーラン判事の孫である。

フランクファーターとジャクソンの二人に代わってウォレン首席判事とともに判決の行方を左右するのが、一九五六年アイゼンハワー大統領に任命されたウィリアム・ブレナン判事である。就任後一九九〇年まで三四年間最高裁にとどまる。そのきわめて進歩的な憲法観で他の判事をリードし、最高裁の判決の方向に大きな影響を与えた。ウォレン・コートは実際にはブレナン・コートと呼んだほうがいいと唱える学者さえいる。

ブレナンはもともとニュージャージー州最高裁の判事で、ワシントンではほとんど知られていなかった。引退したシャーマン・ミントン判事と同じカソリック教徒であるという、むしろ政治的な理由で選ばれた。ハーヴァード・ロースクールでフランクファーター教授の学生であったものの、最高裁判事となる前にはその思想傾向がよくわかっていなかったらしい。任命後次々に進歩的判決を下すのを見てのちにアイゼンハワー大統領は、ウォレン判事とブレナン判事を最高裁判事に任命したのを後悔した。「自分は人生で二度間違いをおかしたが、その両方とも最高裁に座っている」と述べたそうである。

こうしてウォレン首席判事は、自分の就任以前から最高裁に籍を置くブラック（一九三七―七一年）、ダグラス（一九三九―七五年）という二人のニューディール進歩派古参判事（両者ともローズヴェルト大統領任命）、そしてブレナン、ゴールドバーグ（一九六二―六五年、ケネディ大統領任命)、エイブ・フォータス(一九六五―六九年、ジョンソン大統領任命)、ブラウン事件で原告の代理人そしてジョンソン政権の訟訴長官をつとめた初めての黒人判事マーシャル(一九六七―九一年、ジョンソン大統領任命)といった進歩派の判事を擁して、進歩的な最高裁の時代を築く。

この時代、ハーランやポッター・スチュワート(一九五八―八一年、アイゼンハワー大統領任命)、バイロン・ホワイト(一九六二―九三年、ケネディ大統領任命)など、保守ないし中道の判事がいなかったわけではない。しかし一九六〇年代後半には進歩派が圧倒的に優勢であった。

ブラウン事件判決と南部の抵抗

ブラウン事件判決は人種差別撤廃運動にとって画期的な意義を有していた。しかしこの判決によって、長い人種差別の歴史に終止符が打たれたわけではない。むしろ地域によって人種対立はかえって激化した。各連邦地区裁判所の監督のもと「熟慮のうえ、できるかぎり速やかに」人種同学を実現するようにとの第二のブラウン事件判決を受けて、カンザスやデラウェア北部など、南北の境に位置する州では白人と黒人の生徒が比較的速やかに、ある程度まで同じ学校で学ぶようになる。しかし南部、特にディープサウスと呼ばれる南部の中心地域では、同判決に対する激しい反発が起きた。

南部の白人多数は、この判決を北部進歩派の価値の押しつけととらえる。州は間違った連邦司法の命令を拒絶できるという、南北戦争以前に見られたと同じような極端な主張さえ唱えられた。そして人種別学の終了命令に対して、逆に人種別学を義務づける法律を通す、白人児童を他の学校に移して黒人との同席を避ける、私立学校に移して授業料を補助する、はなはだしい場合には公立学校を閉鎖するなどの手段を取って対抗した。ブラウン判決から一〇年経っても旧南部連合に属した一一の州で、白人と一緒の学校に通う黒人生徒は黒人生徒全体の約二パーセントしかいなかった。

南部の抵抗に対して、NAACPはいちいち訴訟で対抗する。提訴を受けて連邦地区裁判所は、各地域の教育委員会に差別措置を差し止め人種同学を実現するよう命じた。教育委員会が命令にしたがわないと最高裁まで上訴する。ところが、最高裁は数年にわたってこれらの上告を取り上げようとしなかった。消極的なのは最高裁だけではない。連邦議会もアイゼンハワー政権も、人種別学を終了させるための積極的な措置を取ろうとしない。

しかしこの膠着状況は、一九五七年九月アーカンソー州リトルロックでの騒擾で破られる。リトルロック教育委員会が裁判所の命令にしたがって人種同学計画を実行しはじめたとき、オーヴァル・フォーブス州知事は州兵を動員してこれを阻止しようとした。知事はアイゼンハワー大統領に説得されて一応州兵を引き揚げるが、今度は九人の黒人生徒が同市セントラル高校に登校しようとするのを、群衆が実力で阻んだ。この期に及んでこれまで実力行使に消極的であったアイゼンハワー大統領は、連邦軍を投入し戒厳令を同市に敷いて、黒人生徒を守るよう命じた。九人の生徒は軍隊に守られながらセントラル高校に通学しはじめる。

こうして黒人生徒はようやく学校へ通えるようになったが、この措置は大変な混乱を招いた。南部の人々は、アイゼンハワーの軍隊投入をソ連軍によるハンガリー侵攻にたとえる。九人の生徒に対する嫌がらせが絶えず、セントラル高校ではほとんど授業が成り立たない。困り果てた教育委員会は、人種同学の実施をとりあえず三〇ヶ月延期するよう裁判所に求める。上告を受けた連邦最高裁は、この訴えを却下した。一九五八年のクーパー対アーロン事件の判決である。

全員一致の判決文を著したブレナン判事は、アーカンソー州における人種同学実施妨害の試みを激しく非難した。黒人生徒が白人と共に学ぶ権利は、「州政府や議会が公然かつ直接に、あるいは別の手段を用いて間接的に、否定できるものではない」。一八〇三年に下されたマーベリー対マディソン事件の判決は、「憲法の最終的解釈は連邦司法が行なうものだという基本的な原則を宣言した」。であればブラウン判決によって示された修正第一四条の解釈、すなわち人種別学は違憲だという判断は「国の最高法規である」。こう述べた。

マーベリー事件判決は確かに最高裁の司法審査の権限を確立した。しかしそれ以後も、憲法の解釈を行なう権限は最高裁だけでなく大統領や議会にもあると信じられていた。したがって最高裁の憲法判断が立法府や行政府の憲法判断に優越するという原則をこれほど明確に主張したのは、この判決が初めてである。ブレナン判事の意見は、それ以後の積極的な司法審査を予感させた。

リトルロックでの騒擾のほかにも、ルイジアナ州やミズーリ州などで連邦政府と州政府が人種同学の実施をめぐって対立する。ルイジアナ州ではスケリー・ライト連邦裁判所判事が州議会による学校の占拠を廷吏と一緒に実力で差し止め、二つの学校で形式的な人種同学を実現する。最高裁はルイジアナ州の人種別学法を無効とする下級審の判断を一九六〇年に支持した。二年後ミズーリ州で、ロス・バーネット知事が州立大学から黒人学生ジェームズ・メレディスを実力で排除しようとしたのに対し、ケネディ大統領が数千人の連邦軍を投入し州兵を連邦軍に編入して秩序を回復し、メレディスの入学を実現する。このように、ときに実力で人種同学を実現する試みがなされたものの、南部の反抗は根強く、人種別学廃止の動きは遅々として進まなかった。

しびれを切らした最高裁は次第に積極的な判決を下し、人種同学を半ば強制するようになる。一九六八年にはグリーン対ニューケント郡委員会事件で、ブレナン判事が黒人と白人の生徒に学校を自由に選ばせる、いわゆる「自由選択制度」の採用だけでは、ブラウン事件判決が命じた人種別学が実現したというに不十分であるとの判断を示した。実際に両人種混合の成果が数字に表れないかぎり、人種別学が廃止されたとはいえない。この事件の学区で達成された一五パーセントという数字では足りない。「あらゆる手段を使って、人種差別を完全に撤廃」する義務があると述べたのである。こうして人種別学廃止への道半ばにして、最高裁は機会の平等から結果の平等へと大きく踏み出す。この方向に沿って一九七〇年代に採用されたスクールバスによる強制的な人種同学の実現（いわゆるバシング）が、その後大きな議論を呼ぶようになる。

学校での差別撤回とともに、公園、公立プール、海岸、劇場、運動場などにおける人種隔離制度も、訴訟の対象となった。訴えを受けた連邦地区裁判所は、ブラウン事件判決を根拠にこれらの隔離を違憲として改善を命じる。上告を取り上げた最高裁は、意見を述べずに下級審の命令を支持した。まれに地区裁判所が隔離を認める判決を下すと、最高裁は「ブラウン事件判決にしたがって判決を出すように」と指示し、判決を差し戻す。南部の白人は、公立学校における人種別学の撤廃に比べれば、これらの隔離撤廃命令を比較的すなおに受け入れたようである。

ただし命令は対象が公立の施設に限られていて、たとえば私人が経営する一般のレストランやホテルなどでの差別は撤廃しにくかった。修正第一四条は州の行為（ステート・アクション）を禁止するものの、私人による差別は対象としないからである。すでに一八八三年の公民権事件判決で、最高裁は修正第一四条をそう解釈していた。私人による差別を禁止するため、最高裁はステート・アクションの範囲を拡大解釈し、たとえば町や郡の所有地に建っているレストランでの差別を禁止したりするものの、なかなかうまくいかない。ブラウン事件判決後数年間、南部での人種差別状況は一部で改善が見られたものの、全体としてはあまり変化がなかった。

一九六〇年代になると、人種別学の撤廃がなかなか実現せず私人による差別もなくならないのに不満をもった黒人運動家たちが、これまでの訴訟中心の運動方針を変更し直接行動に出はじめる。シットインといって、黒人お断りと看板の出たランチカウンターに座りこみ、サービスを要求し、出ていくように言われても去らない。

黒人が直接行動に出たのはそれより早く、一九五五年アラバマ州モンゴメリー市の市営バス・ボイコットが初めてである。黒人はバスの後部に座らされていたのだが、より平等な待遇を求めて一年間バスに乗るのを拒否した。若い黒人牧師マーチン・ルーサー・キングらによって指導されるこうした非暴力不服従運動は、それなりの影響を与えはじめる。しかしおとなしい運動にはあきたらず、暴力に訴える戦闘的な運動家も出現した。さらにそうした黒人に対抗するため、白人側の運動も活発化、過激化する。黒人運動家だけでなく北部から来た白人運動家が殺害される事件が起きたのも、このころである。

こうした状況に危機感を抱いたケネディ大統領は、一九六三年に新しい公民権法案を議会に提出した。南部出身の議員は、この法律の成立を何がなんでも阻止しようと試みるも

の の、ケネディ大統領がテキサス州ダラスで暗殺されて状況は急変した。大統領の遺志を尊重するかのように、翌年法案は議会を通過する。それでも上院の反対派は議場での演説を延々と行なう議事遅延作戦（一種の牛歩戦術）を五七日間続ける。この戦術は上院議員三分の二以上の多数の投票により、ついに終了させられ、法案が可決された。ジョンソン大統領が署名して一九六四年公民権法は発効する。

同法は、私人によるホテルやレストランなど公共の施設での人種差別を禁止し、職場における人種や性別にもとづく雇用差別を禁止するなど、画期的な内容を含んでいた。翌年成立した一九六五年投票権法とならんで、公民権法はこれ以後、連邦政府が人種差別を取り締まる最大の武器となる。ブラウン事件判決以来一〇年、遅々として進まなかった差別撤廃の動きが、少なくとも法律上はほぼ完全な勝利を収めた。

最高裁は一九六四年公民権法制定を受けて、すばやく合憲判決を下す。ハート・オブ・アトランタ・モテル対合衆国事件では、黒人の旅行を困難にするモテルでの人種差別を禁止することによって州際通商が活発になる。すなわち州際通商に相当程度の影響がある。さらにカッツェンバック対マクラング事件では、黒人にレストランが食事を提供しないことによって他州からの食材購買が妨げられる。一つ一つの影響は小さいものの、南部の多くのレストランが人種差別を撤廃すれば州の境を越えた食材の通商は活発になるので、これまた州際通商への相当程度の影響がある。したがって、両事件において通商条項に根拠を置く公民権法は合憲である。両事件とも全員一致の判決文を著したトム・クラーク判事は、このように合憲判決の理由を述べた。

そもそもこの法律は修正第一四条では許されない私人への直接適用を可能とするために、憲法の通商条項を立法上の根拠として制定されていた。人種差別を州際通商への影響を根拠に禁止するのにはいささか無理があり、反対派はそれゆえに違憲だと主張して訴訟を提起する。しかし最高裁はそのことを問題とせず合憲とした。ウィッカード対フィルバーン事件などで確立した、通商条項の拡大解釈に沿う判決であった。

人種差別撤廃に関してこれだけの成果がもたらされたのは、ブラウン事件判決がきっかけとなったものなのだろうか。これについてはいろいろな学説があって評価は一定でない。たとえば最高裁の人種差別に関する判決は、すでにアメリカ社会で起きつつあった大きな流れを後追いしたものであって、それだけを取り上げて神聖視すべきでないという意見がある。ブラウン事件判決の結果むしろ南部の人種差別は過激化したものの、メディアを通してそれを見た北部の人々が反発し、公民権法などの制定につながったという意見もある。いずれにしても人種差別撤廃の過程を一つの物語として見れば、アメリカの司法最高機関が下したブラウン事件判決はやはり画期的であり、多くの黒人に希望を与えた。そのことは間違いない。

ベーカー対カー事件と「一人一票」の原則

ウォレン・コートは人種差別以外の分野でも、画期的な判決を多数下した。これらの判決は個人の権利を拡大し、自由や平等の意味をさらに拡げるものが多い。一部の強硬な南部白人を除けば、ほとんどの人は黒人に対する差別撤廃が時代の趨勢であると考えた。またその憲法理論はともかく、ブラウン事件判決の結果の正しさを疑う人は少なかった。しかし他の分野での判決については、その妥当性についてさまざまな意見が出され、批判がなされる。

たとえば議員定数不均衡に関する判決である。連邦議会下院の議員数は、一〇年ごとに行なわれる国勢調査の結果にもとづいて各州に配分すると、連邦憲法は定める。ただしそうして配分された数の連邦下院議員を選出するために、州内でどのように選挙区を設け各選挙区にどう議員数を割り振るかは、各州の議会が決める。これは州議会議員の選出についても同じである。

一九世紀末から二〇世紀にかけて各州で都市化が進むと、農村地帯の選挙区と都市の選挙区とのあいだで一票の価値に大きな格差が生じるようになった。たとえば一九六〇年代までにカリフォルニア州では、州上院議員選挙区の有権者数に六〇〇万人から一万四〇〇〇人までの幅が見られた。フロリダ州でも九〇万人から九五〇〇人までの差があり、一票の格差は九八対一に達した。

多くの州憲法が選挙区改定の義務を定めているにもかかわらず、さまざまな理由によりこうした格差はなかなか是正されない。一九六〇年の時点で、一二の州上院と一二の州下院で三〇年以上選挙区の改定がなされていなかった。

一部の運動家は、訴訟によってこうした状況を改善しようと試みる。しかし最高裁はなかなか介入しようとしなかった。連邦制度を重視する立場からすれば、州の選挙区に関して連邦司法が介入するのは好ましくない。そう考えたからである。一九四六年のコールグローブ対グリーン事件の判決では四対三の票で、イリノイ州の選挙区改定法を違憲と宣言するよう求める訴えをしりぞける。選挙区の改定に関する問題は「優れて政治的な性質」を有するものであり、司法の判断にはそぐわないというのが、その理由であった。

ところが一九六二年、最高裁はベーカー対カー事件の判決において六対二の投票で先例をくつがえし、テネシー州議会下院の選挙区を割り振る一九〇一年の法律が合憲かどうかは「政治問題」ではなく、司法審査の対象たりうるものだと判断して連邦地裁に差し戻した。

法廷意見を著したブレナン判事は、まずこれまでの判例で「政治問題」を理由に最高裁が判断を控えた理由を分析する。そして議員定数不均衡の問題は、戦争や外交の問題とは違って司法が踏みこむべきでない領域の問題ではなく、また司法が判断するうえで基準が見つからない問題でもない。原告が主張するこの法律によって侵害された憲法上の権利は、修正第一四条の平等保護条項のもとで司法が保護すべき範疇にある。そう判断してテネシー州選挙法が違憲であることを強く示唆しながら、連邦地裁にこの事件を差し戻した。

ベーカー対カー事件の判決を受けて、各州で選挙区改定に関する多数の訴訟が提起される。ブレナン判事は修正第一四条に照らしてどのような選挙区の区割りを平等と判断するかについての基準は明確だと述べたが、実際にはそのような基準がなかったため多くの混乱が生じる。最高裁の多数派はそれでも厳格な平等原則の適用を主張し、たとえば一九六三年のグレイ対サンダース事件の判決でダグラス判事は、独立宣言からリンカーン大統領のゲティスバーグ演説、そして修正第一五条（黒人の投票権）、第一七条（連邦上院議員の直接選挙）、第一九条（女性参政権）まで、すべてが「一人一票」の原則を指し示していると断言した。のちの判決では、一・三対一の格差さえ違憲とされる。また連邦上院と同じように人口とは関係なく州議会二院のうち一院の議員を選挙区ごとに一定数割り振る、いわゆる「ミニ連邦システム」も違憲と判断された。

これに対してフランクファーター判事やハーラン判事は、歴史的に見て州が「一人一票」の原則にしたがって選挙区を割り振らねばならない理由は何もない。連邦上院と同様人口にかかわらず、ある州が一定数の議員を各選挙区から選ぶ仕組みにしても憲法上まったく問題はないと、強く反発した。

これらの判決は、選挙区間での票の格差に関する長年の不公平感を一挙に解決したため、一般には好評であった。その意味ではブラウン判決と同様正しい結果を生んだのである。しかしフランクファーター判事やハーラン判事が主張したように、その憲法上の根拠はあいまいであった。ベーカー事件判決は、正しい結果を得るためには憲法上の正当性は深く問わないという、司法積極主義の典型的な例であった。

ミランダ事件と被疑者・被告人の権利

ウォレン・コートの判断が大きな論議を巻き起こしたもう一つの分野が、被疑者・被告人の権利をめぐる一連の判決である。すでに述べたとおり、一九二〇年以降、最高裁は権利章典と呼ばれる最初の修正一〇ヶ条の一部が修正第一四条に包含されていると考え、州に適用するようになっていた。ウォレン・コートはそれをさらに推し進め、それまで包含されるとは考えられていなかった刑事手続に関する権利保障を、ほとんどすべて州に適用するようになる。

たとえば一九六一年のマップ対オハイオ事件では、違法な捜索を禁じた修正第四条の規定を州にあてはめ、そのような捜索で得られた証拠の能力を否定した。一九六三年のギデオン対ウェインライト事件では、修正第六条が定める刑事事件の被疑者が弁護士の援助を受ける権利を州の刑事裁判にも適用し、弁護士費用を払えない場合、州が無償で弁護士を選任し弁護にあたらせるよう義務づける。

もっとも大きな論争を生じたのは、一九六六年のミランダ対アリゾナ事件の判決であった。最高裁はこの判決で、任意性のない被疑者の自白には証拠能力がないという修正第五条の原則を州の手続にも適用したのだが、それだけにとどまらない。警察が被疑者の身柄を拘束して取り調べる際、「被疑者には黙秘権を行使する権利があること、取調べの際の証言は証拠として用いられる可能性があること、取調べの際に弁護士の立会いを求める権利があること、もし被疑者に弁護士を雇う金銭的余裕がない場合には弁護士の選任を州に求める権利があること」を、あらかじめ知らせねばならないと、いちいち指示した。有名なミランダの警告である。

こうした刑事手続に関する一連の判決は、貧しくて刑事事件についての知識がない犯罪被疑者や被告人が、より公平な取調べや裁判を受けられるようにする目的をもっていた。州の警察や州の裁判所で、彼らはしばしば公平な取調べや裁判を受けていなかった。しかも被疑者や被告人の多くが黒人を中心とする少数民族であったから、これらの判決には人種差別を解消し彼らをより平等に取り扱う意味もあった。

しかし同時に、まるで議会が法律を制定するかのように細かい規則を警察に与えるこれら判決は司法権の範囲からの逸脱だと、保守派から大きな反発を引き起こす。また犯罪の増加が深刻な問題となりつつあった一九六〇年代、進歩的な最高裁は犯罪取締りの手をしばるものだという強い批判が寄せられた。共和党のリチャード・ニクソン大統領候補は、犯罪者に甘い最高裁を変えるという公約を、一九六八年の選挙戦で表明する。

ニューヨークタイムズ対サリヴァン事件と表現の自由

ウォレン・コートは表現の自由についても進歩的な判決を下した。たとえばわいせつな表現に関し、それまでより許容的な判決を下す。伝統的に、わいせつな表現は修正第一条による保護の対象ではないと考えられてきた。保護するに足る価値がないというのである。この考え方にもとづき、郵便局によるわいせつ文書の検閲などが合憲とされる。

しかし一九六四年のジャコベリ対オハイオ事件でブレナン判事は、わいせつ文書が修正第一条の保護を受けないのは、当該文書が「まったく社会的価値がない」場合のみであるという新しい基準を示す。どんなにわいせつな文書でも、「まったく」価値がないと断言するのは難しく、この基準は許容される幅を広げる結果をもたらした。

ただしその後も最高裁はわいせつの定義に関して必ずしも明確な判断を示さず、郵便局の検閲を再び認めたりする。それでも保守派は、ウォレン・コートがアメリカ社会の性道徳を低下させるのに寄与したと、最高裁を非難した。

ウォレン・コートが下した表現の自由に関するもっとも重要な判決は、一九六四年のニューヨークタイムズ対サリヴァン事件の判決である。公民権運動を支援する聖職者や歌手のナット・キング・コールなど著名人八四人が署名した意見広告が、一九六〇年三月二九日ニューヨークタイムズに掲載される。同広告はアラバマ州モンゴメリー市で警察や市役所の助役などが、公民権運動に携わる黒人学生、マーチン・ルーサー・キング牧師、白人の支持者などを、組織的に暴力を用いて迫害していると非難した。そして運動への協力と訴訟支援のための寄付を求めた。

ただしこの広告には、細かい事実誤認がいくつかあった。たとえば警察が抗議行動の中心の一つであったアラバマ州立大学を包囲し学生食堂を封鎖したなどの記述は、真実でなかった。またキング牧師が七回逮捕されたというのは、実際には四回であった。そこでモンゴメリー市警察の責任者サリヴァンが、ニューヨークタイムズを相手取ってアラバマ州裁判所に名誉毀損の訴えを起こす。この記事によって著しく名誉を傷つけられたというのである。

アラバマ州裁判所第一審では陪審員が原告の主張を全面的に認め、五〇万ドルの賠償を命じた。陪審員は全員白人であった。アラバマ最高裁も下級審の判断を支持する。しかし上告請願を取り上げた合衆国最高裁はこれをくつがえし、全員一致でニューヨークタイムズを無罪とした。

法廷意見を著したブレナン判事は、修正第一条の下で言論の自由を守るために、政府の人間に対する公の批判に関しては一定の許容範囲を設けねばならない。すなわち、公職についているものが公的業務の執行に関して批判的な記事を書かれ、それを理由に名誉毀損の訴えを起こし賠償を求めるには、発言者の側に「実際の悪意」があったと証明せねばならない。そして「実際の悪意」とは名誉を毀損する記述を「事実に反すると知りながら、あるいは真偽についてほとんど考慮を払わぬまま」出版することをいう。ニューヨークタイムズは意見広告の内容の一部が事実に反するとは事前には知らなかったし、広告の内容にまったく注意を払わなかったわけでもない。したがって、原告は賠償を得ることはできない。こう述べた。

それまで名誉毀損は州法の分野だと考えられていた。しかし最高裁は公職にあるものが提起する名誉毀損の訴えに修正第一条の網をかけ、訴訟の心配をしなくても政府批判ができるようにした。実際南部諸州は、この訴訟を皮きりに北部のマスコミを相手に多数の訴訟を提起し、南部における人種差別批判に関する報道を封じこめようともくろんでいた。判決は公民権運動そのものに力強い支持を与えることとなる。

最高裁はその後、名誉毀損に関するサリヴァン事件の基準の対象を、公職にあるものだけでなく公人一般に広げ、しかも公人の定義を報道に値する価値を有する者と広く定義して、マスコミの裁量を大きくする。おざなりな取材にもとづく報道によって名誉やプライバシーを著しく損なわれたと考える人に対しても、マスコミは報道の自由の原則をたてにほとんど無条件で損害賠償を求める訴訟から守られるべきなのか。言論の自由に関する憲法上の論争は、このあとも続く。

政教分離・信教の自由

ウォレン・コートは政教分離の分野でも、大きな議論を呼ぶ判決を下した。第二次大戦後のアメリカでは、ソ連との対立も手伝い宗教的な傾向が強まる。宗教教育のため生徒に自由時間を与えるニューヨーク州の規則を合憲とする一九五二年の判決で、進歩派のダグラス判事でさえ、「アメリカは創造主の存在を当然とする宗教的な国家である。州が宗教教育を奨励し、あるいは協力するのは、われわれのよき伝統にしたがうものである」と述べた。

ところが一九六〇年代になると、公教育における宗教色を嫌う進歩派の意見が強くなる。そして一九六二年のエンジェル対ヴィタレ事件で、最高裁はニューヨークの公立学校が採用した無宗派の祈禱を、修正第一条が定める政教分離原則に反するとして違憲と判断した。また一九六三年のアビントン学区対シェンプ事件では、公立学校で毎日聖書の聖句を少なくとも一〇節必ず唱えることを義務づけたペンシルヴァニア州の法律を違憲とした。

この二つの判決に対して、保守派は強く反発する。議会では公立学校での自発的な祈禱を可能にする憲法修正さえ考慮された。それは実現しなかったものの、公立学校における祈禱の問題は、その後今に至るまで最高裁でたびたび争われ、政治問題になっている。

ウォレン・コートの下した多数の進歩的判断のなかで、今日まで続くもっとも激しい論争の種をまいたのは、一九六五年のグリズウォルド対コネティカット事件の判決である。コネティカット州は夫婦が避妊具を用いるのを禁止し、避妊に関する情報を夫婦に与えるのも禁ずる法律を古くから有していた。一九世紀の潔癖な性道徳に由来すると思われるこの法律は当時すでに死文化していたのだが、その合憲性を試すためにイェール大学医学部の関係者らがわざと現行犯で逮捕され訴訟に持ちこむ。最高裁は七対二の投票で同法を違憲と判断した。

言うまでもないことだが、憲法のどこにも避妊の自由に関する規定はない。唯一これまでの判例にしたがえば、修正第一四条のデュープロセス条項にもとづき、避妊を行なう自由は個人の基本的人権であるとして、実体的デュープロセスの理論を用いる道があった。しかし財産権を保護するために濫用された実体的デュープロセス理論を嫌うニューディール派の判事たちは、その道を取りたがらなかった。そこで法廷意見を著したダグラス判事は、新しい理論を構築する。いわゆるプライバシーの権利である。

ダグラス判事は、憲法修正各条が保障する権利には、明確に規定された権利そのもののほかに、そこからの半影あるいは放射（英語で penumbra, emanation という）のような部分がある。そうした余分の権利は、プライバシーの領分と呼んでいいだろう。たとえば修正

第一条が保障する権利には、明確には記載されていないものの結社の自由が含まれている。平時に兵隊の寄宿を禁じる修正第三条。不当な捜索・押収を禁止する修正第四条。自己負罪拒否の特権、すなわち黙秘の権利を定める修正第五条。いずれも、保護されるべきプライバシーの領分を構成している。これらの権利は、政府の不当な介入から個人の家庭を守るものである。この考え方にしたがえば、コネティカット州法はもっともプライベートな夫婦間の神聖なる領域を侵すゆえに違憲である。

この判決の結果に何人かの判事が合意したが、その理由については意見を異にした。たとえばハーラン判事はダグラス判事の挙げた権利章典の内容が修正第一四条に包含されて初めて州に適用されるとの立場を取る。ゴールドバーグ判事は判決の根拠を、権利章典に列挙された権利が保護されるべき権利のすべてではないと定めた修正第九条に求めた。そもそも憲法に明示の規定がなくても、財産権や契約の自由などの経済的権利は守られると考える実体的デュープロセスの考え方のもとで、非経済的な権利をも基本的な権利として保護する最高裁の判例があった。たとえば一九二三年のメイヤー対ネブラスカ事件では、カソリックの学校でドイツ語を教えることを禁じる州法は、教師の教える権利と親が子供に教育を受けさせる基本的な権利を侵害するゆえに、違憲だと判断した。また一九二五年のピアス対ソサィエティー・オブ・シスターズ事件では、子供を公立学校に通わせねばならない(カソリックの学校に行かせてはならない)と規定する州法を、やはり子供に自分の選んだ教育をほどこす親の権利を奪うものであり、違憲だと判断した。ダグラス判事は実体的デュープロセスの理論をグリズウォルド事件では採用しなかったけれども、憲法に書いていないプライバシーにかかわる基本的な権利が存在するという考え方は、メイヤー事件判決、ピアス事件判決など、ロックナー事件判決が下されたのと同時代の判例に源泉があると考えてよい。

一方ブラック判事とスチュワート判事が、強い反対意見を述べる。ブラック判事は、法廷意見はいろいろ理屈を述べているが、結局ロックナー事件判決と同じく自然法とデュープロセス条項にもとづく司法による立法活動を行なっているだけだと非難する。憲法個別条項の適用にあたって拡大解釈をいとわないことで知られるブラック判事だが、憲法になんら規定がない新しい権利を判事の主観によって無理やり理論を構築して正当化するのは、我慢がならなかったようだ。

グリズウォルド事件判決が生み出したプライバシーの権利は、このあとさらに拡大解釈されて、二〇世紀後半の新しい実体的デュープロセス理論に発展する。保守派はそれを新しい司法積極主義の跳梁《ちょうりょう》として反発し、特に女性が妊娠中絶を行なう権利をめぐって、まもなく最高裁の役割に関する激しい争いを惹起する。

第28章　アメリカの今へ——憲法論争は続く

ウォレン首席判事の引退とバーガー・コートの誕生

数々の進歩的判決を下したアール・ウォレン最高裁首席判事は、一九六八年六月リンドン・B・ジョンソン大統領に辞表を提出する。議会上院が後任の首席判事を承認し次第、引退するとの意図を表明したものであった。同年一一月の大統領選挙で共和党のリチャード・ニクソン候補が当選した場合、就任後確実に保守的な判事を任命するであろう。それを防ぐには民主党の大統領が在任中に辞任して、進歩的な人物にあとを託したい。七七歳になったウォレン判事はこう考えた。

しかしものごとはなかなか思うようにいかない。ジョンソン大統領が後任の首席判事に指名したフォータス判事は、上院の承認を得られなかった。ベトナム戦争の不人気にかんがみ大統領選挙へ出馬せず、再選は求めないと表明したため、大統領の議会に対する影響力が衰えていた。またジョンソン大統領とフォータス判事の緊密な仲が、かえって反発を買った。ウォレン判事はしかたなく、辞任の時期を大統領選挙後の翌年六月まで延ばす。

選挙中からウォレン・コートの進歩的傾向に批判的であり、「憲法に忠実」な、つまりより保守的な判事を任命するとの公約を掲げていたニクソンは、民主党のヒューバート・ハンフリー候補に勝って大統領に就任すると早速公約の実行にとりかかる。もっともいくら約束しようが、大統領が最高裁の判事を任命できるのは欠員が生じたときだけである。次のジミー・カーター大統領のように、任期中一人も判事が引退せず自分の好みの判事を任命できなかった人もいる。その点ニクソン大統領は運がよかった。

まず就任早々の一九六九年五月、証券取引委員会によって取調べを受けているさなかの金融業者からフォータス判事が多額の謝金を受け取っていたというスキャンダルが明るみに出た。法的には問題とならなかったものの政治的圧力に負けて、判事は辞任を余儀なくされる。これによってニクソン大統領はウォレン首席判事だけでなく、フォータス判事の後任をも任命できることになった。

ニクソン大統領は、ウォレン首席判事の後任にミネソタ州出身でコロンビア特別区巡回区連邦控訴裁判所のウォレン・バーガー判事を指名した。バーガーは「法と秩序」を重んじる保守的な判事として知られていたが、フォータス判事のスキャンダルで力を落としていた上院民主党はほとんど抵抗を示さず、この人事を承認する。

勢いづいた大統領は次にフォータス判事の後任として、南部出身の保守的な判事を続け

バーガー・コート（1981年）

て二人指名した。しかし一人目は民主党議員からある裁判における倫理上の問題を糾弾され、また二人目は人種隔離政策支持の前歴を問題にされて、結局いずれも僅差で承認を得られない。三度目の正直で指名されたのは、バーガー首席判事と小学校以来の友人で、第八巡回区連邦控訴裁判所の判事であったハリー・ブラックマンである。穏健な共和党員であり税法の専門家というその経歴からして、特に問題なく上院から承認された。ニクソン大統領に任命されたにもかかわらず、このブラックマン判事はのちに最高裁でもっとも進歩的な判事に変身する。

一九七一年、今度はブラック判事とハーラン判事が引退した。ニクソン大統領はさらに二人の指名権を得る。その年の一〇月、ウォレン判事の進歩的判決に批判的なヴァージニア州の著名な弁護士で全米法曹協会会長をつとめたルイス・F・パウエルと、ウィスコンシン州出身の保守的な共和党員で司法次官補として政権につかえたウィリアム・H・レンクイストを指名する。レンクイストはスタンフォード・ロースクールをトップで卒業し、ジャクソン最高裁判事の助手をつとめた経歴を有していた。大統領の公約は着々と実現しているように見えた。

ちなみにニクソン大統領が辞任したあと、副大統領から昇格したジェラルド・フォード大統領は、一九七五年引退したダグラス判事の後任に、シカゴ出身でやはり第七巡回区連邦控訴裁の判事であったジョン・ポール・スティーヴンスを任命した。これでウォレン判事の引退後共和党大統領が任命した判事は五人となり、判事九人の多数を占める。進歩派が優勢であったウォレン・コートは様変わりした。バーガー首席判事はウォレン首席判事のような強い指導力を発揮しなかったが、一九八六年に同判事が引退するまでの最高裁を、一般にバーガー・コートと呼ぶ。

バーガー・コートと女性の権利

こうして登場したバーガー・コートは、たとえば刑事手続に関して、これまでの進歩的判例を押し戻すような判決を下す。報道の自由や人種に関係のない基本的権利についての事件でも、同じ動きが見られた。低所得者に対する福祉を憲法で保障する権利とみなすといった、一九六〇年代に見られた極端な平等主義は否定する。財産権の保護をこれまでより重視し、連邦制度をより尊重するような判決も下した。

しかし同時に、ウォレン・コートの進歩的な傾向をさらに進める判決も多数下した。「憲法に忠実」で、抑制的な最高裁をめざしたニクソン大統領の思惑にもかかわらず、バーガー・コートの判事多数は比較的に穏健であったものの、ときに大胆な憲法解釈を行なって人々を驚かせた。

その一例は女性の権利である。最高裁は長いあいだ性差別を憲法上の問題として取り上げなかった。修正第一四条が定める法の下の平等は、人種間の平等を保障するものであっても男女間の平等を対象とするものとは考えなかったのである。

たとえば一八七三年のブラッドウェル対イリノイ事件の判決で、最高裁は女性に弁護士の資格を与えない州法は修正第一四条に違反せず、合憲だと判断する。女性は弱い存在であり弁護士の職には向かない、女性は家庭で妻として母として働くべきだというのが、その理由であった。

一九二〇年制定の修正第一九条によって女性に投票権が与えられたものの、女性に対する法律上の差別は一九六〇年代まで続く。一九四八年には、経営者の妻あるいは娘以外が酒場で働くのを禁止するミシガン州の法律を、最高裁は簡単に合憲とした（ゴサート対クリアリー事件判決）。一九六一年になっても、女性は本人が望まないかぎり陪審員をつとめなくてもかまわないとするフロリダ州法を、合憲としていた（ホイト対フロリダ事件判決）。陪審員の仕事を強制して弱い女性を殺人や傷害などの事件にさらすのはよくない、女性は家庭にとどまるべきだと考えられたのである。

しかしこのころ黒人を中心とする公民権運動に刺激され、男女の平等に関する法律がようやく制定されはじめる。一九六三年には労働基準法が改正され、同一の仕事に関する男女間の賃金差別が禁じられた。さらに一九六四年公民権法第七章が禁じる雇用差別のなかに、性を根拠とする差別が含まれる。これは公民権法の成立を阻止しようとした南部出身の議員が、法案を成立しにくくしようと挿入したものだが、案に相違して両院を通過してしまった。その結果、公民権法は女性差別に対するもっとも有効な武器となる。

バーガー・コートは、このような女性の権利拡大に判決を通じて支持を与えた。たとえば一九七一年には就学年齢未満の子供があることを理由に女性を雇用しないのは、公民権法違反だと判断する（フィリップス対マーティン・マリエッタ社事件判決）。あるいは一九七七年、身長と体重の最低基準を設けて刑務所の看守の仕事から実質的に女性を締め出すアラバマ州法を、やはり公民権法違反とした（ドットハード対ローリンソン事件判決）。

制定法の違反を問題とするだけではない。女性差別を初めて憲法違反としてもとらえる。たとえば一九七一年のリード対リード事件では、子供の残した財産の管理権を自動的に夫に与えるアイダホ州の法律を、修正第一四条の平等保護条項に反すると判断した。また、一九七六年にはクレイグ対ボーレン事件で、ビールを飲むことを女性には一八歳から認めながら男性には二一歳まで許さないオクラホマ州の法律を、憲法に反する性差別と判断する。

ただしこうした性差別に関する憲法判決を下すにあたって、最高裁は人種差別に適用する憲法審査の基準をそのまま用いようとはしなかった。これまでにも述べたように、人種による区別を行なう法律は「本来的に疑わしいもの」と見なされる。なぜなら人種による区別から得られる正当な公の利益があるとは、考えにくいからである。したがって法律制定によって保護・促進するに足る「どうしても必要な公の利益」が存在しないかぎり、そのような法律は違憲と判断する。これを憲法の厳格審査基準と呼ぶ。

リード対リード事件で、進歩派のブレナン判事は性差別にも厳格審査基準を適用するよう求めた。性による区別を行なう法律は、よほどの理由がないかぎり違憲と判断しようとする厳しい見方である。けれども同事件で法廷意見を著したバーガー首席判事は、厳格審査基準ではなく、一般の法律に適用される合理性の審査基準を用いた。すなわち、何らかの区別を行なう法律は「(その区別が)合理的で、恣意的でなく、そうした区別と法律制定の目的とのあいだに公平で相当程度の関係があれば」平等保護条項のもとで合憲と認める。男女間に区別を設ける法律が、自動的に憲法が禁じる差別であるわけではない。区別に合理的な理由がありさえすれば違憲とはしないという、ゆるやかな基準である。

リード事件で同僚判事に厳格審査基準の適用を説得できなかったブレナン判事は、クレイグ対ボーレン事件では厳格審査基準と合理性審査基準の中をとって、性による区別は「重要な政府の目的を促進し、そのような目的とのあいだに相当程度の関係を有すものでなければならない」という判断基準を用いる法廷意見を著した。性差別の疑いがある法律は人種差別を疑われる法律ほど厳しくは審査しないが、一般の経済問題に関するほど議会や行政府の判断を信じることもしない、という考え方である。性差別と人種差別は必ずしも同じ基準で判断できないという常識にもとづいており、他の判事にも受け入れられた。最高裁はこのいわゆる中間審査基準を、いまだに性差別の合憲性を判断する基準として用いている。

アファーマティブ・アクション

人種差別の分野では、バーガー・コートはおおむねウォレン・コートの判例を踏襲した。一九七〇年代になると、ブラウン事件判決の理論はともかくその結果に反対する人はほとんどいなくなる。しかし人種間の平等をいかに実現するかについて、簡単な解決策はなかった。既述のとおり、法律上差別が撤廃されたにもかかわらず、自分たちの雇用状況や生活水準がなかなか向上しないのに黒人は焦燥感を抱く。そして機会の平等だけでなく、結果の平等を強く求めはじめた。行政府はこの要求にしたがって、結果の平等実現を政策として取り上げる。最高裁もためらいながら、判決で一部認めるようになった。

一九七一年、グリッグス対デュークパワー事件の法廷意見で、最高裁は人種差別の認定に関して画期的な解釈を披瀝した。被告企業は従業員の採用にあたって、高校卒業の証明と一定の知能テストの成績を求めていた。これに対し原告は、人種別学によって満足な教育を受けてこなかった黒人は白人と競争する力を有さず、こうした採用条件は実質的に黒人を雇用から締め出す効果をもつ、したがって一九六四年公民権法に違反するとして訴え出た。

バーガー首席判事は、「差別の意図がないからといって、少数民族にとって逆風になる雇用慣行が認められるわけではない」と述べ、原告の主張を認める。それまでは特定の雇用慣行に関して、差別の意図を証明しなければ人種差別は違法とされなかった。しかし、この事件で初めて最高裁は意図（異なる取扱い）が証明されなくて結果（異なる影響）が認められれば、違法な差別になりうると判断したのである。

この解釈は、その後の人種差別訴訟の方向と訴訟予防対策に重要な意味をもった。たとえばある企業で全従業員のうち黒人従業員の割合が五パーセントであり、同企業所在地全体では就業可能総人口のうち黒人の割合が二〇パーセントであるとしよう。この企業が黒人の雇用を避けようとする意図をまったくもっていなくても、このように人種によって就業者数の就業可能人口に対する割合が異なるという事実が示されれば、デュークパワー事件の先例に照らして人種差別を問題とする訴訟で敗訴する可能性がある。それでは裁判で負けるのを防ぐにはどうしたらいいか。黒人の雇用率を応募者の能力にかかわらず二〇パーセントにまで引き上げる。つまり少数民族を優遇して採用や昇進を行なう積極的差別是正策、すなわちアファーマティブ・アクションを採用すれば、ほぼ安全になるのである。

こうして結果の平等を人為的に実現するアファーマティブ・アクションは、アメリカ社会のさまざまな分野で見られるようになった。一つは公立学校における人種別学の撤廃に関する措置である。ブラウン事件判決以来人種別学が禁止されたにもかかわらず、公立学校における人種統合は遅々として進まなかった。既述のとおり、一九六八年のグリーン事件で、最高裁はあらゆる手段を用いてある程度の結果を出すように命じる。一九七一年にはスワン対シャーロッツ・メクレンバーグ教育委員会事件の判決において、ノースカロライナの連邦地裁が下したスクールバスを用いて人種統合を実現する命令を、全員一致で支持する。これによって黒人が多数を占める都市部の学区と白人が多数を占める郊外の学区のあいだで、強制的に生徒を遠距離バス通学させ人種統合をはかる、いわゆるバシングが導入された。これまた一種のアファーマティブ・アクションであり、結果の平等をめざす動きである。

皮肉なことに、バシングの実施に対する抵抗はむしろ北部の公立学校で強かった。北部では白人と黒人がもともと別の区域に居住することから、それぞれの地域の公立学校で人種構成が偏る場合があった。しかしそれは多くの場合、南部の学校のような意図的かつ法律に違反する差別の結果ではない。問題はそうした場合にも裁判所が人種統合を命じるべきかどうかである。人種統合を推進する人々は、意図に関係なく人種構成の格差の存在そのものが憲法違反だと主張した。

最高裁は当初慎重な態度を取る。一九七四年、黒人生徒が四分の三を占めるミシガン州デトロイト市の学区を、白人生徒が大半を占める郊外の学区と統合して大きな学区(生徒数八〇万)を創設し、そのなかでバシングを実施する連邦地区裁判所の決定を、五対四の投票でくつがえした(ミリケン対ブラッドレー事件判決)。人種別学を維持するためという意図をもって線引きがなされたのでないかぎり、裁判所には学区の統合を命ずる権限はないというのが、その理由である。

しかし、最高裁は一万五〇〇〇人の生徒をバス通学させて人種統合を実行するオハイオ州デイトンの計画を一度否定しておきながら、二度目の上告がなされるや判断を変え、一九七九年に承認する(デイトン教育委員会対ブリンクマン事件判決)。オハイオ州では一九世紀以来、人種別学が法的に義務づけられたことはなかった。したがって最高裁はこの事件では、意図的な差別のはっきりした証明が必ずしもないままで、強制的な公立学校の人種統合を認めたように見える。

バシングは不評で、その実施をめぐり各地で紛争が起きた。そして一九八〇年代になると、最高裁も市の境を越えた大幅な学区の統合を要求しなくなる。その結果、現在でも都市部の公立学校と郊外の公立学校では、しばしば人種構成が大きく異なったままである。

そのほかにもアファーマティブ・アクションは雇用、教育、政府機関、政府契約の分野で広く用いられるようになる。ジョンソン政権に引き続き、ニクソン政権もこの政策の実施に熱心であった。さらに一九六五年投票権法の新しい解釈を通じて、黒人議員が確実に選出されるような選挙区の設定がなされ、最高裁がこれを認めるようになる。黒人議員が一人も選ばれないような選挙区の区割りは、たとえ差別の意図がなくても投票権法の禁止する「少数者の投票力の不当な減衰」をもたらすから違法であり、正す必要があるというのである。これもまたアファーマティブ・アクションの一つである。

カリフォルニア大学理事会対バッキー事件

アファーマティブ・アクションの実施が広がると、今度はそれが逆差別にあたるとして白人の側から不満が出はじめた。黒人やその他少数民族に属する人々に対し能力や資格にかかわらず優先的に採用や入学を認めれば、必然的にはじき出される白人がいるからである。能力があるのに白人であるという理由だけで採用されない、入学を許されないというのは、やはり人種差別であって憲法の定める法の下の平等原則に反する。こうした主張がなされた。

アファーマティブ・アクションの是非について議論が高まるなかで、一九七八年にカリフォルニア大学理事会対バッキー事件の判決が下される。バッキーは三八歳になってからカリフォルニア大学デーヴィス校の医学部入学をめざした白人の男性である。同医学部は一〇〇人の定員中、黒人など少数民族出身者に一六人の枠を与えていた。バッキーの試験成績は一六人いずれの少数民族合格者よりも高かったのに、二年続けて不合格となる。これは人種を理由にした差別であり、憲法修正第一四条が定める法の下の平等と公民権法に違反するとして、バッキーはカリフォルニア州裁判所に訴訟を提起した。カリフォルニア大学は州立大学であり、したがってその少数民族優先政策は州の行為として修正第一四条の対象となる。カリフォルニア州最高裁を経て合衆国最高裁に上告されたこの事件に、全米の注目が集まった。アファーマティブ・アクションの将来がかかっていると人々が受け止めたからである。

最高裁の意見は、この事件をめぐって真っ二つに割れる。バーガー、スティーヴンス、スチュワート、レンクイストの四判事は、人種による区別を行なうデーヴィス校医学部のアファーマティブ・アクションは憲法を適用するまでもなく、一九六四年公民権法に違反すると主張した。一方ブレナン、ブラックマン、マーシャル、ホワイトの四人は、少数民族に対する差別を解消するために人種にもとづいた優遇策を用いるのは重要な政府の利益実現のために許されるべきであり、したがって憲法に違反するものではないとして、バッキーの訴えを退けるように主張した。こうして四対四に票が分かれたため、原告の運命とアファーマティブ・アクションの将来は残った一人、すなわちパウエル判事の判断にかかることとなる。

パウエル判事はここで一種の大岡裁きを見せた。デーヴィス校のアファーマティブ・アクションは明白な人種枠を設けているがゆえに、違憲である。パウエル意見のこの部分は保守派の四人が同意したため判決は五対四となり、バッキーはめでたく医学部への入学が認められる。

しかし、とパウエル判事はつけ加える。人種だけを基準として入学許可を与えるのは違憲であるが、人種を入学許可の決定に際して考慮すべき多数の要素の一つとして用いるのは、憲法に違反しない。なぜなら知的活力と創造性を養うために多様性を維持することが、大学にとってはどうしても必要である。そうした多様性を実現するためには、さまざまな人種と民族の学生を入学させる必要がある。したがって、入学許可を与える際に人種を一つの要素として考慮してもかまわない。パウエル判事の意見中この後者の部分に進歩派の四人が賛成したため、四対五で人種を根拠としたアファーマティブ・アクションは生き残った。

こうしてあからさまな数値目標は設定しないものの、目立たない形で黒人など少数民族を優先的に入学させる制度が、その後も続くことになる。パウエル判事の玉虫色の判決は憲法解釈としてはあいまいで妥協の産物だと批判されたが、黒人差別問題の実効ある解決に悩むアメリカにとっては現実的な対応であったかもしれない。

バッキー事件判決以降もアファーマティブ・アクションの是非について論争が続いた。司法の場では憲法の文言と原意を厳密に解釈する司法消極主義と、望ましい政策実現のためには憲法の拡大解釈を許す司法積極主義との間の争いであるが、同時にこの国が取るべき政策についての政治的経済的な論争でもある。本来時限的措置であったため、時が経つにつれこの措置の継続に懐疑的な声が高まる。一九九六年には住民投票の結果、カリフォルニア州のすべての公共機関でアファーマティブ・アクションが禁止された。

世論の変化を背景に、連邦司法もより厳しい判断を示すようになる。同じ九六年にテキサス大学ロースクールの同措置を違憲とする判決を連邦控訴裁が下した（ホップウッド対テキサス大学事件）。予想に反し最高裁が上告請願を取り上げなかったために判決が確定し、全米の大学がアファーマティブ・アクションの廃止や制限を打ち出した。この措置の寿命はつきたかと思われた。

しかしその後二〇〇〇年代に入って、最高裁は再び玉虫色の判決を下し（グラッター対ボリンジャー事件、グラッツ対ボリンジャー事件）、最近の判決でもその基本線は変えていない。アファーマティブ・アクションはいまだに生き長らえている。

ロー対ウェード事件判決

バーガー・コートが下した判決のなかでもっとも大きな議論を呼び、最高裁の役割をめぐるその後の議論に大きな影響を与えたのが、妊娠中絶に関する一九七三年のロー対ウェード事件判決である。既述のとおり、最高裁は一九六五年のグリズウォルド対コネティカット事件の判決で、プライバシーの権利という新しい理論を編み出す。結婚はもっとも神聖なプライバシーの領域であり、むやみに政府が立ち入るべきではない。したがって夫婦の避妊具使用を禁止するコネティカット州法は違憲だと、ダグラス判事は述べた。けれども本来夫婦の権利として表現されたプライバシーの権利は、その後すぐに拡大しはじめる。一九七二年にはアイゼンスタット対ベアド事件で、結婚していない個人に避妊具を配ることを禁じる法律も違憲とされる。プライバシーの権利は個人のものであって、結婚しているかどうかは関係ない。今度はそう主張された。

ロー対ウェード事件の判決は、プライバシーの権利をさらに拡大する。テキサス州はその制定法で、妊娠中絶を犯罪として取り締まっていた。当時妊娠していた未婚の女性（仮名でローと呼ぶ）が、この法律のために妊娠中絶を行なえないのは自分の憲法上の権利を侵害するものだと主張して、法律適用の差止めを連邦裁判所に求めた。上告を受けた最高裁は、テキサス州法が女性のプライバシーに関する憲法上の権利を侵害するものだとして、七対二で違憲と判断する。

法廷意見を著したのはブラックマン判事である。判事は妊娠中絶に関する歴史をひもとき医学的見解を網羅して中絶を禁止する法律の歴史を説いたうえで、プライバシーの権利の一部として女性には妊娠中絶を行なう憲法上の基本的権利があるとの結論を下した。ただし州が胎児の権利を保護する義務を負っていることも認める。したがって妊娠期間を三つに分割し、第一期と第二期には、女性の妊娠中絶を行なう権利を優先させる。中絶による母体への危険がほとんどない第一期には、州は中絶に一切規制を加えてはならない。中絶による母体への危険がある程度認められる第二期には、母体の健康を保持するかぎりにおいて中絶に関する規制が許される。そして医学上胎児が母体の外に出ても生存するとされる第三期になって初めて、州は中絶の禁止を含め規制を加えてかまわない。ただし母体の生命を救う、あるいは健康を保持するための中絶を禁止してはならない。このように述べた。

ブラックマン判事の意見には、法廷の内外で反論が巻き起こった。レンクイスト判事とホワイト判事がきわめて強い調子の反対意見を著す。憲法のどこにも、女性が妊娠中絶の権利を有しているとは書いてない。女性のプライバシーの権利というが、妊娠と分娩ははたして母親だけの一存で決められることがらだろうか。胎児の権利は、父親の権利はどうなるのか。妊娠期間に応じて中絶の権利を細かく分類する権限が、司法にあるのか。

ロー対ウェード事件判決に対して法廷の外で起こった反対運動は、判事たちも予想しない激しさだった。保守派や宗教家がいっせいに反発し、運動家が最高裁へデモを繰り返す。各州で妊娠中絶を規制する法律を制定し、訴訟でその合憲性を争う動きが活発になった。中絶に関する関心と興味は、判決以前よりかえって高まったといってよいだろう。それはブラウン事件判決のあと、南部が黒人の隔離についてむしろ態度を硬化させたのと似ている。

ドレッド・スコット判決のときのように、共和党はロー対ウェード事件判決をくつがえすことを自らの政治目標として掲げた。そのためには大統領選挙に勝ち、自党の大統領を通じて時が来たら新しい判事を任命し、最高裁に送りこまねばならない。最高裁判事の任命をめぐる一九八〇年代の激しい政治闘争は、こうして始まる。

ウォーターゲート事件と憲政の危機

バーガー・コートの全時代を通じて、ニクソン大統領と最高裁が真正面から衝突したニクソン対合衆国事件の判決ほど劇的なものはない。

ニクソン大統領はリベラルな民主党政権とウォレン・コートを批判し、法と秩序の回復を訴えて一九六八年に当選した。アイゼンハワー大統領以来、初めての共和党政権である。法と秩序を重んじベトナム反戦派を押さえこむなど進歩派には悪魔であるかのように嫌われたにもかかわらず、のちのレーガン大統領のように中央政府の肥大を嫌う伝統的保守派とは一線を画す大統領でもあった。何よりも強力な大統領の必要性を信じていて、就任以来あらゆる政策決定権をホワイトハウスに集中させる。ホワイトハウスのスタッフは、一五〇〇人から三五〇〇人まで数が膨らんだ。ホワイトハウスがなんでも政策決定に口を出すようになったのは、ニクソン政権でとりわけ目立った現象である。

こうした強い集中的な権限を用いて、ニクソン大統領はベトナム戦争の指導、ソ連との外交、国家非常事態宣言とドルの金兌換停止、中国訪問、輸入品への課徴金付加、物価の統制、ベトナム和平の実現などの政策を強引に実施する。その統治スタイルはアイゼンハワーやクーリッジといった伝統的な共和党大統領よりも、ウィルソンやローズヴェルトなど民主党の戦時大統領に似ている。アーサー・シュレシンジャーが指摘したとおり、ニクソン政権はニューディール以来続く「帝王的大統領制」が頂点に達した姿であった。

権力を自分自身に集中させるこの強力な大統領は、同時に他人を信用しない強い猜疑心の持ち主だった。ベトナム反戦運動家や政敵の動きに敏感で、彼らの動きを自分の地位を脅かすものととらえて警戒する。そうした大統領の極端な猜疑と警戒を背景に起こったのが、ウォーターゲート事件である。

ポトマック川に面するウォーターゲート・ビルの民主党全国委員会の事務所に押し入った賊がつかまり、盗聴装置が仕掛けられているのが見つかったのは、一九七二年の六月である。最初この事件はほとんど一般の関心を引かなかった。一九七二年一一月の大統領選挙でニクソンは圧倒的大差をつけて民主党のジョージ・マクガバン候補を破り、再選を果たす。その地位は盤石であるように思われた。しかし容疑者の裁判とワシントンポストの若手記者ボブ・ウッドワードなどによる多方面の取材を通じて、この不法侵入事件にホワイトハウスが関与した疑いが高まる。一九七三年二月には議会上院が大統領選挙調査特別委員会を設置、五月にはエリオット・リチャードソン司法長官がケネディ政権の訟訴長官をつとめたハーヴァード・ロースクールのアーチボルド・コックス教授を特別検察官に任命する。

上院調査委員会の調査により、疑惑はさらに深まった。ホワイトハウスが反体制活動家や政治家に対する大がかりな盗聴を行なっていたことが判明する。さらに大統領の会話を録音する一連のテープがホワイトハウスに存在することが明らかになった。コックス特別検察官は七月、大統領に対し、コロンビア特別区大陪審へのテープ提出を求める。大統領がこれを拒否したため、特別検察官は訴えを起こす。大統領はテープの内容をまとめたものの提出で妥協を試みるが、特別検察官がこれを拒否。大統領はコックスの罷免をリチャードソン司法長官に求める。ところが、司法長官も司法副長官も大統領命令を拒否したため、当時司法省ナンバー3の訟訴長官をつとめていたロバート・ボークが命令を実行した。いわゆる「土曜の夜の虐殺」と呼ばれる一九七三年一〇月の事件である。

この劇的な解任によって、大統領追及の勢いはかえって増した。下院司法委員会が同月、大統領弾劾の可能性について審議を始める。一九七四年三月、コロンビア特別区大陪審がウォーターゲート事件の責任者として、ミッチェル、アーリックマン、ハルドマンら、大統領側近の起訴に踏み切る。コックス特別検察官の後任レオン・ジャウォースキー特別検察官は、この起訴に関連してホワイトハウス・テープの提出を再び要求した。大統領はこれを拒否。提出命令取消しを連邦地区裁判所に求めるものの、却下される。ただちに連邦控訴裁判所への控訴がなされ、事件の重大性にかんがみ最高裁が直接にこの事件を取り上げることになった。口頭弁論が行なわれたあと、七月二四日、大統領の主張を退けテープの提出を命じる判決が、全員一致で下される。

大統領のロイヤーは、大統領とその側近との会話には高度の機密性が求められるゆえに行政特権によって保護されるものであり、司法にテープを提出する義務はないと主張した。また裁判所によるテープ提出命令にしたがうことは、三権分立の原則にも反すると論じた。これに対し、最高裁は行政特権の存在は認めたものの、その範囲は無制限なものではないと判断した。そしてマーベリー対マディソン事件の判決以来、憲法の内容解釈は最高裁の仕事であるから、行政特権の範囲を解釈するのも司法の役割である。三権分立に関しては、三権はばらばらに存在するのではなく調和を取る必要がある。大統領の行政特権の範囲は、法治主義の原則を守るという司法制度の目的との兼ね合いで考えねばならない。ここで問題となっているテープの内容が国家安全保障や外交にかかわるのであれば、刑事事件における証拠の必要性を上回るかもしれない。しかし単に一般的な行政特権を根拠に大統領が証拠の提出を拒否すれば、刑事司法の目的を果たせない。したがって不必要な情報が漏れないよう万全の措置を講じることを条件に、大統領は裁判所へテープを提出しなさい。バーガー首席判事はこう述べた。

最高裁の判決に対し、大統領がどのように反応するか国民は固唾をのんで見守った。もし大統領が提出命令を拒否したら、最高裁には提出を強制する力はなかった。しかし判決が出てから八時間後、大統領のスポークスマンは裁判所の命令に応じテープを提出すると発表する。ウォーターゲート・ビルに賊が押し入ってから六日目の一九七二年六月二三日分のテープには、大統領がCIAを使ってウォーターゲート事件の調査を止めさせるよう命じる会話が録音されていた。この決定的な証拠を前に大統領の運命は決する。八月五日大統領はテープの内容を公表し、九日合衆国史上はじめて任期半ばにして辞任、ただちに、ヘリコプターでワシントンを去った。

こうして大統領と最高裁判所の対決は、後者の勝利で終わった。進歩的な最高裁の判決を変えるためにニクソン大統領の任命した四人の判事が、一致して大統領に抵抗したのは皮肉である。しかしこれだけの憲法の危機に際して一発の弾丸も撃たれず一滴の血も流れずに大統領が自発的に辞任したのは、建国以来の憲法の仕組みが働いた結果といえよう。

アメリカ合衆国憲法のその後

ニクソン大統領の辞任にともない副大統領から大統領に昇格したのはジェラルド・フォード大統領である。そのフォードに選挙で勝って一九七七年に就任した民主党のジミー・カーター大統領は、一期のみで終わる。政権は再び共和党に戻り、ロナルド・レーガン大統領が一九八一年に就任した。

その後、今日までレーガンからバラク・オバマに至る五人の大統領が政権を担当し、ウィリアム・レンクイストとジョン・ロバーツという二人の首席判事と、一一人の判事を任命して連邦最高裁へ送りこんだ。これらの判事のもとで最高裁は重要な判決を下しつづける。アメリカ合衆国自体もさまざまな危機や戦争、経済不況などに遭遇し悩みながら、歴史を紡いでいる。

ニクソン大統領の辞任から二年後の一九七六年、アメリカは独立二〇〇年を迎えた。ニューヨークの港には世界中の帆船が集まり、自由と平等を基調とするこの国の来し方を思い、将来の幸福を祈った。集合した帆船の一隻は合衆国最古にして現役の戦艦「コンスティテユーション」であった。

一方、それから一一年後の一九八七年は、フィラデルフィアの憲法制定会議で合衆国憲法草案が採択されてからやはり二〇〇年経った、記念すべき年であった。独立二〇〇年のときのような盛大な行事はなく、国民の関心はむしろ同じ年に行なわれたロバート・ボーク判事の最高裁判事任命に関する上院での審議に集中する。レーガン大統領が指名した保守的な司法思想を抱くボーク判事は、結局上院の承認が得られず就任できなかった。

ふりかえってみれば、フィラデルフィアの憲法制定会議に参加し国のあるべきかたちについて真剣な議論を行なった各州の代表は、二世紀後、合衆国最高裁がアメリカ国政上これほど大きな地位を占めるようになると予測しなかっただろう。最高裁判事の人事が全国民の関心を呼ぶ政治的事件となりうるなどとは、誰も思わなかった。しかし現在でもフィラデルフィアで起草したのと基本的には同じ憲法の規定にしたがい、大統領の指名した最高裁判事を承認するかどうかを上院議員が投票で決定する。その手続は一つも変わっていない。そのこと自体、この憲法の長い命と有用性を示しているように思われる。

あとがき

本書は雑誌『外交フォーラム』（都市出版社刊）に二〇〇一年四月から二〇〇四年六月まで、全部で三〇回にわたって連載した「米国憲法で読むアメリカン・ストーリー」に、大幅な加筆修正を加えたものである。

私は一九八一年から八四年までアメリカ合衆国の首都ワシントンにあるジョージタウン大学のロースクールに留学し、一年生の授業で初めてアメリカ憲法に触れた。バーガー・コートの後期に当たる時期である。授業は難しく、古い判例は読んでもわからず苦労した。

在学中、初めて最高裁判所での審理を傍聴した。当時奉職していたソニーが上告人となったソニー対ユニヴァーサル・シティ・スタジオ事件の口頭弁論が行なわれ、またとない機会だからと級友と連れ立ってでかけた。ベータマックス・ビデオレコーダーによる家庭内での映画の録画が、著作権侵害にあたるかどうかが争点であった。せっかく並んで法廷の傍聴席に入ったのに、音響が悪くて（そして事件の内容を予習していなかったために）、弁論を聞いてもあまりよく理解できなかった。

その後、レンクイスト・コートが発足したころ、八七年から九一年までワシントンの法律事務所で働いた。同僚に何人か最高裁判事の助手をつとめた者がいた。いかにも頭がよさそうな彼らは、いつも最高裁判決のゆくえ、個々の判事の思想傾向について話していて、こういう世界があるのかと思った。

同じ事務所には、のちに二〇〇〇年のブッシュ対ゴア事件でジョージ・W・ブッシュ候補の代理人をつとめ、ブッシュ政権司法省の訟訴長官(ソリシター・ジェネラル)の職にあったセオドア・オルソン弁護士がいた。最高裁での案件を得意とするオルソン氏は、この事務所に来る前、司法次官補としてロナルド・レーガン大統領のロイヤーをつとめていた。在職中環境保護庁をめぐる問題で民主党系の独立検察官と激しく争い、訴えられて最高裁まで進んだ。独立検察官制度の合憲性が問われた、モリソン対オルソン事件として知られる。最高裁の判例名になった人物を私が個人的に知っているのは、このオルソン弁護士だけである。

こうした環境にあって、次第に合衆国最高裁の判例や一人一人の判事に興味がわいた。新聞や法律雑誌に載った興味深い判決に関する記事を、切り抜きはじめた。日本の雑誌にインタビュー記事をたのまれ、運良く承諾を得て最初はオコナー判事を、次にスカリア判事を最高裁に訪れたのも、この時期である。生まれて初めて最高裁判事の執務室へ入った。なんだか神殿の奥深くに神官を訪れるような気がした。

ロースクールを卒業して以来、アメリカ憲法の勉強はほとんどすべて独学で続けていたので、いつかもう一度体系的に学んでみたいと思っていた。幸い安倍フェローシップという国際交流基金日米センターが運営する奨学金をえて、一九九五年から九六年までヴァージニア大学ロースクールに訪問研究員として滞在し、アメリカ憲法を改めて勉強した。ヴァージニア大学のあるシャーロッツヴィルは、ジェファソンやマディソンなど、建国の父たちにゆかりの深い町である。合衆国憲法のなりたちを考えるには、うってつけの場所であった。

のんびりしたアメリカの大学での生活が気に入って、帰国してからもアメリカ憲法を勉強しつづけ、また教えてみたいと思った。そこでロイヤーとして働きながら、慶應義塾大学と同志社大学で授業を担当させてもらった。また親しくなったヴァージニア大学ロースクールのディーン（学部長）に招かれて、日本の憲法制定にアメリカが与えた影響についての短期講座を毎年受けもつようになった。その後慶應からの誘いを受け、一九九九年正式に総合政策学部の専任教員となった。ここでも主としてアメリカ憲法を教えた。

学校の教員になってわかったのは、教えることによって何よりも自分が学ぶという単純な事実である。幸い慶應でも同志社でも、学生は熱心に私の講義やゼミを履修してくれ、その期待に応えるために私も懸命に判例を読む。それを日課として三年という月日が経った。『外交フォーラム』の伊藤実佐子編集長にわがままをいって、アメリカ憲法史についての連載をさせてもらったのも、こうして教え学んだアメリカ憲法の歴史を少しずつ文章でまとめたいと思ったからである。

教えるのと同様、憲法史について毎月文章を書くのは学ぶところの多い作業であった。毎月締切が来るまでに、何を書くかを頭のなかでまとめねばならない。わかっているつもりでも、いざ文章にしようとすると記憶が不確かで、一々調べねばならない。その作業は楽ではなかったが、連載の義務がなければ決してやらなかった。

連載の継続上予想外であったのは、二〇〇二年九月からワシントンの在米日本国大使館でにわか外交官として勤務しはじめたことである。大使館の仕事は月曜日から金曜日まであり、教員時代とはちがって週日執筆のため家にこもるわけにはいかない。連載の仕事はどうしても週末になる。忙しいと調べ物もなかなかできない。この二年間、週のうち五日は大使館で働き、二日は『外交フォーラム』の連載に割き、なんだか常に働いていたような気がする。しかし同時に、大使館でのレセプションその他の機会にスカリア判事やオコナー判事に再会する機会を得た。ケネディ判事とブライヤー判事には初めて会った。現在のアメリカがかかえる多くの問題と憲法の関係についても、ワシントンという現場にいて改めて考える機会を与えられた。

もとよりアメリカ憲法の歴史を通して書くというのは、私の能力をはるかに超えた一大事業である。学者が一生かかって取り組む課題でもある。そうした大きな課題にあえて取り組んだのは、アメリカ憲法の知識がない一般の日本人が読める合衆国憲法史に関する手軽な本が、ほかに見当たらないからである。アメリカとその歴史を理解するには、この国の憲法の成り立ちとその発展を知らねばならない。そう信じるがゆえに、米国憲法の知識がない人にこそアメリカの憲法史を読んでほしいと考えたからである。

できるかぎり平易に、そして憲法判例の背後にある事実に即して記述したつもりではあるが、読み返してまだわかりにくいところが多いかもしれない。また思わぬ間違いや誤解があるだろう。それはすべて私の責任であり、読者の指摘が得られればうれしい。

しかし不完全ではあっても、本書を通して読むことによって、読者がアメリカの歴史とその憲法について関心をもち理解する端緒としてほしい。アメリカの悪口をいうのが世界中で一種の流行になっている今こそ、この国が憲法とともに歩んできた決して平坦ではなかった道のりを、あらためてふりかえってほしい。この本を読んで、米国憲法にさらに興味をもつ人のために、巻末に本書で用いた参考文献の一覧を掲げた。

これまでに書いた本と同様、この本は私ひとりの力でできたものではない。私をロースクールへの留学に送り出し、初めてアメリカ憲法に触れる機会を与えてくれたソニー株式会社の先輩や仲間たち。憲法への興味を抱かせてくれたロースクールの旧友、法律事務所の同僚諸君。ヴァージニア大学ロースクールで憲法の授業聴講を快く許してくれた教授陣、なかでも憲法史の講義を通じて実に多くを教わり、親しい友人ともなったマイケル・クラーマン教授。クラーマン教授の授業を一緒に聴講し、さまざまな示唆を得、連載についても助言をしてくれた阪口正二郎一橋大学大学院法学研究科教授。

帰国後私の講義を受け一緒にアメリカ憲法の勉強をした、慶應と同志社の学生諸君。連載を承諾し、貴重な誌面を割いていつも原稿の到着を待ってくれた『外交フォーラム』の伊藤実佐子前編集長と鈴木順子現編集長。アメリカ憲法に関する前作『大統領を訴えますか』を世に出し、PHP新書の発足時から次作の執筆を勧めてくれた元新書出版部今井章博氏、連載の完成を根気よく待ってくれた同じく新書出版部阿達真寿氏、そして日本とアメリカのあいだで隔靴《かっか》掻痒《そうよう》の感がありながら、綿密な作業を通じて本書を完成してくれた同横田紀彦氏。最終原稿に法律の専門家として目を通してくれた、ワシントンの同僚で検事出身の山下貴司氏と川淵武彦氏。

これらの方々には、この場を借りて深く御礼を申し上げる。

ワシントンでの大使館勤務も、あと六ヶ月ほどになった。来年の四月には日本へ帰り、慶應の湘南藤沢キャンパスで学生諸君と一緒にアメリカ憲法の勉強を再開するのを楽しみにしている。思いがけず外交官としてワシントンで働いた、二年半の実り多い日々を思い出しながら。

二〇〇四年九月二〇日　ワシントンにて

阿川尚之

文庫版あとがき

二〇〇四年に上梓した『憲法で読むアメリカ史』が、このほどちくま学芸文庫に収められた。自分の書いた本が書店に並ぶのはいつもうれしいが、かたちを変えてもう一度世に出してもらうのも、またうれしい。

この本はある賞を頂き存外好評であったけれど、自分としては褒められるたびにやや面はゆかった。というのも、雑誌『外交フォーラム』に連載を開始したときには大学でアメリカ憲法史を教えはじめてまだそれほど経っておらず、習作のつもりで勉強不足のうちに書いてしまったからである。今回久しぶりに読み返して、アメリカ憲法史の深さを知らなかったからむしろ書けた。そう感じた。

しかし世に出した以上、品質には著者として責任がある。今回文庫版になるのを機に、限られた時間ではあったけれども、できるかぎり事実の誤りは正し、稚拙な表現を変え、説明の不足を補い、繰り返しは削った。また全編を通して、構成や流れ、リズムやトーンをあらためて確認した。つい最近世に出したように思うが、出版からすでに一〇年が経とろうとしている。合衆国憲法の歴史を二〇〇年前にさかのぼって綴ったのに、思わぬところで二〇〇〇年代初期の視点が表れる。E・H・カーが歴史とは現在と過去の対話だと述べたが、自分の書いた歴史の本にもそれが多少あてはまるようである。

そんなわけで、ブッシュ対ゴア事件判決についての記述を削除した。尋常でない注目がこの事件に集まった記憶が執筆当時新しく、それに引きずられて原著の冒頭に置いたのだと記憶するが、一〇年後の今この判決だけ特別に重視する理由はない。同様に、レンクイスト・コートについての記述も削った。レンクイスト首席判事の時代が終わったばかりで、学芸文庫に盛りこむのはまだ早い気がした。この本では触れていないが、この一〇年間ほどで最高裁の判事とその憲法解釈にも、少しずつ、しかし確かな変化が起きている。そうした変化についてはまた別の機会にまとめたい。

その他には原著の構成を大きく変えたり、書き直したりしていない。それでも原著のかたちをそのままにしつつ、より読みやすく、より正確な記述にしようと心がけ、気づいてみれば相当手を加えていた。また上下二巻であったのを一つにまとめて、全体を通して読めるようにした。すでに原著を読んだ人には、著者として少しはよくしたつもりのこの文庫版でもう一度アメリカ憲法史を考えてほしい。そして新たに文庫版を手に取る人には、憲法という新しい視点を得てアメリカについて思いをめぐらしてほしい。そうした願いをこめて、この文庫版を世に出す。

先日久しぶりで大きな書店を訪れ、文庫本のコーナーで人に頼まれた本を探した。そしてずらりと並ぶ文庫本の量と質に圧倒された。現代社会、政治、経済に関する評論、流行作家のベストセラー作品などが主流だが、私が学生であった昔から少しも変わらず書棚の片隅で控えめに息をしつづける古典も多い。本書がそうした優れた書物の近くに置かれることを光栄に思う。また棚に並んだ無数の本のなかから私の本を手にとり、買い求め、読んでくれる人がいるであろうことを、ありがたく思う。

この文庫版は、もとの本の読者で学生時代憲法を学んだ、ちくま学芸文庫編集部の増田健史さんから、心のこもった手紙をいただいたのが直接のきっかけで生まれた。本は書いても、読まれなければ死んでしまう。この本に新しい命を吹きこんでくれた増田さんと、今回原著に詳細なコメントを寄せてくれたヴァージニア大学ロースクール時代からの友人信森毅博さんに感謝して、文庫版のあとがきを終える。

二〇一三年一〇月四日

阿川尚之

参考文献

Blum, John M., Edmund S. Morgan, Willie Lee Rose, Arthur M. Schlesinger, Jr., Keneth M. Stampp, and C. Vann Woodward. *The National Experience: a History of the United States since 1865*, Part Two, Third Edition. New York: Harcourt Brace Jovanovich, Inc., 1973.

Brest, Paul, Sanford Levinson, Jack M. Balkin, Akhil Amar, and Reva B. Siegel. *Processes of Constitutional Decisionmaking: Cases and Materials*, Fifth Edition. New York: Aspen Publishers, 2006.

Fehrenbacher, Don E. *Slavery, Law, & Politics: The Dred Scott Case in Historical Perspective*. Oxford: Oxford University Press, 1981.

Freund, Paul A., Arthur E. Sutherland, Mark De Wolfe Howe, and Earnest J. Brown. *Constitutional Law: Cases and Other Problems*, Fourth Edition. Boston: Little, Brown and Company, 1977.

Garraty, John A. *The American Nation: A History of the United States to 1877*, Volume 1, Third Edition. New York: Harper & Row, Publishers, 1975.

Johnson, Paul. *A History of the American People*. New York: Harper Perrnial, a Division of Harper Collins Publishers, 1999.

Kelly, Alfred H,, Winfred A. Harbison, and Herman Belz. *The American Constitution: Its*

Origins and Development, Seventh Edition, Volume I. New York: W. W. Norton & Company, 1991.

Kelly, Alfred H., Winfred A. Harbison, and Herman Belz. *The American Constitution: Its Origins and Development*, Seventh Edition, Volume II. New York: W. W. Norton & Company, 1991.

Klarman, Michael J. *From Jim Crow to Civil Rights: The Supreme Court and the Struggle for Racial Equality*. Oxford: Oxford University Press, 2004.

McCloskey, Robert G., and revised by Sanford Levinson. *The American Supreme Court*, Fourth Edition. Chicago: The University of Chicago Press, 2005.

Norgren, Jill. *The Cherokee Cases: The Confrontation of Law and Politics*. New York: McGraw-Hill, Inc., 1996.

Rehnquist, William H. *The Supreme Court, Revised and Updated*. New York: Vintage Books, A Division of Random House, Inc., 2002.

Schwartz, Bernard. *A History of the Supreme Court*. Oxford: Oxford University Press, 1993.

Starr, Kenneth W. *First Among Equals: The Supreme Court in American Life*. New York: Warner Books, Inc., 2002.

飛田茂雄『アメリカ合衆国憲法を英文で読む』中央公論社　一九九八年

阪口正二郎『立憲主義と民主主義』日本評論社　二〇〇一年

樋口範雄『アメリカ憲法』弘文堂　二〇一一年

松井茂記『アメリカ憲法入門』〔第7版〕有斐閣　二〇一二年

＊

附記：なお本書ではたびたび憲法の条文に言及している。その場合、アメリカ合衆国憲法の関係条文に直接あたり憲法全体のなかでの位置づけを確認することで、理解がより深まり、おもしろさも増すと思う。一七八七年に起草された元々のアメリカ憲法と権利章典を含む各修正条項の原文はアメリカ合衆国公文書館のウェブサイト、日本語仮訳は在日アメリカ合衆国大使館のウェブサイトなどから、簡単に入手できる。以下のURLを参考にされたい。

http://www.archives.gov/exhibits/charters/constitution_transcript.html
（一七八七年憲法原文）
http://www.archives.gov/exhibits/charters/bill_of_rights_transcript.html
（権利章典その他修正条項）
http://aboutusa.japan.usembassy.gov/j/jusaj-constitution.html
（一七八七年憲法日本語仮訳）
http://aboutusa.japan.usembassy.gov/j/jusaj-constitution-amendment.html
（修正条項日本語仮訳）

本書は、ＰＨＰ研究所より二〇〇四年十月に刊行された『憲法で読むアメリカ史（上）』と、二〇〇四年十一月に刊行された『憲法で読むアメリカ史（下）』を加筆訂正のうえ、併せて一冊としたものである。

西洋中世の男と女　阿部謹也

中世の男と女の関係から西洋史全体を見直した斬新な試み。性愛をめぐる民衆と教会の攻防を通じ庶民の文化を論じる。（佐藤賢一）

中世を旅する人びと　阿部謹也

西洋中世の庶民の社会史。旅籠が客に課す厳格なルールや、遍歴職人必須の身分証明のための暗号など、興味深い史実を紹介。（平野啓一郎）

中世の星の下で　阿部謹也

中世ヨーロッパの庶民の暮らしを具体的、克明に描き、その歓びと涙、人と人との絆、深層意識を解き明かした中世史研究の傑作。（網野善彦）

1492 西欧文明の世界支配　ジャック・アタリ　斎藤広信訳

1492年コロンブスが新大陸を発見したことで、アメリカをはじめ中国・イスラム等の独自文明は抹殺された。現代世界の来歴を解き明かす一冊。

王の二つの身体（上）　E・H・カントーロヴィチ　小林公訳

王の可死の身体は、いかにして不可死の身体へと変容するのか。異貌の亡命歴史家による最もラディカルな「王権の解剖学」。待望の文庫化。

王の二つの身体（下）　E・H・カントーロヴィチ　小林公訳

王朝、王冠、王の威厳。権力の自己荘厳のメカニズムを冷徹に分析する中世政治神学研究の金字塔。必読の問題作。全2巻。

裁判官と歴史家　カルロ・ギンズブルグ　上村忠男／堤康徳訳

一九七〇年代、左翼闘争の中で起きた謎の殺人事件。冤罪とも騒がれるその裁判記録の分析に著者が挑み、歴史家のとるべき態度と使命を鮮やかに示す。

魔術と錬金術　澤井繁男

認識の一つの型としての魔術は自然を有機的統一体と見、大宇宙と小宇宙の照応を信じた自然哲学者の壮大な宇宙観だった。近代知の脱構築。（神谷光信）

同時代史　タキトゥス　國原吉之助訳

古代ローマの暴帝ネロ自殺のあと内乱が勃発。絡みあう人間ドラマ、陰謀、凄まじい政争を、臨場感あふれる鮮やかな描写で展開した大古典。（本村凌二）

ちくま学芸文庫

憲法《けんぽう》で読《よ》むアメリカ史《し》（全《ぜん》）

二〇一三年十一月十日　第一刷発行
二〇二五年一月十五日　第七刷発行

著者　阿川尚之（あがわ・なおゆき）

発行者　増田健史
発行所　株式会社 筑摩書房
東京都台東区蔵前二―五―三　〒一一一―八七五五
電話番号　〇三―五六八七―二六〇一（代表）
装幀者　安野光雅
印刷所　三松堂印刷株式会社
製本所　三松堂印刷株式会社

ISBN978-4-480-09579-4 C0132